高职高专土建类专业系列教材
GAOZHI GAOZHUAN TUJIANLEI ZHUANYE XILIE JIAOCAI

工程量清单计价

主编　马　涛　王秀英
主审　马丽华

中国电力出版社
CHINA ELECTRIC POWER PRESS

内 容 提 要

“工程量清量计价”是工程造价专业的主要课程之一。依据《建设工程工程量清单计价规范》（GB 50500—2013）和《房屋建筑与装饰工程工程量计算规范》（GB 50854—2013）编写。全书主要内容包括工程量清单计价基础知识、建筑工程工程量清单项目及计算规则、装饰装修工程量清单项目及计算规则、措施清单项目及计算规则、建设工程工程量清单计价及实例。

本书采用概念、原理、规范结合实例解析的编写方法，理论与实践相结合，注重实践技能的培养。本书可作为高职高专工程造价专业学生的教材使用，也可供工程技术、造价、监理等从业人员学习参考。

图书在版编目（CIP）数据

工程量清单计价/马涛，王秀英主编. —北京：中国电力出版社，2016.7（2024.8重印）

高职高专土建类专业规划教材

ISBN 978-7-5123-7114-9

Ⅰ.①工… Ⅱ.①马…②王… Ⅲ.①建筑工程－工程造价－高等职业教育－教材 Ⅳ.①TU723.3

中国版本图书馆CIP数据核字（2015）第014811号

中国电力出版社出版发行

北京市东城区北京站西街19号 100005 http://www.cepp.sgcc.com.cn

责任编辑：王晓蕾 联系电话：010-63412610

责任印制：杨晓东 责任校对：郝军燕

北京雁林吉兆印刷有限公司印刷·各地新华书店经售

2016年7月第1版·2024年8月第7次印刷

787mm×1092mm 1/16·19印张·459千字

定价：42.00元

前　言

工程量清单计价是高职高专土建类相关专业的一门重要课程。本教材根据全国高职教育土建类工程造价专业教育标准和培养方案及主干课程教学大纲，本着“必需、够用”的原则，以“讲清概念、强化应用”为主旨组织编写。本书共分6篇，内容包括工程量清单计价基础知识、建筑工程工程量清单项目及计算规则、装饰装修工程量清单项目及计算规则、措施清单项目及计算规则、建设工程工程量清单计价及实例。

工程量清单计价是建设工程招投标中与定额计价相区别的一种新的计价方式。工程量清单计价方式与定额计价方式有着密切的联系，但也有本质的区别。定额计价的工程造价理论是工程量清单计价的理论之一，其计价方法也有一定的延续性。在掌握好定额计价的理论和方法基础上，就可以在较短的时间内掌握工程量清单计价的理论和方法。定额计价与工程量清单计价的本质区别是：前者采用建设行政主管部门颁发的反映社会平均水平的预算定额和发布指导价格计算工程造价，该工程造价具有计划价格的本质特征；后者由投标人自主选择消耗量定额（如企业定额）和自主确定各种单价，其工程报价具有市场价格的本质特征。

本书根据《建设工程工程量清单计价规范》（GB 50500—2013）、《房屋建筑与装饰工程工程量计算规范》（GB 50854—2013）有关内容，较详细、系统地介绍了工程量清单报价的编制方法。每个章节后面配有实例，实例的编制依据为内蒙古自治区工程造价相关法律、法规。通过本课程的学习，学生应掌握工程量清单和工程量清单计价的编制方法，具有分析和解决工程实际问题的能力。本书内容丰富、理论联系实际，以相关实例的方式指导学生学习，以便于学生掌握相关技能，能活学活用到实际工作中去。

本书由内蒙古建筑职业技术学院马涛、王秀英任主编，马丽华任主审，樊文广、石灵娥、尹晓静任副主编，樊金枝、宋丽娟、马悦任参编。

我国工程造价的理论与实践正处于发展时期，新的内容还会不断出现，加之我们的水平有限，书中难免有不妥之处，敬请广大师生和读者批评指正。

编者

目　录

第 3 篇　装饰装修工程量清单项目及计算规则

第 4 篇　措施清单项目及计算规则

第5篇　建设工程工程量清单计价

第6篇　实例

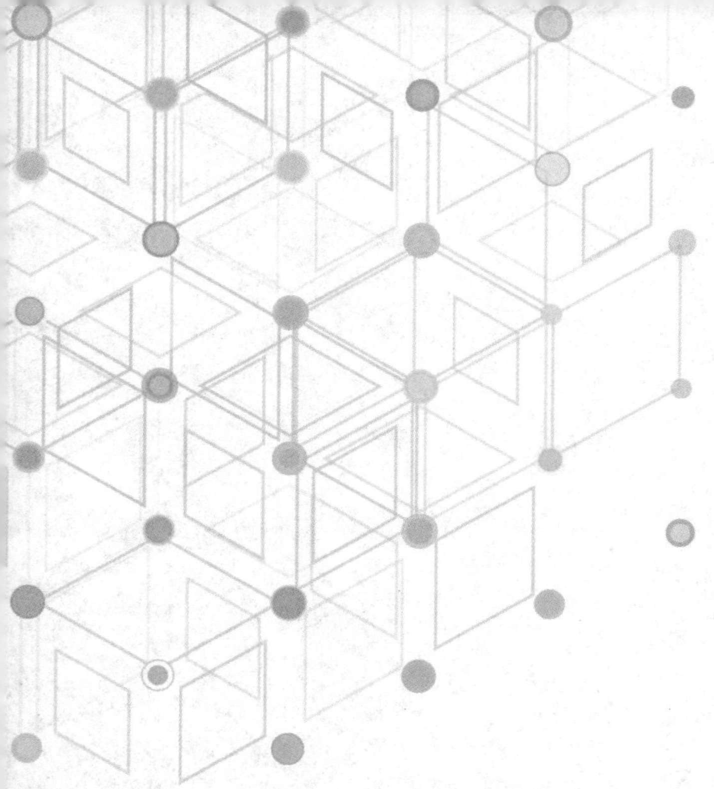

第1篇

工程量清单计价基础知识

第1章　概　　论

1.1　《建设工程工程量清单计价规范》(GB 50500—2013) 的出台

1.1.1 《建设工程工程量清单计价规范》(GB 50500—2013，以下简称《计价规范》) 的出台背景

1. 我国已由定额计价体系转变为工程量清单计价体系

通过2008版《规范》的普遍使用，我国建设工程项目已由定额计价体系转变为工程量清单计价体系。

2. 相关法律法规及合同范本出台的支持

《最高人民法院关于审查建设工程施工合同纠纷案件适用法律问题的解释》(法释〔2004〕14号)、《建设工程价款结算暂行办法》(财建〔2004〕369号)、《建筑安装工程费用项目组成》(建标〔2013〕44号)、《建筑工程安全防护、文明施工措施费及使用管理暂行办法》(财企〔2006〕478号)、《标准施工招标文件》(发改委〔2007〕56号)、《建设工程工程量清单计价规范》(GB 50500—2008)、《公路工程标准施工招标文件》(2009版)、《水利水电工程标准施工招标文件》(2009版)、《房屋建筑和市政工程标准施工招标文件》(2010版)、中价协发布的编审规程、《中华人民共和国招标投标实施条例》(国务院613号令) 等法律法规、规范以及合同范本的出台为2013版《规范》编写提供技术和依据支持。

3. 建设项目的合同管理与项目管理的能力不断增强

随着建筑业市场的发展，我国建设工程项目的参与者对于合同管理和项目管理的能力正逐步增强，2013版清单比2008版清单更加全面、深入，操作性增强。

1.1.2　2013版《计价规范》的出台意义

1. 新清单规范是对2003版《计价规范》和2008版《计价规范》的继承和发展

2013版《计价规范》并不是无源之水、无本之木，而是在2003版《计价规范》和2008版《计价规范》的基础上发展而来。2003版《计价规范》条文数量为45条，2008版《计价规范》增加到136条，2013版《清单计价规范》又增加到328条，而对于清单的整体内容则基本一样，分别是正文规范、工程计量规范、条文说明。

2. 解决工程项目中实际存在的问题

2013版《计价规范》对项目特征描述不符、清单缺项、承包人报价浮动率、提前竣工(赶工补偿)、误期赔偿等工程项目问题进行了明确的规定，在2008版《计价规范》基础上丰富了内容，为解决工程项目实际问题提供了依据，使2013版《计价规范》更加全面，可操作性更强。

3. 符合工程价款精细化、科学化管理要求

建筑业的发展要求建设项目参与方要对工程价款进行精细化、科学化的管理，保证参与方的利益。2013版《计价规范》在2008版《计价规范》的基础上对工程项目全过程的价款

管理进行了约定（包括工程量清单、招标控制价、投标价、签约合同价、工程计量、价款的调整与支付、争议解决、资料与档案管理、工程造价鉴定等内容），并涉及重大的现实问题（如对承包人报价浮动率、项目特征描述不符、工程量清单缺项等影响合同价款调整的重大事件的规定），并且强化了清单的操作性（如对承包人报价浮动率、工程变更项目综合单价以及工程量偏差部分分部分项工程费的计算给出了明确的规定）。这些特点正好满足了工程价款精细化管理的需求，为工程精细化、科学化管理提供了有力依据。

4. 新清单规范把计量与计价分开

新版规范在2008版《计价规范》的基础上，把计量与计价两部分的规定分开。新规范先是对计价内容进行了规范，形成了共328条规定，然后单独给出了9个专业（分别是房屋建筑与装饰工程、仿古建筑工程、通用安装工程、市政工程、园林绿化工程、构筑物工程、矿山工程、城市轨道交通工程、爆破工程）的工程计量规范。

5. 增强了与合同的契合度，需要造价管理与合同管理相统一

2013版《计价规范》提高了对合同的重视程度，工程造价全过程管理意识更强，尤其细化了合同价款的调整与支付的规定。2013版《计价规范》中的合同价款的调整部分划分了14个子项，并分3章对工程计量与工程价款支付进行了详细规定。2013版《计价规范》出台后要求工程造价管理人员在进行造价管理时充分了解合同内容以及合同管理的特点，将两者相统一，才能切实提高工程造价管理水平。

6. 为今后建筑市场市场化奠定基础

2013版《计价规范》是推行工程量清单改革的重要基础。推行工程量清单计价是适应我国工程投资体制和建设管理体制改革的需要，是深化我国工程造价管理改革的一项重要工作，对于规范建设工程发承包双方的计价行为、维护建设市场秩序、建立市场形成工程造价的机制，将发挥重要的作用。

2013版《计价规范》充分考虑了未来建筑市场的市场化需要，制定建筑市场秩序，让市场和公民自主选择，是响应《国务院关于第六批取消和调整行政审批项目的决定》中“两个凡是”的体现：“凡公民、法人或者其他组织能够自主决定，市场竞争机制能够有效调节，行业组织或者中介机构能够自律管理的事项，政府都要退出。凡可以采用事后监管和间接管理方式的事项，一律不设前置审批。”这为今后建筑市场的市场化推广做了良好的铺垫。

1.2 工程量清单计价概述

1.2.1 工程量清单的概念

工程量清单是建设工程实行清单计价的专用名词，它表示的是载明建设工程分部分项工程项目、措施项目、其他项目的名称和相应数量，以及规费、税金项目等内容的明细清单。

分部分项工程量清单表明了拟建工程分项实体工程项目名称和相应数量的明细清单。由项目编码、项目名称、项目特征描述、计量单位和工程量组成。

措施项目清单为完成工程项目施工，发生于该工程施工准备和施工过程中技术、生活、安全环保等方面的非实体项目清单。

其他项目清单指分部分项工程量清单、措施项目清单所包含的内容外，因招标人的特殊

要求而发生的与拟建工程有关其他费用项目和相应数量的清单。包括暂列金额、暂估价、计日工和总承包服务费、索赔及现场签证。

规费项目清单指根据国家法律、法规规定，由省级政府或省级有关权力部门规定施工企业必须缴纳的，应计入建筑安装工程造价的费用。包括社会保障费（包括养老保险费、失业保险费、医疗保险费、工伤保险费、生育保险费）、住房公积金、工程排污费。

税金项目清单是国家税法规定的应计入建筑安装工程造价内的营业税、城市维护建设税、教育费附加和地方教育附加。

1.2.2 工程量清单计价的概念

工程量清单计价是国际上通行的工程造价计价方式，是在建设工程招投标中，招标人按照国家统一的《建设工程工程量清单计量规范》的要求及施工图，提供工程量清单，由投标人依据工程量清单、施工图、企业定额、市场价格自主报价，经评审后选择合理低价中标的工程造价计价方式。

1.2.3 工程量清单计价的特点

1. 统一计价规则

通过制定统一的工程量清单计价方法、统一的工程量计量规则、统一的工程量清单项目设置规则，达到规范计价行为的目的。这些规则和办法是强制性的，建设各方都必须遵守。

2. 有效控制消耗量

通过政府发布统一的社会平均消耗量指导标准，为企业提供一个社会平均尺度，避免企业盲目或随意大幅度减少或扩大消耗量，从而达到保证工程量的目的。

3. 彻底放开价格

将工程消耗定额中的工、料、机价格和利润、管理费全面放开，由市场的供求关系自行确定价格。

4. 企业自主报价

投标企业根据自身的技术专长、材料采购渠道和管理水平等，制定企业自己的报价定额，自主报价。企业尚无报价定额，可参考使用造价管理部门颁布的《建设工程消耗量定额》。

5. 市场有序竞争形成价格

通过建立与国际接轨的工程量清单计价模式，充分引入竞争机制，制定衡量方便报价和理性的基础标准，投标过程中在保证质量、工期的前提下，按照国家《招标投标法》有关条款，最终以“不低于成本”的合理低价者中标。

1.2.4 工程量清单计价的意义

1. 有利于实现从政府定价到市场定价，从消极自我保护向积极公平竞争转变

工程量清单计价有利于实现从政府定价到市场定价，从消极自我保护向积极公平竞争的转变，对计价依据改革具有推动作用。特别是对施工企业，通过采用工程量清单计价，有利于施工企业编制自己的企业定额，从而改变了过去企业过分依赖国家发布定额的状况，通过市场竞争自主报价。

2. 有利于公平竞争，避免暗箱操作

工程量清单计价，由招标人提供工程量，所有的投标人在同一工程量基础上自主报价，充分体现了公平竞争的原则。工程量清单作为招标文件的一部分，从原来的事后算账转为事前算账，可以有效改变目前建设单位在招标中盲目压价和结算无依据的状况，同时可以避免工程招标中的弄虚作假、暗箱操作等不规范行为。

3. 有利于风险合理分担

投标单位只对自己所报的成本、单价的合理性负责，而对工程量的变更或计算错误不负责任；相应地，这一部分风险则由招标单位承担。这种格局符合风险合理分担与责权利关系对等的一般原则，同时也必须促进各方面管理水平的提高。

4. 有利于工程拨付款和工程造价的最终确定

工程招标中标后，建设单位与中标的施工企业签订合同，工程量清单报价基础上的中标价就成为合同价的基础。投标清单上的单价是拨付工程款的依据，建设单位根据施工企业完成的工程量可以确定进度款的拨付额。工程竣工后，依据设计变更、工程量的增减和相应的单价，确定工程的最终造价。

5. 有利于最高报价的管理和控制

在传统的招标投标方法中，标底一直是个关键因素，标底的正确与否、保密程度如何，一直是人们关注的焦点。而采用的工程量清单计价方法，工程量是公开的，是招标文件内容的一部分，招标控制价是投标的最高限价。

6. 有利于提高施工企业的技术和管理水平

投标企业可以根据中标价及投标文件中的承诺，通过对单位工程成本、利润进行分析，统筹考虑、精心选择施工方案，合理确定人工、材料、施工机械要素的投入与配置，优化组合，合理控制现场费用和施工技术措施费用等，以便更好地履行承诺，保证工程质量和工期，促进技术的进步，提高经营管理水平和劳动生产率。

7. 有利于工程索赔与合同价的管理

工程量清单计价可以加强工程实施阶段结算与合同价的管理和工程索赔的控制，强化合同履约意识和工程索赔意识。工程量清单作为工程结算的主要依据之一，在工程变更、工程款支付与结算等方面的规范管理起到积极作用，必将推动建设市场管理的全面改革。

8. 有利于建设单位合理控制投资，提高资金使用效益

通过竞争，按照工程量招标确定的中标价格，在不提高设计标准的情况下与最终结算价是一致的，这样可为建设单位的工程成本控制提供准确、可靠的依据，科学合理地控制投资，提高资金使用效率。

9. 有利于招标投标节省时间，避免重复劳动

以往投标报价，各个投标人需计算工程量，计算工程量约占投标报价工程量的70%～80%。采用工程量清单计价则可以简化投标报价计算过程，有了招标人提供的工程量清单，投标人只需填报单价和计算合价，缩短投标单位投标报价时间，更有利于招投标工作的公平、公开、科学、合理；同时，避免了所有的投标人按照同一图纸计算工程数量的重复劳动，节省大量的社会财富和时间。

10. 有利于工程造价计价人员素质的提高

推行工程量清单计价后，工程造价计价人员就不仅要看懂施工图、会计算工程量和套定

额子目，而且要懂经济、精通技术、熟悉政策法规，向全面发展的复合型人才转变。

1.2.5 工程量清单计价的作用

工程造价是工程建设的核心内容，也是建设市场运行的核心内容。建设市场存在的许多不规范行为，影响了工程造价计价。过去采用工程预算定额计价，在工程发包与承包工程计价中调节双方利益，反映市场价格、需求等方面严重滞后，特别是在公开、公平、公正竞争方面，缺乏合理、完善的机制，甚至出现了一些漏洞，滋生工程建设领域的腐败。采用工程量清单计价，是由市场竞争形成工程造价的主要形式，工程量清单计价能反映工程的个别成本，有利于发挥企业自主报价的能力，实现从政府定价到市场定价的转变；有利于规范业主在招标中的行为，有效纠正招标单价在招标中的盲目压价的行为，避免工程招标中弄虚作假、暗箱操作等不规范行为，促进其提高管理水平，从而真正体现公开、公平、公正的原则，反映市场经济规律；有利于规范建设市场计价行为，从源头上遏止工程招投标中滋生的腐败，整顿建设市场的秩序，促进建设市场的有序竞争。

实行工程量清单计价，也是我国社会主义市场经济发展的需要。市场经济的主要特点是竞争，建设工程领域的竞争主要体现在价格和质量上，工程量清单的计价的本质是价格市场化。采用工程量清单计价，将有利于促进施工企业加快技术进步，改善经营管理，促进施工企业管理由粗放型向集约型经营方式转变；有利于招标人科学合理地控制投资，提高资金的使用效益，对于在全国建立一个统一、开放、健康、有序的建设市场具有重要的作用。

实行工程量清单计价，有利于和国际惯例接轨，融入世界大市场。我国加入世界贸易组织后，行业技术贸易壁垒下降，建设市场将进一步对外开放，我国的建筑企业将更广泛地参与国际竞争。为了适应建设市场对外开放发展的需要，我国的工程造价计价必须与国际通行的计价方法相适应。在我国实行工程量清单计价，有利于与国际惯例接轨，有利于进一步对外开放交流，有利于提高国内建设各方主体参与国际竞争的能力，有利于提高我国工程建设的管理水平。

1.3 工程量清单计价与定额计价的区别

工程量清单计价与定额计价主要有以下 8 个方面的区别。

1. 编制工程量的单位不同

定额计价办法是：建设工程的工程量分别由招标单位和投标单位按施工图计算。工程量清单计价是：工程量由招标单位统一计算或委托有工程造价咨询资质的单位统一计算，“工程量清单”是招标文件的重要组成部分，各投标单位根据招标人提供的“工程量清单”，根据自身的技术装备、施工经验、企业成本、企业定额、管理水平自主填写报价单。

2. 编制工程量清单的时间不同

定额计价法是在发出招标文件后编制（招标与投标人同时编制）。工程量清单报价法必须在发出招标文件前编制。

3. 表现形式不同

采用定额计价法一般是总价形式。工程量清单报价法采用综合单价形式，综合单价包括人工费、材料费、机械使用费、管理费、利润，并且考虑一定范围内风险因素。工程量清单报价具有直观、单价相对固定的特点。工程量发生变化时，单价一般不作调整。

4. 编制依据不同

定额计价法依据图纸，人工、材料、机械台班单价，消耗量，依据建设行政主管部门颁发的预算定额，根据造价管理部门定期发布的价格信息进行计算；工程量清单计价法，依据企业定额、市场价格信息。

5. 费用组成不同

定额计价法的工程造价由直接费、间接费、利润、税金组成；工程量清单计价法工程造价由分部分项工程费、措施项目费、其他项目费、规费、税金组成。

6. 项目编码不同

定额计价全国各省市采用不同的定额子目。工程量清单计价全国实行统一编码，项目编码采用12位阿拉伯数字表示，1～9位为统一编码，其中：第1～2位为专业工程代码；第3～4位为附录分类顺序码；第5～6位为分部工程顺序码；第7～9位为分项工程顺序码；第10～12位为清单项目名称顺序码。前9位码不能变动，后3位码由清单编制人员根据项目设置的清单项目编制。

7. 投标计算口径达到统一

因为各投标单位都根据统一的工程量清单报价，达到了计算口径统一。不再是传统预算定额招标，各投标单位各自计算工程量，各投标单位计算的工程量均不一致。

8. 索赔事件增加

因承包商对工程量清单单价包含的工作内容一目了然，所以凡建设方不按清单内容施工或任意要求修改清单，都会增加施工索赔的概率。

第2章　《建设工程工程量清单计价规范》（GB 50500—2013）的主要内容

《建设工程工程量清单计价规范》（GB 50500—2013）的颁布实施，是建设市场发展的需求，为建设工程招标、投标计价活动健康、有序地发展提供了依据，在《计价规范》中贯穿了由政府宏观调控、企业自主报价、市场竞争形成价格的原则。

《计价规范》主要由两部分构成：第一部分包括总则、术语、工程量清单编制、工程量清单计价和工程量清单计价表格；第二部分为附录，包括《房屋建筑与装饰工程工程量计算规范》《仿古建筑工程工程量计算规范》《通用安装工程工程量计算规范》《市政工程工程量计算规范》《园林绿化工程工程量清单计算规范》《矿山工程工程量计算规范》《构筑物工程工程量计算规范》《城市轨道交通工程工程量计算规范》《爆破工程工程量计算规范》。本书以《房屋建筑与装饰工程工程量计算规范》为主。

2.1　《建设工程工程量清单计价规范》（GB 50500—2013）的适用范围

《建设工程工程量清单计价规范》（GB 50500—2013）（以下简称《计价规范》）规定，凡国有资金投资的项目，不分工程建设规模，均必须采用工程量清单计价。对于不采用工程量清单计价方式的工程建设项目，除工程量清单等专门规定外，本《计价规范》的其他条文仍应执行。

2.1.1　国有资金投资的工程建设项目

包括使用国有资金投资和国家融资投资的工程建设项目。

1. 使用国有资金投资项目

（1）使用各级财政预算资金的项目。

（2）使用纳入财政管理的各种政府性专项建设资金的项目。

（3）使用国有企事业单位自有资金，并且国有资产者实际拥有控股权的项目。

2. 国家融资项目

（1）使用国家发行债券所筹集资金的项目。

（2）使用国家对外借款或者担保所筹集资金的项目。

（3）使用国家政策性贷款的项目。

（4）国家授权投资主体融资的项目。

（5）国家特许的融资项目。

国有资金（含国家融资资金）为主的工程建设项目是指国有资金占投资总额50%以上，或虽不足50%但国有投资者实质上拥有控股权的工程建设项目。

2.1.2 非国有资金投资的工程建设项目

(1) 是否采用工程量清单方式计价由项目业主自主确定。

(2) 当确定采用工程量清单计价时，则应执行《计价规范》。

(3) 对不采用工程量清单方式计价的非国有资金投资工程建设项目，除不执行工程量清单计价的专门性规定外，《计价规范》中所规定的工程价款的调整、工程计量和工程价款的支付、索赔与现场签证、竣工结算以及工程造价争议处理等内容仍应执行。

2.2 总　　则

(1) 为规范建设工程造价计价行为，统一建设工程计价文件的编制原则和计价方法，根据《中华人民共和国建筑法》、《中华人民共和国合同法》、《中华人民共和国招标投标法》等法律法规，制定本规范。

(2) 本规范适用于建设工程发承包及实施阶段的计价活动。

(3) 建设工程发承包及实施阶段的工程造价应由分部分项工程费、措施项目费、其他项目费、规费和税金组成。

(4) 招标工程量清单、招标控制价、投标报价、工程计量、合同价款调整、合同价款结算与支付以及工程造价鉴定等工程造价文件的编制与核对，应由具有专业资格的工程造价人员承担。

(5) 承担工程造价文件的编制与核对的工程造价人员及其所在单位，应对工程造价文件的质量负责。

(6) 建设工程发承包及实施阶段的计价活动应遵循客观、公正、公平的原则。

(7) 建设工程发承包及实施阶段的计价活动，除应符合本规范外，还应符合国家现行有关标准的规定。

2.3 术　　语

1. 工程量清单

载明建设工程分部分项工程项目、措施项目、其他项目的名称和相应数量以及规费、税金项目等内容的明细清单。

2. 招标工程量清单

招标人依据国家标准、招标文件、设计文件以及施工现场实际情况编制的，随招标文件发布供投标报价的工程量清单。

3. 已标价工程量清单

构成合同文件的组成部分的投标文件中已标明价格，经算术性错误修正（如有）且承包人已确认的工程量清单，包括其说明和表格。

4. 分部分项工程

分部工程是单项或单位工程的组成部分，是按结构部位、路段长度及施工特点或施工任务将单项或单位工程划分为若干分部的工程；分项工程是分部工程的组成部分，是按不同施工方法、材料、工序及路段长度等将分部工程划分为若干个分项或项目的工程。

5. 措施项目

为完成工程项目施工，发生于该工程施工准备和施工过程中的技术、生活、安全、环境保护等方面的项目。

6. 项目编码

分部分项工程和措施项目清单名称的阿拉伯数字标识。

7. 项目特征

构成分部分项工程项目、措施项目自身价值的本质特征。

8. 综合单价

完成一个规定清单项目所需的人工费、材料和工程设备费、施工机具使用费和企业管理费、利润以及一定范围内的风险费用。

9. 风险费用

隐含于已标价工程量清单综合单价中，用于化解发承包双方在工程合同中约定内容和范围内的市场价格波动风险的费用。

10. 工程造价信息

工程造价管理机构根据调查和测算发布的建设工程人工、材料、工程设备、施工机械台班的价格信息，以及各类工程的造价指数、指标。

11. 工程变更

合同工程实施过程中由发包人提出或由承包人提出经发包人批准的合同工程任何一项工作的增、减、取消或施工工艺、顺序、时间的改变；设计图纸的修改；施工条件的改变；招标工程量清单的错、漏从而引起合同条件的改变或工程量的增减变化。

12. 工程量偏差

承包人按照合同工程的图纸（含经发包人批准由承包人提供的图纸）施工，按照现行国家计量规范规定的工程量计算规则计算得到的完成合同工程项目应予计量的工程量与相应的招标工程量清单项目列出的工程量之间出现的量差。

13. 暂列金额

招标人在工程量清单中暂定并包括在合同价款中的一笔款项。用于工程合同签订时尚未确定或者不可预见的所需材料、工程设备、服务的采购，施工中可能发生的工程变更、合同约定调整因素出现时的合同价款调整以及发生的索赔、现场签证确认等的费用。

14. 暂估价

招标人在工程量清单中提供的用于支付必然发生但暂时不能确定价格的材料、工程设备的单价以及专业工程的金额。

15. 计日工

在施工过程中，承包人完成发包人提出的工程合同范围以外的零星项目或工作，按合同中约定的单价计价的一种方式。

16. 总承包服务费

总承包人为配合协调发包人进行的专业工程发包，对发包人自行采购的材料、工程设备等进行保管以及施工现场管理、竣工资料汇总整理等服务所需的费用。

17. 安全文明施工费

在合同履行过程中，承包人按照国家法律、法规、标准等规定，为保证安全施工、文明施工，保护现场内外环境和搭拆临时设施等所采用的措施而发生的费用。

18. 索赔

在工程合同履行过程中，合同当事人一方因非己方的原因而遭受损失，按合同约定或法律法规规定应由对方承担责任，从而向对方提出补偿的要求。

19. 现场签证

发包人现场代表（或其授权的监理人、工程造价咨询人）与承包人现场代表就施工过程中涉及的责任事件所做的签认证明。

20. 规费

根据国家法律、法规规定，由省级政府或省级有关权力部门规定施工企业必须缴纳的，应计入建筑安装工程造价的费用。

21. 税金

国家税法规定的应计入建筑安装工程造价内的营业税、城市维护建设税、教育费附加和地方教育附加。

22. 单价项目

工程量清单中以单价计价的项目，即根据合同工程图纸（含设计变更）和相关工程现行国家计量规范规定的工程量计算规则进行计量，与已标价工程量清单相应综合单价进行价款计算的项目。

23. 总价项目

工程量清单中以总价计价的项目，即此类项目在相关工程现行国家计量规范中无工程量计算规则，以总价（或计算基础乘费率）计算的项目。

24. 工程计量

发承包双方根据合同约定，对承包人完成合同工程的数量进行的计算和确认。

25. 工程结算

发承包双方根据合同约定，对合同工程在实施中、终止时、已完工后进行的合同价款计算、调整和确认。包括期中结算、终止结算、竣工结算。

26. 招标控制价

招标人根据国家或省级、行业建设主管部门颁发的有关计价依据和办法，以及拟定的招标文件和招标工程量清单，结合工程具体情况编制的招标工程的最高投标限价。

27. 投标价

投标人投标时响应招标文件要求所报出的对已标价工程量清单汇总后标明的总价。

28. 竣工结算价

发承包双方依据国家有关法律、法规和标准规定，按照合同约定确定的，包括在履行合同过程中按合同约定进行的合同价款调整，是承包方按合同约定完成了全部承包工作后，发包人应付给承包人的合同总金额。

29. 工程造价鉴定

工程造价咨询人接受人民法院、仲裁机关委托，对施工合同纠纷案件中的工程造价争议，运用专门知识进行鉴别、判断和评定，并提供鉴定意见的活动。也称为工程造价司法鉴定。

2.4 工程量清单编制

工程量清单应由招标人负责编制，若招标人不具有编制工程量清单的能力，可委托具有工程造价咨询性质的工程造价咨询人编制。采用工程量清单方式招标，工程量清单必须作为招标文件的组成部分，其准确性和完整性由招标人负责。

工程量清单是工程量清单计价的基础，应作为编制招标控制价、投标报价、计算工程量、支付工程款、调整合同价款、办理竣工结算及工程索赔等的依据之一。

2.4.1 一般规定

1. 编制招标工程量清单的依据

(1)《建设工程工程量清单计价规范》(GB 50500—2013) 和相关工程的国家计量规范。

(2) 国家或省级、行业建设主管部门颁发的计价定额和办法。

(3) 建设工程设计文件及相关资料。

(4) 与建设工程有关的标准、规范、技术资料。

(5) 拟定的招标文件。

(6) 施工现场情况、地勘水文资料、工程特点及常规施工方案。

(7) 其他相关资料。

2. 其他项目、规费和税金项目清单的编制依据

应按照现行国家标准《建设工程工程量清单计价规范》(GB 50500—2013) 的相关规定编制。

3. 其他情况

编制工程量清单出现附录资料中未包括的项目，编制人应做补充，并报省级或行业工程造价管理机构备案，省级或行业工程造价管理机构应汇总报住房和城乡建设部标准定额研究所。

补充项目的编码由本规范的代码 01 与 B 和三位阿拉伯数字组成，并应从 01B001 起顺序编制，同一招标工程的项目不得重码。补充的工程量清单需附有补充项目的名称、项目特征、计量单位、工程量计算规则、工作内容。不能计量的措施项目，需附有补充项目的名称、工作内容及包含范围。

2.4.2 分部分项工程量清单

分部分项工程项目清单必须载明项目编码、项目名称、项目特征、计量单位和工程量。这 5 个要件在分部分项工程量清单的组成中缺一不可。

分部分项工程和单价措施项目清单与计价表见表 2-1。

表 2-1　　分部分项工程和单价措施项目清单与计价表

工程名称：　　　　标段：　　　　第　页　共　页

<table>
<tr><th rowspan="3">序号</th><th rowspan="3">项目编码</th><th rowspan="3">项目名称</th><th rowspan="3">项目特征
描述</th><th rowspan="3">计量单位</th><th rowspan="3">工程量</th><th colspan="3">金额/元</th></tr>
<tr><th rowspan="2">综合单价</th><th rowspan="2">合价</th><th>其中</th></tr>
<tr><th>暂估价</th></tr>
<tr><td></td><td></td><td></td><td></td><td></td><td></td><td></td><td></td><td></td></tr>
<tr><td></td><td></td><td></td><td></td><td></td><td></td><td></td><td></td><td></td></tr>
<tr><td></td><td></td><td></td><td></td><td></td><td></td><td></td><td></td><td></td></tr>
<tr><td></td><td></td><td></td><td></td><td></td><td></td><td></td><td></td><td></td></tr>
<tr><td></td><td></td><td></td><td></td><td></td><td></td><td></td><td></td><td></td></tr>
<tr><td></td><td></td><td></td><td></td><td></td><td></td><td></td><td></td><td></td></tr>
<tr><td></td><td></td><td></td><td></td><td></td><td></td><td></td><td></td><td></td></tr>
<tr><td colspan="7">本 页 小 计</td><td></td><td></td></tr>
<tr><td colspan="7">合　　计</td><td></td><td></td></tr>
</table>

编制分部分项工程和单价措施项目清单与计价表的注意事项：

(1)“工程名称”栏应填写详细具体的工程名称，习惯上并无标段划分，可不填写“标段”栏。但相对于管道敷设、道路施工等往往以标段划分，应填写“标段”栏，其他各表涉及此设置，处理方式相同。

(2)“项目编码”栏应按相关工程国家计量规范项目编码栏内规定的 9 位数字另加 3 位顺序码填写。

各级编码代表的含义如下：

第一级表示专业工程代码（分二位）；

第二级表示附录分类顺序码（分二位）；

第三级表示分部工程顺序码（分二位）；

第四级表示分项工程项目名称顺序码（分三位）；

第五级表示清单项目名称顺序码（分三位）。

当同一标段（或合同段）的一份工程量清单中含有多个单位工程且工程量清单是以单位工程为编制对象时，在编制工程量清单时，应特别注意对项目编码十至十二位的设置不得有重码的规定。

(3)“项目名称”栏应按相关工程国家计量规范规定根据拟建工程实际确定填写。

在编写分部分项工程量清单时，以附录中的分项工程项目名称为基础，考虑该项目的规格、型号、材质等特殊要求，结合拟建工程的实际情况，使其工程量清单项目名称具体化、细化，以反映影响工程造价的因素。例如，“墙面一般抹灰”这一分项工程在形成工程量清单项目名称时可以细化为“外墙面抹灰”“内墙面抹灰”等。清单项目名称应表达详细、准确，各专业工程计量范围中的分项工程名称如有缺陷，招标人可做补充，并报当地工程造价管理机构（省级）备案。

(4)“项目特征”栏应按国家相关工程计量规范规定并根据拟建工程予以描述。

项目特征描述可以分为必须描述的内容、可不描述的内容、可不详细描述的内容、规定多个计量单位的描述、规范没有要求但又必须描述的内容几类。具体说明见表 2-2。

表 2-2　　项目特征描述详表

描述类型	内容	示例
必须描述的内容	涉及正确计量的内容	门窗洞口尺寸或框外围尺寸
	涉及结构要求的内容	混凝土构件的混凝土强度等级
	涉及材质要求的内容	油漆的品种、管材的材质等
	涉及安装方式的内容	管道工程中的钢管的连接方式
可不描述的内容	对计量计价没有实质影响的内容	现浇混凝土柱的高度、断面大小等特征
	应由投标人根据施工方案确定的内容	石方的预裂爆破的单孔深度及装药量的特征规定
	应由投标人根据当地材料和施工要求的内容	混凝土构件中的混凝土拌和料使用的石子种类及粒径、砂的种类的特征规定
	应由施工措施解决的内容	对现浇混凝土板、梁的标高的特征规定
可不详细描述的内容	无法准确描述的内容	土壤类别，可考虑将土壤类别描述为综合，注明由投标人根据地勘资料自行确定土壤类别，决定报价
	施工图纸、标准图集标准明确的	这些项目可描述为见××图集××页号及节点大样等
	清单编制人在项目特征描述中应注明由投标人自定的	土方工程中“取土运距”“弃土运距”等

(5)“计量单位”应按相关国家计量规范的规定填写。

有的项目规范中有两个或两个以上计量单位的，应结合拟建工程项目的实际选择一个确定。除各专业另有规定外，计量单位应采用基本单位，除各专业另有特殊规定外均按以下单位计量：

以重量计算的项目——吨/t或千克/kg；

以体积计算的项目——立方米/m^3；

以面积计算的项目——平方米/m^2；

以长度计算的项目——米/m；

以自然计量单位计算的项目——个、套、块、樘、组、台……

没有具体数量的项目——宗、项……

各专业有特殊计量单位的，另外加以说明。当计量单位有两个或两个以上时，应根据所编工程量清单项目的特征要求，选择最适宜表现该项目特征并方便计量的单位。

计量单位的有效位数应遵守下列规定：

以“吨”为单位，应保留三位小数，第四位小数四舍五入；

以“立方米”“平方米”“米”“千克”为单位，应保留两位小数，第三位小数四舍五入；

以“个”“项”等为单位，应取整数。

2.4.3 措施项目清单

(1) 措施项目清单必须根据相关工程现行国家计量规范的规定编制。

(2) 措施项目清单应根据拟建工程的实际情况列项。

(3) 措施项目清单包括：

1) 脚手架；

2) 混凝土模板及支架；

3) 垂直运输；

4) 超高施工增加；

5) 大型机械设备进出场及安拆；

6) 施工排水、降水；

7) 安全文明施工及其他措施项目。

2.4.4 其他项目清单

(1) 其他项目清单应按照下列内容列项：

1) 暂列金额；

2) 暂估价；

3) 计日工；

4) 总承包服务费。

(2) 出现上述未列的项目，应根据工程实际情况补充。

2.4.5 规费项目清单

(1) 规费项目清单应按照下列内容列项：

1）社会保险费：包括养老保险费、失业保险费、医疗保险费、工伤保险费、生育保险费；

2）住房公积金；

3）工程排污费。

（2）出现上述未列的项目，应根据省级政府或省级有关部门的规定列项。

2.4.6 税金项目清单

（1）税金项目清单应按照下列内容列项：

1）营业税；

2）城市维护建设税；

3）教育费附加；

4）地方教育附加。

（2）出现上述未列的项目，应根据税务部门的规定列项。

2.5 工程量清单计价

2.5.1 一般规定

1. 计价方式

（1）使用国有资金投资的建设工程发承包，必须采用工程量清单计价。

（2）非国有资金投资的建设工程，宜采用工程量清单计价。

（3）工程量清单应采用综合单价计价。

（4）措施项目中的安全文明施工费必须按国家或省级、行业建设主管部门的规定计算，不得作为竞争性费用。

（5）规费和税金必须按国家或省级、行业建设主管部门的规定计算，不得作为竞争性费用。

2. 发包人提供材料和工程设备

（1）发包人提供的材料和工程设备（以下简称“甲供材料”）应在招标文件中按照表 2 - 3的规定填写《发包人提供材料和工程设备一览表》，写明甲供材料的名称、规格、数量、单价、交货方式、交货地点等。承包人投标时，甲供材料单价应计入相应项目的综合单价中，签约后，发包人应按合同约定扣除甲供材料款，不予支付。

表 2-3 **发包人提供材料和工程设备一览表**

工程名称： 标段： 第 页 共 页

序号	材料（工程设备）名称、规格、型号	单位	数量	单价/元	交货方式	送达地点	备注

注：此表由招标人填写，供投标人在投标报价、确定总承包服务费时参考。

(2) 承包人应根据合同工程进度计划的安排，向发包人提交甲供材料交货的日期计划。发包人应按计划提供。

(3) 发包人提供的甲供材料如规格、数量或质量不符合合同要求，或由于发包人原因发生交货日期延误、交货地点及交货方式变更等情况的，发包人应承担由此增加的费用和(或) 工期延误，并应向承包人支付合理利润。

(4) 发承包双方对甲供材料的数量发生争议不能达成一致的，应按照相关工程的计价定额同类项目规定的材料消耗量计算。

(5) 若发包人要求承包人采购已在招标文件中确定为甲供材料的，材料价格应由发承包双方根据市场调查确定，并应另行签订补充协议。

3. 承包人提供材料和工程设备

(1) 除合同约定的发包人提供的甲供材料外，合同工程所需的材料和工程设备应由承包人提供，承包人提供的材料和工程设备均应由承包人负责采购、运输和保管。

(2) 承包人应按合同约定将采购材料和工程设备的供货人及品种、规格、数量和供货时间等提交发包人确认，并负责提供材料和工程设备的质量证明文件，满足合同约定的质量标准。

(3) 对承包人提供的材料和工程设备经检测不符合合同约定的质量标准，发包人应立即要求承包人更换，由此增加的费用和 (或) 工期延误应由承包人承担。对发包人要求检测承包人已具有合格证明的材料、工程设备，但经检测证明该项材料、工程设备符合合同约定的质量标准，发包人应承担由此增加的费用和 (或) 工期延误，并向承包人支付合理利润。

4. 计价风险

(1) 建设工程发承包，必须在招标文件、合同中明确计价中的风险内容及其范围，不得采用无限风险、所有风险或类似语句规定计价中的风险内容及范围。

(2) 由于下列因素出现，影响合同价款调整的应由发包人承担：

国家法律、法规、规章和政策发生变化；

省级或行业建设主管部门发布的人工费调整，但承包人对人工费或人工单价的报价高于发布的除外；

由政府定价或政府指导价管理的原材料等价格进行了调整。

(3) 因承包人原因导致工期延误的，应按以下方法调整：

1) 招标工程以投标截止日前 28 天、非招标工程以合同签订前 28 天为基准日，其后因国家的法律、法规、规章和政策发生变化引起工程造价增减变化的，发承包双方应按照省级或行业建设主管部门或其授权的工程造价管理机构据此发布的规定调整合同价款。

2) 因非承包人原因导致工期延误的，计划进度日期后续工程的价格，应采用计划进度日期与实际进度日期两者的较高者；因承包人原因导致工期延误的，计划进度日期后续工程的价格，应采用计划进度日期与实际进度日期两者的较低者。

3) 由于市场物价波动影响合同价款的，应由发承包双方合理分摊，按表 2 - 4 或表 2 - 5 填写《承包人提供主要材料和工程设备一览表》作为合同附件。

表 2-4 **承包人提供主要材料和工程设备一览表**

（适用于造价信息差额调整法）

工程名称： 标段： 第 页 共 页

序号	名称、规格、型号	单位	数量	风险系数（%）	基准单价/元	投标单价/元	发承包人确认单价/元	备注

注：1. 此表由招标人填写除“投标单价”栏的内容，投标人在投标时自主确定投标单价。

2. 招标人应优先采用工程造价管理机构发布的单价作为基准单价，未发布的，通过市场调查确定其基准单价。

表 2-5 **承包人提供主要材料和工程设备一览表**

(适用于价格指数差额调整法)

工程名称： 标段： 第 页 共 页

序号	名称、规格、型号	变值权重 B	基本价格指数 F_0	现行价格指数 F_t	备注
	定值权重 A		—	—	
合　　计		1	—	—	

注：1.“名称、规格、型号”“基本价格指数”栏由招标人填写，基本价格指数应首先采用工程造价管理机构发布的价格指数，没有时，可采用发布的价格代替。如人工、机械费也采用本法调整，由招标人在“名称”栏填写。

2.“变值权重”栏由投标人根据该项人工、机械费和材料、工程设备价值在投标总报价中所占的比例填写，1 减去其比例为定值权重。

3.“现行价格指数”按约定的付款证书相关周期最后一天的前 42 天地各项价格指数填写，该指数应首先采用工程造价管理机构发布的价格指数，没有时，可采用发布的价格代替。

当合同中没有约定，发承包双方发生争议时，应按以下方法调整：

合同履行期间，因人工、材料、工程设备、机械台班价格波动影响合同价款时，应根据合同约定，按《计价规范》的方法之一调整合同价款。

5. 价格指数调整价格差额

（1）价格调整公式。

因人工、材料和工程设备、施工机械台班等价格波动影响合同价格时，根据招标人提供的表 2-5，并由投标人在投标函附录中的价格指数和权重表约定的数据，应按下式计算差额并调整合同价款：

$$\Delta P = P_0[A + (B_1 \times F_{t1}/F_{01} + B_2 \times F_{t2}/F_{02} + B_3 \times F_{t3}/F_{03} + \cdots + B_n \times F_{tn}/F_{0n}) - 1] \quad (2-1)$$

式中 ΔP——需调整的价格差额；

P_0——约定的付款证书中承包人应得到的已完成工程量的金额，此项金额应不包括价格调整、不计质量保证金的扣留和支付、预付款的支付和扣回。约定的变更及其他金额已按现行价格计价的，也不计在内；

A——定值权重（即不调部分的权重）；

$B_1, B_2, B_3, \cdots, B_n$——各可调因子的变值权重（即可调部分的权重），为各可调因子在投标函投标总报价中所占的比例；

$F_{t1}, F_{t2}, F_{t3}, \cdots, F_{tn}$——各可调因子的现行价格指数，指约定的付款证书相关周期最后一天的前 42 天的各可调因子的价格指数；

$F_{01}, F_{02}, F_{03}, \cdots, F_{0n}$——各可调因子的基本价格指数，指基准日期的各可调因子的价格指数。以上价格调整公式中的各可调因子、定值和变值权重，以及基本价格指数及其来源在投标函附录价格指数和权重表中约定。价格指数应首先采用工程造价管理机构提供的价格指数，缺乏上述价格指数时，可采用工程造价管理机构提供的价格代替。

（2）暂时确定调整差额。在计算调整差额时得不到现行价格指数的，可暂用上一次价格指数计算，并在以后的付款中再按实际价格指数进行调整。

（3）权重的调整。约定的变更导致原定合同中的权重不合理时，由承包人和发包人协商后进行调整。

（4）承包人工期延误后的价格调整。由于承包人原因未在约定的工期内竣工的，对原约定竣工日期后继续施工的工程，在使用价格调整公式时，应采用原约定竣工日期与实际竣工日期的两个价格指数中较低的一个作为现行价格指数。

（5）若可调因子包括了人工在内，则不适用（省级或行业建设主管部门发布的人工费调整，但承包人对人工费或人工单价的报价高于发布的除外）的规定。

6. 造价信息调整价格差额

（1）施工期内，因人工、材料和工程设备、施工机械台班价格波动影响合同价格时，人工、机械使用费按照国家或省、自治区、直辖市建设行政管理部门、行业建设管理部门或其授权的工程造价管理机构发布的人工成本信息、机械台班单价或机械使用费系数进行调整；

需要进行价格调整的材料，其单价和采购数应由发包人复核，发包人确认需调整的材料单价及数量，作为调整合同价款差额的依据。

(2) 人工单价发生变化且符合（省级或行业建设主管部门发布的人工费调整，但承包人对人工费或人工单价的报价高于发布的除外）条件时，发承包双方应按省级或行业建设主管部门或其授权的工程造价管理机构发布的人工成本文件调整合同价款。

(3) 材料、工程设备价格变化按照发包人提供的表 2-4 确定，由发承包双方约定调整合同价款。

7. 风险范围按下列规定调整合同价款

(1) 承包人投标报价中材料单价低于基准单价：施工期间材料单价涨幅以基准单价为基础超过合同约定的风险幅度值，或材料单价跌幅以投标报价为基础超过合同约定的风险幅度值时，其超过部分按实调整。

(2) 承包人投标报价中材料单价高于基准单价：施工期间材料单价跌幅以基准单价为基础超过合同约定的风险幅度值，或材料单价涨幅以投标报价为基础超过合同约定的风险幅度值时，其超过部分按实调整。

(3) 承包人投标报价中材料单价等于基准单价：施工期间材料单价涨、跌幅以基准单价为基础超合同约定的风险幅度值时，其超过部分按实调整。

(4) 承包人应在采购材料前将采购数量和新的材料单价报送发包人核对，确认用于本合同工程时发包人应确认采购材料的数量和单价。发包人在收到承包人报送的确认资料后 3 个工作日不予答复的视为已经认可，作为调整合同价款的依据。如果承包人未报经发包人核对即自行采购材料，再报发包人确认调整合同价款的，如发包人不同意则不作调整。

8. 施工机械台班单价或施工机械使用费调整

施工机械台班单价或施工机械使用费发生变化超过省级或行业建设主管部门或其授权的工程造价管理机构规定的范围时，按其规定调整合同价款：

(1) 承包人采购材料和工程设备的，应在合同中约定主要材料、工程设备价格变化的范围或幅度；当没有约定且材料、工程设备单价变化超过 5%时，超过部分的价格应按照《计价规范》的方法计算调整材料、工程设备费。

(2) 发生合同工程工期延误的，应按照下列规定确定合同履行期的价格调整：因非承包人原因导致工期延误的，计划进度日期后续工程的价格，应采用计划进度日期与实际进度日期两者的较高者；因承包人原因导致工期延误的，计划进度日期后续工程的价格，应采用计划进度日期与实际进度日期两者的较低者。

(3) 由于承包人使用机械设备、施工技术以及组织管理水平等自身原因造成施工费用增加的，应由承包人全部承担。

(4) 当不可抗力发生，影响合同价款时，按《计价规范》的规定执行。

2.5.2 招标控制价

招标人根据国家或省级、行业建设主管部门颁发的有关计价依据和办法，以及拟定的招标文件和招标工程量清单，结合工程具体情况编制的招标工程的最高投标限价。

1. 一般规定

(1) 国有资金投资的建设工程招标，招标人必须编制招标控制价。

(2) 招标控制价应由具有编制能力的招标人或受其委托具有相应资质的工程造价咨询人编制和复核。

(3) 工程造价咨询人接受招标人委托编制招标控制价，不得再就同一工程接受投标人委托编制投标报价。

(4) 当招标控制价超过批准的概算时，招标人应将其报原概算审批部门审核。

(5) 招标人应在发布招标文件时公布招标控制价，同时应将招标控制价及有关资料报送工程所在地或有该工程管辖权的行业管理部门工程造价管理机构备查。

2. 编制与复核

(1) 招标控制价应根据下列依据编制与复核：

1)《建设工程工程量清单计价规范》(GB 50500—2013)；

2) 国家或省级、行业建设主管部门颁发的计价定额和计价办法；

3) 建设工程设计文件及相关资料；

4) 拟定的招标文件及招标工程量清单；

5) 与建设项目相关的标准、规范、技术资料；

6) 施工现场情况、工程特点及常规施工方案；

7) 工程造价管理机构发布的工程造价信息，当工程造价信息没有发布时参照市场价；

8) 其他的相关资料。

(2) 综合单价中应包括招标文件中划分的应由投标人承担的风险范围及其费用。招标文件中没有明确的，如是工程造价咨询人编制，应提请招标人明确；如是招标人编制，应予明确。

(3) 分部分项工程和措施项目中的单价项目，应根据拟定的招标文件和招标工程量清单项目中的特征描述及有关要求确定综合单价计算。

(4) 措施项目中的总价项目应根据拟定的招标文件和常规施工方案按《计价规范》规定：

1) 工程量清单应采用综合单价计价；

2) 措施项目中的安全文明施工费必须按国家或省级、行业建设主管部门的规定计算，不得作为竞争性费用的规定计价。

(5) 其他项目应按下列规定计价：

1) 暂列金额应按招标工程量清单中列出的金额填写；

2) 暂估价中的材料、工程设备单价应按招标工程量清单中列出的单价计入综合单价；

3) 暂估价中的专业工程金额应按招标工程量清单中列出的金额填写；

4) 计日工应按招标工程量清单中列出的项目根据工程特点和有关计价依据确定综合单价计算；

5) 总承包服务费应根据招标工程量清单列出的内容和要求估算。

(6) 规费和税金必须按国家或省级、行业建设主管部门的规定计算，不得作为竞争性费用。

3. 投诉与处理

(1) 投标人经复核认为招标人公布的招标控制价未按照《计价规范》的规定进行编制的，应在招标控制价公布后5天内向招投标监督机构和工程造价管理机构投诉。

(2) 投诉人投诉时，应当提交由单位盖章和法定代表人或其委托人签名或盖章的书面投诉书。投诉书应包括下列内容：

1) 投诉人与被投诉人的名称、地址及有效联系方式；

2) 投诉的招标工程名称、具体事项及理由；

3) 投诉依据及有关证明材料；

4) 相关的请求及主张。

(3) 投诉人不得进行虚假、恶意投诉，阻碍招投标活动的正常进行。

(4) 工程造价管理机构在接到投诉书后应在2个工作日内进行审查，对有下列情况之一的不予受理。

1) 投诉人不是所投诉招标工程招标文件的收受人；

2) 投诉书提交的时间不符合《计价规范》规定的时间；

3) 投诉书不符合上述第2条规定的；

4) 投诉事项已进入行政复议或行政诉讼程序的。

(5) 工程造价管理机构应在不迟于结束审查的次日将是否受理投诉的决定书面通知投诉人、被投诉人以及负责该工程招投标监督的招投标管理机构。

(6) 工程造价管理机构受理投诉后，应立即对招标控制价进行复查，组织投诉人、被投诉人或其委托的招标控制价编制人等单位人员对投诉问题逐一核对。有关当事人应当予以配合，并应保证所提供资料的真实性。

(7) 工程造价管理机构应当在受理投诉的10天内完成复查，特殊情况下可适当延长，并做出书面结论通知投诉人、被投诉人及负责该工程招投标监督的招投标管理机构。

(8) 当招标控制价复查结论与原公布的招标控制价误差大于±3%时，应当责成招标人改正。

(9) 招标人根据招标控制价复查结论需要重新公布招标控制价的，其最终公布的时间至招标文件要求提交投标文件截止时间不足15天的，应相应延长投标文件的截止时间。

2.5.3 投标价

1. 一般规定

(1) 投标价应由投标人或受其委托具有相应资质的工程造价咨询人编制。

(2) 投标报价不得低于工程成本。

(3) 投标人必须按招标工程量清单填报价格。项目编码、项目名称、项目特征、计量单位、工程量必须与招标工程量清单一致。

(4) 投标人的投标报价高于招标控制价的应予废标。

2. 编制与复核

(1) 投标报价应根据下列依据编制和复核：

1)《建设工程工程量清单计价规范》(GB 50500—2013)；

2) 国家或省级、行业建设主管部门颁发的计价办法；

3) 企业定额，国家或省级、行业建设主管部门颁发的计价定额和计价办法；

4) 招标文件、招标工程量清单及其补充通知、答疑纪要；

5) 建设工程设计文件及相关资料；

6）施工现场情况、工程特点及投标时拟定的施工组织设计或施工方案；

7）与建设项目相关的标准、规范等技术资料；

8）市场价格信息或工程造价管理机构发布的工程造价信息；

9）其他的相关资料。

（2）综合单价中应包括招标文件中划分的应由投标人承担的风险范围及其费用，招标文件中没有明确的应提请招标人明确。

（3）分部分项工程和措施项目中的单价项目，应根据招标文件和招标工程量清单项目中的特征描述确定综合单价计算。

（4）措施项目中的总价项目金额应根据招标文件及投标时拟定的施工组织设计或施工方案，按《计价规范》的规定：

1）工程量清单应采用综合单价计价的方式自主确定；

2）措施项目中的安全文明施工费必须按国家或省级、行业建设主管部门的规定计算，不得作为竞争性费用。

（5）其他项目应按下列规定报价：

1）暂列金额应按招标工程量清单中列出的金额填写；

2）材料、工程设备暂估价应按招标工程量清单中列出的单价计入综合单价；

3）专业工程暂估价应按招标工程量清单中列出的金额填写；

4）计日工应按招标工程量清单中列出的项目和数量，自主确定综合单价并计算计日工金额；

5）总承包服务费应根据招标工程量清单中列出的内容和提出的要求自主确定。

（6）规费和税金必须按国家或省级、行业建设主管部门的规定计算，不得作为竞争性费用。

（7）招标工程量清单与计价表中列明的所有需要填写单价和合价的项目，投标人均应填写且只允许有一个报价。未填写单价和合价的项目，可视为此项费用已包含在已标价工程量清单中其他项目的单价和合价之中。当竣工结算时，此项目不得重新组价予以调整。

（8）投标总价应当与分部分项工程费、措施项目费、其他项目费和规费、税金的合计金额一致。

2.5.4 工程合同价款的约定

1. 一般规定

（1）实行招标的工程合同价款应在中标通知书发出之日起30天内，由发承包双方依据招标文件和中标人的投标文件在书面合同中约定。合同约定不得违背招标、投标文件中关于工期、造价、质量等方面的实质性内容。招标文件与中标人投标文件不一致的地方，应以投标文件为准。

（2）不实行招标的工程合同价款，应在发承包双方认可的工程价款基础上，由发承包双方在合同中约定。

（3）实行工程量清单计价的工程，应采用单价合同；建设规模较小、技术难度较低、工期较短且施工图设计已审查批准的建设工程可采用总价合同；紧急抢险、救灾以及施工技术特别复杂的建设工程可采用成本加酬金合同。

2. 约定内容

(1) 发承包双方应在合同条款中对下列事项进行约定：

1) 预付工程款的数额、支付时间及抵扣方式；

2) 安全文明施工措施的支付计划，使用要求等；

3) 工程计量与支付工程进度款的方式、数额及时间；

4) 工程价款的调整因素、方法、程序、支付及时间；

5) 施工索赔与现场签证的程序、金额确认与支付时间；

6) 承担计价风险的内容、范围以及超出约定内容、范围的调整办法；

7) 工程竣工价款结算编制与核对、支付及时间；

8) 工程质量保证金的数额、预留方式及时间；

9) 违约责任以及发生合同价款争议的解决方法及时间；与履行合同、支付价款有关的其他事项等。

(2) 合同中没有按照上述的要求约定或约定不明的，若发承包双方在合同履行中发生争议由双方协商确定；当协商不能达成一致时，应按本规范的规定执行。

2.5.5 工程计量与价款支付

1. 一般规定

(1) 工程量必须按照相关工程现行国家计量规范规定的工程量计算规则计算。

(2) 工程计量可选择按月或按工程形象进度分段计量，具体计量周期应在合同中约定。

(3) 因承包人原因造成的超出合同工程范围施工或返工的工程量，发包人不予计量。

2. 单价合同的计量

(1) 工程量必须以承包人完成合同工程应予计量的工程量确定。

(2) 施工中进行工程计量，当发现招标工程量清单中出现缺项、工程量偏差，或因工程变更引起工程量增减时，应按承包人在履行合同义务中完成的工程量计算。

(3) 承包人应当按照合同约定的计量周期和时间向发包人提交当期已完工程量报告。发包人应在收到报告后 7 天内核实，并将核实计量结果通知承包人。发包人未在约定时间内进行核实的，承包人提交的计量报告中所列的工程量应视为承包人实际完成的工程量。

(4) 发包人认为需要进行现场计量核实时，应在计量前 24 小时通知承包人，承包人应为计量提供便利条件并派人参加。当双方均同意核实结果时，双方应在上述记录上签字确认。承包人收到通知后不派人参加计量，视为认可发包人的计量核实结果。发包人不按照约定时间通知承包人，致使承包人未能派人参加计量，计量核实结果无效。

(5) 当承包人认为发包人核实后的计量结果有误时，应在收到计量结果通知后的 7 天内向发包人提出书面意见，并应附上其认为正确的计量结果和详细的计算资料。发包人收到书面意见后，应在 7 天内对承包人的计量结果进行复核后通知承包人。承包人对复核计量结果仍有异议的，按照合同约定的争议解决办法处理。

(6) 承包人完成已标价工程量清单中每个项目的工程量并经发包人核实无误后，发承包双方应对每个项目的历次计量报表进行汇总，以核实最终结算工程量，并应在汇总表上签字确认。

3. 总价合同的计量

（1）采用工程量清单方式招标形成的总价合同，其工程量应按照本规范的规定计算。

（2）采用经审定批准的施工图纸及其预算方式发包形成的总价合同，除按照工程变更规定的工程量增减外，总价合同各项目的工程量应为承包人用于结算的最终工程量。

（3）总价合同约定的项目计量应以合同工程经审定批准的施工图纸为依据，发承包双方应在合同中约定工程计量的形象目标或时间节点进行计量。

（4）承包人应在合同约定的每个计量周期内对已完成的工程进行计量，并向发包人提交达到工程形象目标完成的工程量和有关计量资料的报告。

（5）发包人应在收到报告后7天内对承包人提交的上述资料进行复核，以确定实际完成的工程量和工程形象目标。对其有异议的，应通知承包人进行共同复核。

2.5.6 索赔与现场签证

1. 索赔

在工程合同履行过程中，合同当事人一方因非己方的原因而遭受损失，按合同约定或法律法规规定应由对方承担责任，从而向对方提出补偿的要求。

（1）当合同一方向另一方提出索赔时，应有正当的索赔理由和有效证据，并应符合合同的相关约定。

（2）根据合同约定，承包人认为非承包人原因发生的事件造成了承包人的损失，应按下列程序向发包人提出索赔：

1）承包人应在知道或应当知道索赔事件发生后28天内，向发包人提交索赔意向通知书，说明发生索赔事件的事由。承包人逾期未发出索赔意向通知书的，丧失索赔的权利。

2）承包人应在发出索赔意向通知书后28天内，向发包人正式提交索赔通知书。索赔通知书应详细说明索赔理由和要求，并应附必要的记录和证明材料。

3）索赔事件具有连续影响的，承包人应继续提交延续索赔通知，说明连续影响的实际情况和记录。

4）在索赔事件影响结束后的28天内，承包人应向发包人提交最终索赔通知书，说明最终索赔要求，并应附必要的记录和证明材料。

（3）承包人索赔应按下列程序处理：

1）发包人收到承包人的索赔通知书后，应及时查验承包人的记录和证明材料。

2）发包人应在收到索赔通知书或有关索赔的进一步证明材料后的28天内，将索赔处理结果答复承包人。如果发包人逾期未作出答复，视为承包人索赔要求已被发包人认可。

3）承包人接受索赔处理结果的，索赔款项应作为增加合同价款，在当期进度款中进行支付；承包人不接受索赔处理结果的，应按合同约定的争议解决方式办理。

（4）承包人要求赔偿时，可以选择下列一项或几项方式获得赔偿：

1）延长工期；

2）承包人支付实际发生的额外费用；

3）要求发包人支付合理的预期利润；

4）要求发包人按合同的约定支付违约金。

（5）当承包人的费用索赔与工期索赔要求相关联时，发包人在做出费用索赔的批准决定时应结合工程延期，综合做出费用赔偿和工程延期的决定。

(6) 发承包双方在按合同约定办理了竣工结算后，应被认为承包人已无权再提出竣工结算前所发生的任何索赔。承包人在提交的最终结清申请中，只限于提出竣工结算后的索赔，提出索赔的期限应自发承包双方最终结清时终止。

(7) 根据合同约定，发包人认为由于承包人的原因造成发包人的损失，宜按承包人索赔的程序进行索赔。

(8) 发包人要求赔偿时，可以选择下列一项或几项方式获得赔偿：

1) 延长质量缺陷修复期限；

2) 要求承包人支付实际发生的额外费用；

3) 要求承包人按合同的约定支付违约金。

(9) 承包人应付给发包人的索赔金额可从拟支付给承包人的合同价款中扣除，或由承包人以其他方式支付给发包人。

2. 现场签证

发包人现场代表（或其授权的监理人、工程造价咨询人）与承包人现场代表就施工过程中涉及的责任事件所做的签认证明。

(1) 承包人应发包人要求完成合同以外的零星项目、非承包人责任事件等工作的，发包人应及时以书面形式向承包人发出指令，并应提供所需的相关资料；承包人在收到指令后，应及时向发包人提出现场签证要求。

(2) 承包人应在收到发包人指令后的 7 天内向发包人提交现场签证报告，发包人应在收到现场签证报告后的 48 小时内对报告内容进行核实，予以确认或提出修改意见。发包人在收到承包人现场签报告后的 48 小时内未确认也未提出修改意见的，应视为承包人提交的现场签证报告已被发包人认可。

(3) 现场签证的工作如已有相应的计日工单价，现场签证中应列明完成该类项目所需的人工、材料、工程设备和施工机械台班的数量。如现场签证的工作没有相应的计日工单价，应在现场签证报告中列明完成该签证工作所需的人工、材料设备和施工机械台班的数量及单价。

(4) 合同工程发生现场签证事项，未经发包人签证确认，承包人便擅自施工的，除非征得发包人书面同意，否则发生的费用应由承包人承担。

(5) 现场签证工作完成后的 7 天内，承包人应按照现场签证内容计算价款，报送发包人确认后，作为增加合同价款，与进度款同期支付。

(6) 在施工过程中，当发现合同工程内容因场地条件、地质水文、发包人要求等不一致时，承包人应提供所需的相关资料并提交发包人签证认可，作为合同价款调整的依据。

2.5.7 合同价款调整

1. 一般规定

(1) 下列事项（但不限于）发生，发承包双方应当按照合同约定调整合同价款：

法律法规变化；工程变更；项目特征不符；工程量清单缺项；工程量偏差；计日工；物价变化；暂估价；不可抗力；提前竣工（赶工补偿）；误期赔偿；索赔；现场签证；暂列金额；发承包双方约定的其他调整事项。

（2）出现合同价款调增事项（不含工程量偏差、计日工、现场签证、索赔）后的 14 天内，承包人应向发包人提交合同价款调增报告并附上相关资料；承包人在 14 天内未提交合同价款调增报告的，应视为承包人对该事项不存在调整价款请求。

（3）出现合同价款调减事项（不含工程量偏差、索赔）后的 14 天内，发包人应向承包人提交合同价款调减报告并附相关资料；发包人在 14 天内未提交合同价款调减报告的，应视为发包人对该事项不存在调整价款请求。

（4）发（承）包人应在收到承（发）包人合同价款调增（减）报告及相关资料之日起 14 天内对其核实，予以确认的应书面通知承（发）包人。当有疑问时，应向承（发）包人提出协商意见。发（承）包人在收到合同价款调增（减）报告之日起 14 天内未确认也未提出协商意见的，应视为承（发）包人提交的合同价款调增（减）报告已被发（承）包人认可。发（承）包人提出协商意见的，承（发）包人应在收到协商意见后的 14 天内对其核实，予以确认的应书面通知发（承）包人。承（发）包人在收到发（承）包人的协商意见后 14 天内既不确认也未提出不同意见的，应视为发（承）包人提出的意见已被承（发）包人认可。

（5）发包人与承包人对合同价款调整的不同意见不能达成一致的，只要对发承包双方履约不产生实质影响，双方应继续履行合同义务，直到其按照合同约定的争议解决方式得到处理。

（6）经发承包双方确认调整的合同价款，作为追加（减）合同价款，应与工程进度款或结算款同期支付。

2. 法律法规变化

（1）招标工程以投标截止日前 28 天、非招标工程以合同签订前 28 天为基准日，其后因国家的法律、法规、规章和政策发生变化引起工程造价增减变化的，发承包双方应按照省级或行业建设主管部门或其授权的工程造价管理机构据此发布的规定调整合同价款。

（2）因承包人原因导致工期延误的，按第一条规定的调整时间，在合同工程原定竣工时间后，合同价款调增的不予调整，合同价款调减的予以调整。

3. 工程变更

（1）因工程变更引起已标价工程量清单项目或其工程数量发生变化时，应按照下列规定调整：

1）已标价工程量清单中有适用于变更工程项目的，应采用该项目的单价；但当工程变更导致该清单项目的工程数量发生变化，且工程量偏差超过±15%时，当工程量增加 15% 以上时，增加部分的工程量的综合单价应予调低；当工程量减少 15%以上时，减少后剩余部分的工程量的综合单价应予调高。

2）已标价工程量清单中没有适用但有类似于变更工程项目的，可在合理范围内参照类似项目的单价。

3）已标价工程量清单中没有适用也没有类似于变更工程项目的，应由承包人根据变更工程资料、计量规则和计价办法、工程造价管理机构发布的信息价格和承包人报价浮动率提出变更工程项目的价，并应报发包人确认后调整。承包人报价浮动率可按下列公式计算：

招标工程：

$$承包人报价浮动率\ L = (1 - 中标价 / 招标控制价) \times 100\%$$

非招标工程：

$$承包人报价浮动率 L = (1 - 报价 / 施工图预算) \times 100\%$$

4）已标价工程量清单中没有适用也没有类似于变更工程项目，且工程造价管理机构发布的信息价格缺价的，应由承包人根据变更工程资料、计量规则、计价办法和通过市场调查等取得有合法依据的市场价格提出变更工程项目的单价，并应报发包人确认后调整。

（2）工程变更引起施工方案改变并使措施项目发生变化时，承包人提出调整措施项目费的，应事先将拟实施的方案提交发包人确认，并应详细说明与原方案措施项目相比的变化情况。拟实施的方案经发承包双方确认后执行，并应按照下列规定调整措施项目费：

1）措施项目中的安全文明施工费必须按国家或省级、行业建设主管部门的规定计算，不得作为竞争性费用。

2）采用单价计算的措施项目费，应按照实际发生变化的措施项目确定单价。

3）按总价（或系数）计算的措施项目费，按照实际发生变化的措施项目调整，但应考虑承包人报价浮动因素，即调整金额按照实际调整金额乘以承包人报价浮动率计算。如果承包人未事先将拟实施的方案提交给发包人确认，则应视为工程变更不引起措施项目费的调整或承包人放弃调整措施项目费的权利。

（3）当发包人提出的工程变更因非承包人原因删减了合同中的某项原定工作或工程，致使承包人发生的费用或（和）得到的收益不能被包括在其他已支付或应支付的项目中，也未被包含在任何替代的工作或工程中时，承包人有权提出并应得到合理的费用及利润补偿。

4. 项目特征不符

（1）发包人在招标工程量清单中对项目特征的描述，应被认为是准确的和全面的，并且与实际施工要求相符合。承包人应按照发包人提供的招标工程量清单，根据项目特征描述的内容及有关要求实施合同工程，直到项目被改变为止。

（2）承包人应按照发包人提供的设计图纸实施合同工程，若在合同履行期间出现设计图纸（含设计变更）与招标工程量清单任一项目的特征描述不符，且该变化引起该项目工程造价增减变化的，应按实际施工的项目特征，按规定重新确定相应工程量清单项目的综合单价，并调整合同价款。

5. 工程量清单缺项

（1）合同履行期间，由于招标工程量清单中缺项，新增分部分项工程清单项目的，应按照《计价规范》确定单价并调整合同同价款。

（2）新增分部分项工程清单项目后，引起措施项目发生变化的，应按照本规范的规定，在承包人提交的实施方案被发包人批准后调整合同价款。

（3）由于招标工程量清单中措施项目缺项，承包人应将新增措施项目实施方案提交发包人批准后，按照本规范的规定调整合同价款。

6. 工程量偏差

（1）合同履行期间，当应予计算的实际工程量与招标工程量清单出现偏差，且符合本规范的规定时，发承包双方应调整合同价款。

（2）对于任一招标工程量清单项目，当工程量增加 15%以上时，增加部分的工程量的综合单价应予调低；当工程量减少 15%以上时，减少后剩余部分的工程量的综合单价应予调高。

(3) 当工程量出现上述的变化，且该变化引起相关措施项目相应发生变化时，按系数或单一总价方式计价的，工程量增加的措施项目费调增，工程量减少的措施项目费调减。

7. 计日工

(1) 发包人通知承包人以计日工方式实施的零星工作，承包人应予执行。

(2) 采用计日工计价的任何一项变更工作，在该项变更的实施过程中，承包人应按合同约定提交下列报表和有关凭证送发包人复核：

1) 工作名称、内容和数量；

2) 投入该工作所有人员的姓名、工种、级别和耗用工时；

3) 投入该工作的材料名称、类别和数量；

4) 投入该工作的施工设备型号、台数和耗用台时；

5) 发包人要求提交的其他资料和凭证。

(3) 任一计日工项目持续进行时，承包人应在该项工作实施结束后的 24 小时内向发包人提交有计日工记录汇总的现场签证报告一式三份。发包人在收到承包人提交现场签证报告后的 2 天内予以确认并将其中一份返还给承包人，作为计日工计价和支付的依据。发包人逾期未确认也未提出修改意见的，应视为承包人提交的现场签证报告已被发包人认可。

(4) 任一计日工项目实施结束后，承包人应按照确认的计日工现场签证报告核实该类项目的工程数量，并应根据核实的工程数量和承包人已标价工程量清单中的计日工单价计算，提出应付价款；已标价工程量清单中没有该类计日工单价的，由发承包双方按本规范的规定商定计日工单价计算。

(5) 每个支付期末，承包人应按照本规范的规定向发包人提交本期间所有计日工记录的签证汇总表，并应说明本期间自己认为有权得到的计日工金额，调整合同价款，列入进度款支付。

8. 物价变化

(1) 合同履行期间，因人工、材料、工程设备、机械台班价格波动影响合同价款时，应根据合同约定，按本规范调整合同价款。

(2) 承包人采购材料和工程设备的，应在合同中约定主要材料、工程设备价格变化的范围或幅度；当没有约定且材料、工程设备单价变化超过 5%时，超过部分的价格应按照本规范计算调整材料、工程设备费。

(3) 发生合同工程工期延误的，应按照下列规定确定合同履行期的价格调整：

1) 因非承包人原因导致工期延误的，计划进度日期后续工程的价格，应采用计划进度日期与实际进度日期两者的较高者。

2) 因承包人原因导致工期延误的，计划进度日期后续工程的价格，应采用计划进度日期与实际进度日期两者的较低者。

(4) 发包人供应材料和工程设备的，不适用本规范上述规定，应由发包人按照实际变化调整，列入合同工程的工程造价内。

9. 暂估价

(1) 发包人在招标工程量清单中给定暂估价的材料、工程设备属于依法必须招标的，应由发承包双方以招标的方式选择供应商，确定价格，并应以此为依据取代暂估价，调整合同价款。

(2) 发包人在招标工程量清单中给定暂估价的材料、工程设备不属于依法必须招标的，应由承包人按照合同约定采购，经发包人确认单价后取代暂估价，调整合同价款。

(3) 发包人在工程量清单中给定暂估价的专业工程不属于依法必须招标的，应按照本规范相应条款的规定确定专业工程价款，并应以此为依据取代专业工程暂估价，调整合同价款。

(4) 发包人在招标工程量清单中给定暂估价的专业工程，依法必须招标的，应当由发承包双方依法组织招标选择专业分包人，并接受有管辖权的建设工程招标投标管理机构的监督，还应符合下列要求：

1) 除合同另有约定外，承包人不参加投标的专业工程发包招标，应由承包人作为招标人，但拟定的招标文件、评标工作、评标结果应报送发包人批准。与组织招标工作有关的费用应当被认为已经包括在承包人的签约合同价（投标总报价）中。

2) 承包人参加投标的专业工程发包招标，应由发包人作为招标人，与组织招标工作有关的费用由发包人承担。同等条件下，应优先选择承包人中标。

3) 应以专业工程发包中标价为依据取代专业工程暂估价，调整合同价款。

2.5.8 竣工结算与支付

1. 一般规定

(1) 工程完工后，发承包双方必须在合同约定时间内办理工程竣工结算。

(2) 工程竣工结算应由承包人或受其委托具有相应资质的工程造价咨询人编制，并应由发包人或受其委托具有相应资质的工程造价咨询人核对。

(3) 当发承包双方或一方对工程造价咨询人出具的竣工结算文件有异议时，可向工程造价管理机构投诉，申请对其进行执业质量鉴定。

(4) 工程造价管理机构对投诉的竣工结算文件进行质量鉴定，宜按本规范的相关规定进行。

(5) 竣工结算办理完毕，发包人应将竣工结算文件报送工程所在地或有该工程管辖权的行业管理部门的工程造价管理机构备案，竣工结算文件应作为工程竣工验收备案、交付使用的必备文件。

2. 编制与复核

(1) 工程竣工结算应根据下列依据编制和复核：

1)《建设工程工程量清单计价规范》；

2) 工程合同；

3) 发承包双方实施过程中已确认的工程量及其结算的合同价款；

4) 发承包双方实施过程中已确认调整后追加（减）的合同价款；

5) 建设工程设计文件及相关资料；

6) 投标文件；

7) 其他依据。

(2) 分部分项工程和措施项目中的单价项目应依据发承包双方确认的工程量与已标价工程量清单的综合单价计算；发生调整的，应以发承包双方确认调整的综合单价计算。

(3) 措施项目中的总价项目应依据已标价工程量清单的项目和金额计算；发生调整的，

应以发承包双方确认调整的金额计算。

(4) 其他项目应按下列规定计价：

1) 计日工应按发包人实际签证确认的事项计算；

2) 暂估价应按本规范规定计算；

3) 总承包服务费应依据已标价工程量清单金额计算；发生调整的，应以发承包双方确认调整的金额计算；

4) 索赔费用应依据发承包双方确认的索赔事项和金额计算；

5) 现场签证费用应依据发承包双方签证资料确认的金额计算；

6) 暂列金额应减去合同价款调整（包括索赔、现场签证）金额计算，如有余额归发包人。

(5) 规费和税金必须按国家或省级、行业建设主管部门的规定计算，不得作为竞争性费用。规费中的工程排污费应按工程所在地环境保护部门规定的标准缴纳后按实列入。

(6) 发承包双方在合同工程实施过程中已经确认的工程计量结果和合同价款，在竣工结算办理中应直接进入结算。

3. 竣工结算

(1) 合同工程完工后，承包人应在经发承包双方确认的合同工程期中价款结算的基础上汇总编制完成竣工结算文件，应在提交竣工验收申请的同时向发包人提交竣工结算文件。承包人未在合同约定的时间内提交竣工结算文件，经发包人催告后 14 天内仍未提交或没有明确答复的，发包人有权根据已有资料编制竣工结算文件，作为办理竣工结算和支付结算款的依据，承包人应予以认可。

(2) 发包人应在收到承包人提交的竣工结算文件后的 28 天内核对。发包人经核实，认为承包人应进一步补充资料和修改结算文件，应在上述时限内向承包人提出核实意见，承包人在收到核实意见后 28 天内应按照发包人提出的合理要求补充资料，修改竣工结算文件，并应再次提交给发包人复核后批准。

(3) 发包人应在收到承包人再次提交的竣工结算文件后的 28 天内予以复核，将复核结果通知承包人，并应遵守下列规定：

1) 发包人、承包人对复核结果无异议的，应在 7 天内在竣工结算文件上签字确认，竣工结算办理完毕；

2) 发包人或承包人对复核结果认为有误的，无异议部分按照本条第Ⅰ款规定办理不完全竣工结算；有异议部分由发承包双方协商解决；协商不成的，应按照合同约定的争议解决方式处理。

(4) 发包人在收到承包人竣工结算文件后的 28 天内，不核对竣工结算或未提出核对意见的，应视为承包人提交的竣工结算文件已被发包人认可，竣工结算办理完毕。

(5) 承包人在收到发包人提出的核实意见后的 28 天内，不确认也未提出异议的，应视为发包人提出的核实意见已被承包人认可，竣工结算办理完毕。

(6) 发包人委托工程造价咨询人核对竣工结算的，工程造价咨询人应在 28 天内核对完毕，核对结论与承包人竣工结算文件不一致的，应提交给承包人复核；承包人应在 14 天内将同意核对结论或不同意见的说明提交工程造价咨询人。工程造价咨询人收到承包人提出的异议后应再次复核，发包人、承包人对复核结果无异议的，应在 7 天内在竣工结算文件上签字确认，竣工结算办理完毕；发包人或承包人对复核结果认为有误的，无异议部分按照规定办理不完全竣工结算；有异议部分由发承包双方协商解决；协商不成的，应按照合同约定的争议解决方式处理。承包人逾期未提出书面异议的，应视为工程造价咨询人核对的竣工结算文件已经承包人认可。

(7) 对发包人或发包人委托的工程造价咨询人指派的专业人员与承包人指派的专业人员经核对后无异议并签名确认的竣工结算文件，除非发承包人能提出具体、详细的不同意见，发承包人都应在竣工结算文件上签名确认，如其中一方拒不签认的，按下列规定办理：

1) 若发包人拒不签认的，承包人可不提供竣工验收备案资料，并有权拒绝与发包人或其上级部门委托的工程造价咨询人重新核对竣工结算文件。

2) 若承包人拒不签认的，发包人要求办理竣工验收备案的，承包人不得拒绝提供竣工验收资料；否则，由此造成的损失，承包人承担相应责任。

(8) 合同工程竣工结算核对完成，发承包双方签字确认后，发包人不得要求承包人与另一个或多个工程造价咨询人重复核对竣工结算。

(9) 发包人对工程质量有异议，拒绝办理工程竣工结算的，已竣工验收或已竣工未验收但实际投入使用的工程，其质量争议应按该工程保修合同执行，竣工结算应按合同约定办理；已竣工未验收且未实际投入使用的工程以及停工、停建工程的质量争议，双方应就有争议的部分委托有资质的检测鉴定机构进行检测，并应根据检测结果确定解决方案，或按工程质量监督机构的处理决定执行后办理竣工结算，无争议部分的竣工结算应按合同约定办理。

4. 结算款支付

(1) 承包人应根据办理的竣工结算文件向发包人提交竣工结算款支付申请。申请应包括下列内容：

1) 竣工结算合同价款总额；

2) 累计已实际支付的合同价款；

3) 应预留的质量保证金；

4) 实际应支付的竣工结算款金额。

(2) 发包人应在收到承包人提交竣工结算款支付申请后7天内予以核实，向承包人签发竣工结算支付证书。

(3) 发包人签发竣工结算支付证书后的14天内，应按照竣工结算支付证书列明的金额向承包人支付结算款。

(4) 发包人在收到承包人提交的竣工结算款支付申请后7天内不予核实，不向承包人签发竣工结算支付证书的，视为承包人的竣工结算款支付申请已被发包人认可；发包人应在收到承包人提交的竣工结算款支付申请日后的14天内，按照承包人提交的竣工结算款支付申请列明的金额向承包人支付结算款。

(5) 发包人签发竣工结算支付证书后的14天内，应按照竣工结算支付证书列明的金额向承包人支付结算款；发包人在收到承包人提交的竣工结算款支付申请后7天内不予核实，不向承包人签发竣工结算支付证书的，视为承包人的竣工结算款支付申请已被发包人认可；发包人应在收到承包人提交的竣工结算款支付申请7天后的14天内，按照承包人提交的竣工结算款支付申请列明的金额向承包人支付结算款。承包人可催告发包人支付，并有权获得延迟支付的利息。发包人在竣工结算支付证书签发后或者在收到承包人提交的竣工结算款支付申请 7 天后的 56 天内仍未支付的，除法律另有规定外，承包人可与发包人协商将该工程折价，也可直接向人民法院申请将该工程依法拍卖。承包人应就该工程折价或拍卖的价款优先受偿。

2.5.9 合同价款争议的解决

1. 监理或造价工程师暂定

(1) 若发包人和承包人之间就工程质量、进度、价款支付与扣除、工期延期、索赔、价款调整等发生任何法律上、经济上或技术上的争议，首先应根据已签约合同的规定，提交合同约定职责范围的总监理工程师或造价工程师解决，并应抄送另一方。总监理工程师或造价工程师在收到此提交件后 14 天内应将暂定结果通知发包人和承包人。发承包双方对暂定结果认可的，应以书面形式予以确认，暂定结果成为最终决定。

(2) 发承包双方在收到总监理工程师或造价工程师的暂定结果通知之后的 14 天内未对暂定结果予以确认也未提出不同意见的，应视为发承包双方已认可该暂定结果。

(3) 发承包双方或一方不同意暂定结果的，应以书面形式向总监理工程师或造价工程师提出，说明自己认为正确的结果，同时抄送另一方，此时该暂定结果成为争议。在暂定结果对发承包双方当事人履约不产生实质影响的前提下，发承包双方应实施该结果，直到按照发承包双方认可的争议解决办法被改变为止。

2. 管理机构的解释或认定

(1) 合同价款争议发生后，发承包双方可就工程计价依据的争议以书面形式提请工程造价管理机构对争议以书面文件进行解释或认定。

(2) 工程造价管理机构应在收到申请的 10 个工作日内就发承包双方提请的争议问题进行解释或认定。

(3) 发承包双方或一方在收到工程造价管理机构书面解释或认定后仍可按照合同约定的争议解决方式提请仲裁或诉讼。除工程造价管理机构的上级管理部门作出了不同的解释或认定，或在仲裁或法院判决中不予采信的外，工程造价管理机构做出的书面解释或认定应为最终结果，并应对发承包双方均有约束力。

3. 协商和解

(1) 合同价款争议发生后，发承包双方任何时候都可以进行协商。协商达成一致的，双方应签订书面和解协议，和解协议对发承包双方均有约束力。

(2) 如果协商不能达成一致协议，发包人或承包人都可以按合同约定的其他方式解决争议。

4. 调解

(1) 发承包双方应在合同中约定或在合同签订后共同约定争议调解人，负责双方在合同履行过程中发生争议的调解。

(2) 合同履行期间，发承包双方可协议调换或终止任何调解人，但发包人或承包人都不能单独采取行动。除非双方另有协议，在最终结清支付证书生效后，调解人的任期应即终止。

(3) 如果发承包双方发生了争议，任何一方可将该争议以书面形式提交调解人，并将副本抄送另一方，委托调解人调解。

(4) 发承包双方应按照调解人提出的要求，给调解人提供所需要的资料、现场进入权及相应设施。调解人应被视为不是在进行仲裁人的工作。

(5) 调解人应在收到调解委托后 28 天内或由调解人建议并经发承包双方认可的其他期限内提出调解书，发承包双方接受调解书的，经双方签字后作为合同的补充文件，对发承包双方均具有约束力，双方都应立即遵照执行。

(6) 当发承包双方中任一方对调解人的调解书有异议时，应在收到调解书后 28 天内向另一方发出异议通知，并应说明争议的事项和理由。但除非并直到调解书在协商和解或仲裁裁决、诉讼判决中做出修改，或合同已经解除，承包人应继续按照合同实施工程。

(7) 当调解人已就争议事项向发承包双方提交了调解书，而任一方在收到调解书后 28 天内均未发出表示异议的通知时，调解书对发承包双方应均具有约束力。

5. 仲裁、诉讼

(1) 发承包双方的协商和解或调解均未达成一致意见，其中的一方已就此争议事项根据合同约定的仲裁协议申请仲裁，应同时通知另一方。

(2) 仲裁可在竣工之前或之后进行，但发包人、承包人、调解人各自的义务不得因在工程实施期间进行仲裁而有所改变。当仲裁是在仲裁机构要求停止施工的情况下进行时，承包人应对合同工程采取保护措施，由此增加的费用应由败诉方承担。

(3) 在《计价规范》规定的期限之内，暂定或和解协议或调解书已经有约束力的情况下，当发承包中一方未能遵守暂定或和解协议或调解书时，另一方可在不损害该方可能具有的任何其他权利的情况下，将未能遵守暂定或不执行和解协议或调解书达成的事项提交仲裁。

(4) 发包人、承包人在履行合同时发生争议，双方不愿和解、调解或者和解、调解不成，又没有达成仲裁协议的，可依法向人民法院提起诉讼。

2.5.10 工程造价鉴定

1. 一般规定

(1) 在工程合同价款纠纷案件处理中，需作工程造价司法鉴定的，应委托具有相应资质的工程造价咨询人进行。

(2) 工程造价咨询人接受委托时提供工程造价司法鉴定服务，应按仲裁、诉讼程序和要求进行，并应符合国家关于司法鉴定的规定。

(3) 工程造价咨询人进行工程造价司法鉴定时，应指派专业对口、经验丰富的注册造价工程师承担鉴定工作。

(4) 工程造价咨询人应在收到工程造价司法鉴定资料后 10 天内，根据自身专业能力和证据资料判断能否胜任该项委托，如不能，应辞去该项委托。工程造价咨询人不得在鉴定期满后以上述理由不作出鉴定结论，影响案件处理。

(5) 接受工程造价司法鉴定委托的工程造价咨询人或造价工程师如是鉴定项目一方当事人的近亲属或代理人、咨询人以及其他关系可能影响鉴定公正的，应当自行回避；未自行回避，鉴定项目委托人以该理由要求其回避的，必须回避。

(6) 工程造价咨询人应当依法出庭接受鉴定项目当事人对工程造价司法鉴定意见书的质询。如确因特殊原因无法出庭的，经审理该鉴定项目的仲裁机关或人民法院批准许可，可以书面形式答复当事人的质询。

2. 取证

（1）工程造价咨询人进行工程造价鉴定工作时，应自行收集以下（但不限于）鉴定资料：

1）适用于鉴定项目的法律、法规、规章、规范性文件以及规范、标准、定额；

2）鉴定项目同时期同类型工程的技术经济指标及其各类要素价格等。

（2）工程造价咨询人收集鉴定项目的鉴定依据时，应向鉴定项目委托人提出具体书面要求，其内容包括：

1）与鉴定项目相关的合同、协议及其附件；

2）相应的施工图纸等技术经济文件；

3）施工过程中的施工组织、质量、工期和造价等工程资料；

4）存在争议的事实及各方当事人的理由；

5）其他有关资料。

（3）工程造价咨询人在鉴定过程中要求鉴定项目当事人对缺陷资料进行补充的，应征得鉴定项目委托人同意，或者协调鉴定项目各方当事人共同签认。

（4）根据鉴定工作需要现场勘验的，工程造价咨询人应提请鉴定项目委托人组织各方当事人对被鉴定项目所涉及的实物标的进行现场勘验。

（5）勘验现场应制作勘验记录、笔录或勘验图表，记录勘验的时间、地点、勘验人、在场人、勘验经过、结果，由勘验人、在场人签名或者盖章确认。绘制的现场图应注明绘制的时间、测绘人姓名、身份等内容。必要时应采取拍照或摄像取证，留下影像资料。

（6）鉴定项目当事人未对现场勘验图表或勘验笔录等签字确认的，工程造价咨询人应提请鉴定项目委托人决定处理意见，并在鉴定意见书中作出表述。

3. 鉴定

（1）工程造价咨询人在鉴定项目合同有效的情况下应根据合同约定进行鉴定，不得任意改变双方合法的合意。

（2）工程造价咨询人在鉴定项目合同无效或合同条款约定不明确的情况下应根据法律法规、相关国家标准和本规范的规定，选择相应专业工程的计价依据和方法进行鉴定。

（3）工程造价咨询人出具正式鉴定意见书之前，可报请鉴定项目委托人向鉴定项目各方当事人发出鉴定意见书征求意见稿，并指明应书面答复的期限及其不答复的相应法律责任。

（4）工程造价咨询人收到鉴定项目各方当事人对鉴定意见书征求意见稿的书面复函后，应对不同意见认真复核，修改完善后再出具正式鉴定意见书。

（5）工程造价咨询人出具的工程造价鉴定书应包括下列内容：

1）鉴定项目委托人名称、委托鉴定的内容；

2）委托鉴定的证据材料；

3）鉴定的依据及使用的专业技术手段；

4）对鉴定过程的说明；

5）明确的鉴定结论；

6）其他需说明的事宜；

7）工程造价咨询人盖章及注册造价工程师签名盖执业专用章。

(6) 工程造价咨询人应在委托鉴定项目的鉴定期限内完成鉴定工作，如确因特殊原因不能在原定期限内完成鉴定工作时，应按照相应法规提前向鉴定项目委托人申请延长鉴定期限，并应在此期限内完成鉴定工作。经鉴定项目委托人同意等待鉴定项目当事人提交、补充证据的，质证所用的时间不应计入鉴定期限。

(7) 对于已经出具的正式鉴定意见书中有部分缺陷的鉴定结论，工程造价咨询人应通过补充鉴定作出补充结论。

2.5.11 工程计价资料与档案

1. 计价资料

(1) 发承包双方应当在合同中约定各自在合同工程中现场管理人员的职责范围，双方现场管理人员在职责范围内签字确认的书面文件是工程计价的有效凭证，但如有其他有效证据或经实证证明其是虚假的除外。

(2) 发承包双方不论在何种场合对与工程计价有关的事项所给予的批准、证明、同意、指令、商定、确定、确认、通知和请求，或表示同意、否定、提出要求和意见等，均应采用书面形式，口头指令不得作为计价凭证。

(3) 任何书面文件送达时，应由对方签收，通过邮寄应采用挂号、特快专递传送，或以发承包双方商定的电子传输方式发送，交付、传送或传输至指定的接收人的地址。如接收人通知了另外地址时，随后通信信息应按新地址发送。

(4) 发承包双方分别向对方发出的任何书面文件，均应将其抄送现场管理人员，如系复印件应加盖合同工程管理机构印章，证明与原件相同。双方现场管理人员向对方所发任何书面文件，也应将其复印件发送给发承包双方，复印件应加盖合同工程管理机构印章，证明与原件相同。

(5) 发承包双方均应当及时签收另一方送达其指定接收地点的来往信函，拒不签收的，送达信函的一方可以采用特快专递或者公证方式送达，所造成的费用增加（包括被迫采用特殊送达方式所发生的费用）和延误的工期由拒绝签收一方承担。

(6) 书面文件和通知不得扣压，一方能够提供证据证明另一方拒绝签收或已送达的，应视为对方已签收并应承担相应责任。

2. 计价档案

(1) 发承包双方以及工程造价咨询人对具有保存价值的各种载体的计价文件，均应收集齐全，整理立卷后归档。

(2) 发承包双方和工程造价咨询人应建立完善的工程计价档案管理制度，并应符合国家和有关部门发布的档案管理相关规定。

(3) 工程造价咨询人归档的计价文件，保存期不宜少于5年。

(4) 归档的工程计价成果文件应包括纸质原件和电子文件，其他归档文件及依据可为纸质原件、复印件或电子文件。

(5) 归档文件应经过分类整理，并应组成符合要求的案卷。

(6) 归档可以分阶段进行，也可以在项目竣工结算完成后进行。

(7) 向接受单位移交档案时，应编制移交清单，双方应签字、盖章后方可交接。

2.6 工程量清单计价表格

2.6.1 工程计价总说明

工程计价总说明，见表 2-6。

表 2-6 **总 说 明**

工程名称：××中学教学楼工程 第1页 共1页

1. 工程概况：本工程为框架结构，采用混凝土灌注桩，建筑层数为六层，建筑面积 10 940m²，计划工期 200 天。 2. 招标控制价包括范围：为本次招标的施工图范围内的建筑工程和安装工程。 3. 招标控制价编制依据： (1) 招标工程量清单； (2) 招标文件中有关计价的要求； (3) 施工图； (4) 自治区建设主管部门颁发的计价依据； (5)《建设工程工程量清单计价规范》(GB 50500—2013) 有关技术标准、规范、安全管理等； (6)《房屋建筑与装饰工程工程量计算规范》(GB 50584—2013)； (7) 材料价格采用工程所在地工程造价管理机构××年××月工程造价信息发布的价格信息。

2.6.2 工程计价汇总表

建设项目招标控制价/投标报价汇总，见表 2-7。

表 2-7　　建设项目招标控制价/投标报价汇总表

工程名称：××中学教学楼工程　　　　第 1 页　共 1 页

序号	单项工程名称	金额/元	其中：/元		
			暂估价	安全文明施工费	规费
1	教学楼工程	8 413 949	845 000	212 225	241 936
合　　计					

注：本表适用于建设项目招标控制价或投标报价的汇总。

说明：本工程仅为一栋教学楼，故单项工程即为建设项目。

单项工程招标控制价/投标报价汇总，见表2-8。

表2-8　　单项工程招标控制价/投标报价汇总表

工程名称：××中学教学楼工程　　第1页　共1页

序号	单项工程名称	金额/元	其中：/元		
			暂估价	安全文明施工费	规费
1	教学楼工程	8 413 949	845 000	212 225	241 936
合计					

注：本表适用于单项工程招标控制价或投标报价的汇总。暂估价包括分部分项工程中的暂估价和专业工程暂估价。

单位工程招标控制价/投标报价汇总，见表 2-9。

表 2-9　　　　单位工程招标控制价/投标报价汇总表

工程名称：××中学教学楼工程　　　　标段：　　　　第 1 页　共 1 页

序号	汇总内容	金额/元	其中：暂估价/元
1	分部分项工程	6 471 819	845 000
1.1	土石方工程	108 431	
1.2	桩基工程	428 292	
1.3	砌筑工程	762 650	
1.4	混凝土及钢筋混凝土工程	2 496 270	800 000
1.5	金属结构工程	1846	
1.6	门窗工程	411 757	
1.7	屋面及防水工程	264 536	
1.8	保温、隔热、防腐工程	138 444	
1.9	装饰装修工程	815 476	
1.10	电气设备安装工程	385 177	45 000
1.11	给排水安装工程	206 785	
1.12	采暖工程	452 155	
2	措施项目	829 480	—
2.1	其中：安全文明施工费	212 225	—
3	其他项目	593 260	—
3.1	其中：暂列金额	350 000	—
3.2	其中：专业工程暂估价	200 000	—
3.3	其中：计日工	24 810	—
3.4	其中：总承包服务费	18 450	—
4	规费	241 936	—
5	税金：(1+2+3+4)×规定费率	277 454	—
招标控制价/投标报价合计=1+2+3+4+5		8 413 949	845 000

注：本表适用于单项工程招标控制价或投标报价的汇总，如无单位工程划分，单项工程也使用本表汇总。

建设项目竣工结算汇总，见表 2－10。

表 2－10　　建设项目竣工结算汇总表

工程名称：××中学教学楼工程　　第 1 页　共 1 页

序号	单项工程名称	金额/元	其中：/元	
			安全文明施工费	规费
1	教学楼工程	7 937 251	210 990	240 426
合　计		7 937 251	210 990	240 426

单项工程竣工结算汇总，见表 2-11。

表 2-11　　单项工程竣工结算汇总表

工程名称：××中学教学楼工程　　　　第 1 页　共 1 页

序号	单项工程名称	金额/元	其中：/元	
			安全文明施工费	规费
1	教学楼工程	7 937 251	210 990	240 426
	合　　计	7 937 251	210 990	240 426

单位工程竣工结算汇总，见表 2 - 12。

表 2 - 12　　单位工程竣工结算汇总表

工程名称：××中学教学楼工程　　标段：　　第 1 页　共 1 页

序号	汇总内容	金额/元
1	分部分项工程	6 429 047
1.1	土石方工程	120 831
1.2	桩基工程	423 926
1.3	砌筑工程	708 926
1.4	混凝土及钢筋混凝土工程	2 493 200
1.5	金属结构工程	65 812
1.6	门窗工程	380 026
1.7	屋面及防水工程	269 547
1.8	保温、隔热、防腐工程	132 985
1.9	装饰装修工程	816 291
1.10	电气设备安装工程	375 626
1.11	给排水安装工程	201 640
1.12	采暖工程	440 237
2	措施项目	747 112
2.1	其中：安全文明施工费	210 990
3	其他项目	258 931
3.1	其中：专业工程结算价	198 700
3.2	其中：计日工	10 690
3.3	其中：总承包服务费	21 000
3.4	其中：索赔与现场签证	28 541
4	规费	240 426
5	税金	261 735
竣工结算总价合计=1+2+3+4+5		7 937 251

注：如无单位工程划分，单项工程也使用本表汇总。

2.6.3 分部分项工程和措施项目计价表

分部分项工程和单价措施项目清单与计价，见表 2-13。

表 2-13　　分部分项工程和单价措施项目清单与计价表

工程名称：××中学教学楼工程　　　　标段：　　　　第 1 页　共 1 页

序号	项目编码	项目名称	项目特征描述	计量单位	工程量	金额/元		
						综合单价	合价	其中
								暂估价
1	010101003001	挖沟槽土方	1. 土壤类别：三类 2. 挖土深度：4.0m 3. 弃土运距：10km 4. 基底钎探	m^3	1432.00	23.91	34 239	
2	010515001001	现浇构件钢筋	钢筋种类、规格：HRB335，Φ 14	t	200.00	4787.16	957 432	
本页小计								
合计								

注：为计取规费等的使用，可在表中增设其中："定额人工费"。

综合单价分析，见表2-14。

表2-14 **综合单价分析表**

工程名称：××中学教学楼工程 标段： 第1页 共1页

<table>
<tr><td>项目编码</td><td>010502001001</td><td>项目名称</td><td colspan="2">矩形柱</td><td colspan="2">计量单位</td><td>m³</td><td colspan="2">工程量</td><td colspan="2">368.41</td></tr>
<tr><td colspan="12">清单综合单价组成明细</td></tr>
<tr><td rowspan="2">定额编号</td><td rowspan="2">定额项目名称</td><td rowspan="2">定额单位</td><td rowspan="2">数量</td><td colspan="4">单价/元</td><td colspan="4">合价</td></tr>
<tr><td>人工费</td><td>材料费</td><td>机械费</td><td>管理费和利润</td><td>人工费</td><td>材料费</td><td>机械费</td><td>管理费和利润</td></tr>
<tr><td>t-612换</td><td>现浇商品混凝土矩形柱</td><td>10m³</td><td>36.84</td><td>424.64</td><td>3167.38</td><td></td><td>442.78</td><td></td><td></td><td></td><td></td></tr>
<tr><td>t-849</td><td>混凝土输送</td><td>10m³</td><td>37.21</td><td>35.1</td><td></td><td>33.7</td><td>2354</td><td></td><td></td><td></td><td></td></tr>
<tr><td colspan="2">人工单价</td><td colspan="6">小计</td><td></td><td></td><td></td><td></td></tr>
<tr><td colspan="2">元/工日</td><td colspan="6">未计价材料费</td><td colspan="4"></td></tr>
<tr><td colspan="8">清单项目综合单价</td><td colspan="4">419.29</td></tr>
<tr><td rowspan="8">材料费明细</td><td colspan="5">主要材料名称、规格、型号</td><td>单位</td><td>数量</td><td>单价/元</td><td>合价/元</td><td>暂估单价/元</td><td>暂估合价/元</td></tr>
<tr><td colspan="5"></td><td></td><td></td><td></td><td></td><td></td><td></td></tr>
<tr><td colspan="5"></td><td></td><td></td><td></td><td></td><td></td><td></td></tr>
<tr><td colspan="5"></td><td></td><td></td><td></td><td></td><td></td><td></td></tr>
<tr><td colspan="5"></td><td></td><td></td><td></td><td></td><td></td><td></td></tr>
<tr><td colspan="5"></td><td></td><td></td><td></td><td></td><td></td><td></td></tr>
<tr><td colspan="7">其他材料费</td><td></td><td></td><td></td><td></td></tr>
<tr><td colspan="7">材料费小计</td><td></td><td></td><td></td><td></td></tr>
</table>

注：1. 如不使用省级或行业建设主管部门发布的计价依据，可不填定额编号、名称等。

2. 招标文件提供了暂估单价的材料，按暂估的单价填入表内“暂估单价”栏及“暂估合价”栏。

综合单价调整，见表 2 - 15。

表 2 - 15　　　　**综合单价调整表**

工程名称：××中学教学楼工程　　　　标段：　　　　第 1 页　共 1 页

序号	项目编码	项目名称	已标价清单综合单价/元					调整后综合单价/元				
			综合单价	其中				综合单价	其中			
				人工费	材料费	机械费	管理费和利润		人工费	材料费	机械费	管理费和利润
1	010515001001	现浇构件钢筋	4787.16	294.75	4327.70	62.42	102.29	5132.29	324.23	4643.35	62.42	102.29

造价工程师（签章）：　　发包人代表（签章）：

日期：

造价人员（签章）：　　承包人代表（签章）：

日期：

注：综合单价调整应附调整依据。

总价措施项目清单与计价，见表 2 - 16。

表 2 - 16　　　　总价措施项目清单与计价表

工程名称：××中学教学楼工程　　　　标段：　　　　第 1 页　共 1 页

序号	项目编号	项目名称	计算基础	费率（%）	金额/元	调整费率（%）	调整后金额/元	备注
1	011707001001	安全文明施工费	定额人工费	25	212 225			
2	011707002001	夜间施工增加费	定额人工费	3	25 466			
3	011707004001	二次搬运费	定额人工费	2	16977			
4	011707005001	冬雨季施工增加费	定额人工费	1	8489			
5	011707007001	已完工程及设备保护费			8000			
合　计								

编制人（造价人员）：　　　　复核人（造价工程师）：

注：1. “计算基础”中安全文明施工费可为“定额基价”、“定额人工费”或“定额人工费＋定额机械费”，其他项目可为“定额人工费”或“定额人工费＋定额机械费”。

2. 按施工方案计算的措施费，若无“计算基础”和“费率”的数值，也可只填“金额”数值，但应在备注栏说明施工方案出处或计算方法。

其他项目清单与计价汇总，见表 2 - 17。

表 2 - 17　　其他项目清单与计价汇总表

工程名称：××中学教学楼工程　　标段：　　第 1 页　共 1 页

序号	项目名称	金额/元	结算金额/元	备注
1	暂列金额	350 000		明细详见表 2 - 18
2	暂估价	200 000		
2.1	材料（工程设备）暂估价/结算价	—		明细详见表 2 - 19
2.2	专业工程暂估价/结算价	200 000		明细详见表 2 - 20
3	计日工			明细详见表 2 - 21
4	总承包服务费			明细详见表 2 - 22
5	索赔与现场鉴证	—		明细详见表 2 - 23
合　计		550 000		—

注：材料（工程设备）暂估单价进入清单项目综合单价，此处不汇总。

暂列金额明细，见表 2-18。

表 2-18 **暂列金额明细表**

工程名称：××中学教学楼工程　　标段：　　第 1 页　共 1 页

序号	项目名称	计量单位	暂定金额/元	备注
1	自行车棚工程	项	100 000	正在设计图纸
2	工程量偏差和设计变更	项	100 000	
3	政策性调整和材料价格波动	项	100 000	
4	其他	项	50 000	
5				
6				
7				
8				
9				
10				
11				
合　计			350 000	—

注：此表由招标人填写，如不能详列，也可只列暂定金额总额，投标人应将上述暂列金额计入投标总价中。

材料（工程设备）暂估单价及调整，见表 2-19。

表 2-19　材料（工程设备）暂估单价及调整表

工程名称：××中学教学楼工程　　标段：　　第 1 页　共 1 页

序号	材料（工程设备）名称、规格、型号	计量单位	数量		单价/元		合价/元		差额±/元		备注
			暂估	确认	暂估	确认	暂估	确认	单价	合价	
1	低压开关柜 (CGD/90380/220V)	台	1		45 000		45 000				用于低压开关柜安装项目
合　计							45 000				

注：此表由招标人填写“暂估单价”，并在备注栏说明暂估价的材料、工程设备拟用在那些清单项目上，投标人应将上述材料、工程设备暂估单价计入工程量清单综合单价报价中。

专业工程暂估价及结算价，见表 2 - 20。

表 2 - 20　　专业工程暂估价及结算价表

工程名称：××中学教学楼工程　　标段：　　第 1 页　共 1 页

序号	工程名称	工程内容	暂估金额/元	结算金额/元	差额±/元	备注
1	消防工程	合同图纸中标明的认证消防工程规范和技术说明中规定的各系统中的设备、管道、阀门、线缆等的供应、安装和调试工作	200 000			
合　计			200 000			

注：此表"暂估金额"由招标人填写，投标人应将"暂估金额"计入投标总价中。结算时按合同约定结算金额填写。

计日工，见表2-21。

表2-21 计 日 工 表

工程名称：××中学教学楼工程 标段： 第1页 共1页

编号	项目名称	单位	暂定数量	实际数量	综合单价/元	合价/元	
						暂定	实际
一	人工						
1	普工	工日	100		70	7000	
2	技工	工日	60		100	6000	
3							
4							
人工小计						13 000	
二	材料						
1	钢筋（规格见施工图）	t	1		4000	4000	
2	水泥42.5	t	2		571	1142	
3	中砂	m^3	10		83	830	
4	砾石（5mm～40mm）	m^3	5		46	230	
5	红青砖（240×115×53）	千块	1		340	340	
6							
材料小计						6542	
三	施工机械						
1	自升式塔吊起重机	台班	5		526.20	2631	
2	灰浆搅拌机（400L）	台班	2		18.38	37	
3							
4							
施工机械小计						2668	
四、企业管理费和利润						2600	
总　计						24 810	

注：此表项目名称、暂定数量由招标人填写，编制招标控制价时，单价由招标人按有关计价规定确定；投标时，单价由投标人自主报价，按暂定数量计算合价计入投标总价中。结算时，按承包双方确认的实际数量计算合价。

总承包服务费计价，见表 2-22。

表 2-22　　总承包服务费计价表

工程名称：××中学教学楼工程　　标段：　　第 1 页　共 1 页

序号	项目名称	项目价值/元	服务内容	计算基础	费率(%)	金额/元
1	发包人发包专业工程	200 000	1. 为消防工程承包人的要求提供施工工作面并对施工现场进行统一管理，对竣工资料进行统一整理汇总 2. 为消防工程承包人提供垂直运输机械和焊接电源接入点，并承担垂直运输费和电费	项目价值	5	10 000
2	发包人提供材料	845 000	对发包人供应的材料进行验收及保管和使用发放	项目价值	1	8450
	合　　计	—	—		—	18 450

注：此表项目名称、服务内容由招标人填写，编制招标控制价时，费率及金额由招标人按有关计价规定确定；投标时，费率及金额由投标人自主报价，计入投标总价中。

索赔与现场签证计价汇总，见表 2-23。

表 2-23 索赔与现场签证计价汇总表

工程名称：××中学教学楼工程 标段： 第 1 页 共 1 页

序号	签证及索赔项目名称	计量单位	数量	单价/元	合价/元	索赔及签证依据
1	停窝工损失费				3178	001
2	砌筑花池	座	5	500	2500	002
…	(其他略)				…	…
—	本页小计	—	—	—	28 541	—
—	合计	—	—	—	28 541	—

注：鉴证及索赔依据是指经双方认可的签证单和索赔依据的编号。

费用索赔申请（核准），见表2-24。

表2-24　　费用索赔申请（核准）表

工程名称：××中学教学楼工程　　标段：　　编号：001

<table>
<tr><td colspan="2">致：××中学住宅建设办公室（发包人全称）
根据施工合同条款第12条的约定，由于你方工作需要原因，我方要求索赔金额（大写）叁仟壹佰柒拾捌元整（小写3178），请予核准。
附：1. 费用索赔的详细理由和依据：根据发包人“关于暂停施工的通知”（略）
2. 索赔金额的计算：见附件（略）
3. 证明材料：监理工程师确认的现场工人、机械、周转材料的数量及租赁合同（略）
承包人（章）
造价人员××　　承包人代表××　　日　期××</td></tr>
<tr><td>复核意见：
根据施工合同条款第12条的约定，你方提出的费用索赔申请经复核：
□不同意此项索赔，具体意见见附件。
☑同意此项索赔，索赔金额的计算，由造价工程师复核。
监理工程师××
日　期××</td><td>复核意见：
根据施工合同条款第12条的约定，你方提出的费用索赔申请经复核，索赔金额为（大写）叁仟壹佰柒拾捌元整（小写3178）。
造价工程师××
日　期××</td></tr>
<tr><td colspan="2">审核意见：
□不同意此项索赔。
☑同意此项索赔，与本期进度款同期支付。
发包人（章）
发包人代表××
日　期××</td></tr>
</table>

注：1. 在选择栏中的“□”内作标识“√”。

2. 本表一式四份，由承包人填报，发包人、监理人、造价咨询人、承包人各存一份。

现场签证，见表2-25。

表2-25 **现场签证表**

工程名称：××中学教学楼工程　　标段：　　编号：002

<table>
<tr><td>施工部位</td><td>学校指定位置</td><td>日期</td><td>××</td></tr>
<tr><td colspan="4">致：××中学住宅建设办公室（发包人全称）
根据×××（指令人姓名）××年××月××日的口头指令或你方××（或监理人）××年××月××日的书面通知，我方要求完成此项工作应支付价款金额为（大写）贰仟伍佰元（小写2500.00元），请予核准。
附：1. 签证事由及原因：为迎接新学期的到来，改变校容、校貌，学校新增5座花池
2. 附图及计算式：略
承包人（章）
造价人员××　　承包人代表××　　日　期××</td></tr>
<tr><td colspan="2">复核意见：
你方提出的此项签证申请经复核：
□不同意此项签证，具体意见见附件。
☑同意此项签证，签证金额的计算，由造价工程师复核。
监理工程师××
日　期××</td><td colspan="2">复核意见：
☑此项签证按承包人中标的计日工单价计算，金额为（大写）贰仟伍佰元，(小写2500.00元)
□此项签证因无计日工单价，金额为（大写）______元，(小写______)。
造价工程师××
日　期××</td></tr>
<tr><td colspan="4">审核意见：
□不同意此项签证。
☑同意此项签证，价款与本期进度同期支付。
发包人（章）
发包人代表××
日　期××</td></tr>
</table>

注：1. 在选择栏中的“□”内作标识“√”。
2. 本表一式四份，由承包人在收到发包人（监理人）的口头或书面通知后填写，发包人、监理人、造价咨询人、承包人各存一份。

规费、税金项目计价，见表 2-26。

表 2-26　　规费、税金项目计价表

工程名称：××中学教学楼工程　　标段：　　第 1 页　共 1 页

序号	项目名称	计算基础	计算基数	计算费率（%）	金额/元
1	规费	定额人工费			241 936
1.1	社会保险费	定额人工费			191 002
(1)	养老保险费	定额人工费			118 846
(2)	失业保险费	定额人工费			16 978
(3)	医疗保险费	定额人工费			50 934
(4)	工伤保险费	定额人工费			2122
(5)	生育保险费	定额人工费			2122
1.2	住房公积金	定额人工费			50 934
1.3	工程排污费	按工程所在地环境保护部门收取标准，按实计入			
2	税金	分部分项工程费＋措施项目费＋其他项目费＋规费－按规定不计税的工程设备金额			277 454
合　计					519 390

编制人（造价人员）：　　复核人（造价工程师）：

工程计量申请（核准），见表 2 - 27。

表 2 - 27 **工程计量申请（核准）表**

工程名称：××中学教学楼工程 标段： 第 1 页 共 1 页

序号	项目编码	项目名称	计量单位	承包人申报数量	发包人核实数量	发承包人确认数量	备注
1	010101003001	挖沟槽土方	m^3	1593	1578	1587	
2	010302003001	泥浆护壁混凝土灌注桩	m	456	456	456	
3	010503001001	基础梁	m^3	210	210	210	
4	010515001001	现浇构件钢筋	t	25	25	25	
5	010401001001	条形砖基础	m^3	249	245	245	
	（略）						

承包人代表： ×× 日期：××	监理工程师： ×× 日期：××	造价工程师： ×× 日期：××	发包人代表： ×× 日期：××

2.6.4 合同价款支付申请（核准）表

预付款支付申请（核准），见表 2-28。

表 2-28 **预付款支付申请（核准）表**

工程名称：××中学教学楼工程 标段： 编号：

致：××中学（发包人全称）

我方根据施工合同的约定，现申请支付工程预付款额为（大写）玖拾贰万叁仟零壹拾捌元（小写 923 018），请予核准。

序号	名称	申请金额/元	复核金额/元	备注
1	已签约合同价款金额	7 972 282	7 972 282	
2	其中：安全文明施工费	209 650	209 650	
3	应支付的预付款	797 228	797 228	
4	应支付的安全文明施工费	125 790	125 790	
5	合计应支付的预付款	923 018	923 018	

承包人（章）

造价人员 ×× 承包人代表 ×× 日 期 ××

复核意见：

□与合同约定不相符，修改意见见附件。

☑与合同约定相符，具体金额由造价工程师复核。

监理工程师 ××

日 期 ××

复核意见：

你方提出的支付申请经复核，应支付预付款金额为（大写）玖拾贰万叁仟零壹拾捌元（小写 923 018）。

造价工程师 ××

日 期 ××

审核意见：

□不同意。

☑同意，支付时间为本表签发后的 15 天内。

发包人（章）

发包人代表 ××

日 期 ××

注：1. 在选择栏中的“□”内作标识“√”。

2. 本表一式四份，由承包人填报，发包人、监理人、造价咨询人、承包人各存一份。

总价项目进度款支付分解，见表 2 - 29。

表 2 - 29　　总价项目进度款支付分解表

工程名称：××中学教学楼工程　　标段：　　单位：元

序号	项目名称	总价金额	首次支付	二次支付	三次支付	四次支付	五次支付
	安全文明施工费	209 650	62 895	62 895	41 930	41 930	
	夜间施工增加费	12 479	2496	2496	2496	2496	2495
	二次搬运费	8386	1677	1677	1677	1677	1678
	略						
	社会保险费	188 685	37 737	37 737	37 737	37 737	37 737
	住房公积金	50 316	10 063	10 063	10 063	10 063	10 064
合　　计							

编制人（造价人员）：　　复核人（造价工程师）：

注：1. 本表应由承包人在投标报价时根据发包人在招标文件明确的进度款支付周期与报价填写，签订合同时，发承包双方可就支付分解协商调整后作为合同附件。

2. 单价合同使用本表，“支付”栏时间应与单价项目进度款支付周期相同。

3. 总价合同使用本表，“支付”栏时间应与约定的工程计量周期相同。

进度款支付申请（核准），见表 2 - 30。

表 2 - 30　　进度款支付申请（核准）表

工程名称：××中学教学楼工程　　标段：　　编号：

致：________（发包人全称）

我方于 ×× 至 ×× 期间已完成了 ±0～二层 工作，根据施工合同的约定，现申请支付本周期的合同款额为（大写） 壹佰壹拾壹万柒仟玖佰壹拾玖元 （小写 1 117 919 ），请予核准。

序号	名称	实际金额/元	申请金额/元	复核金额/元	备注
1	累计已完成的合同价款	1 233 189	1 233 189	—	
2	累计已实际支付的合同价款	1 109 870	1 109 870	—	
3	本周期已合计完成的合同价款	1 419 204	1 576 894	1 419 204	
3.1	本周期已完成单价项目的金额		1 484 048	—	
3.2	本周期应支付的总价项目的金额		14 230		
3.3	本周期已完成的计日工价款		4632		
3.4	本周期应支付的安全文明施工费		62 895		
3.5	本周期应增加的合同价款		11 089		
4	本周期合计应扣减的金额	301 285	301 285	301 285	
4.1	本周期应抵扣的预付款	301 285	301 285		
4.2	本周期应扣减的金额	612	0		
5	本周期应支付的合同价款	1 117 307	1 475 609	1 117 919	

附：上述 3、4 详见附件清单。

承包人（章）

造价人员 ××　　承包人代表 ××　　日　期 ××

复核意见：

□与实际施工情况不相符，修改意见见附件。

☑与实际施工情况相符，具体金额由造价工程师复核。

监理工程师 ××

日　期 ××

复核意见：

你方提出的支付申请经复核，本周期已完成合同款额为（大写） 壹佰伍拾柒万陆仟捌佰玖拾肆元整 （小写 1 576 894 ），本周期应支付金额为（大写） 壹佰壹拾壹万柒仟叁佰零柒元整 （小写 1 117 307 ）。

造价工程师 ××

日　期 ××

审核意见：

□不同意。

☑同意，支付时间为本表签发后的 15 天内。

发包人（章）

发包人代表 ××

日　期 ××

注：1. 在选择栏中的“□”内作标识“√”。

2. 本表一式四份，由承包人填报，发包人、监理人、造价咨询人、承包人各存一份。

竣工结算款支付申请（核准），见表 2-31。

表 2-31 **竣工结算款支付申请（核准）表**

工程名称：××中学教学楼工程　　　　标段：　　　　编号：

致：××中学（发包人全称）

我方于××至××期间已完成了合同约定的工作，工程已经完工，根据施工合同的约定，现申请支付竣工结算的合同款额为（大写）柒拾捌万叁仟贰佰陆拾伍元整（小写 783 265），请予核准。

序号	名称	申请金额/元	复核金额/元	备注
1	竣工结算合同价款总额	7 937 251	7 937 251	
2	累计已实际支付的合同价款	6 757 123	6 757 123	
3	应预留的质量保证金	396 863	396 863	
4	应支付的竣工结算款金额	783 265	783 265	

承包人（章）

造价人员 ××　　承包人代表 ××　　日　期 ××

复核意见：

□与实际施工情况不相符，修改意见见附件。

☑与实际施工情况相符，具体金额由造价工程师复核。

监理工程师 ××

日　期 ××

复核意见：

你方提出的竣工结算款支付申请经复核，竣工结算款总额为（大写）柒佰玖拾叁万柒仟贰佰伍拾壹元（小写 7 937 251），扣除前期支付以及质量保证金后应支付金额为（大写）柒拾捌万叁仟贰佰陆拾伍元整（小写 783 265）。

造价工程师 ××

日　期 ××

审核意见：

□不同意。

☑同意，支付时间为本表签发后的 15 天内。

发包人（章）

发包人代表 ××

日　期 ××

注：1. 在选择栏中的“□”内作标识“√”。

2. 本表一式四份，由承包人填报，发包人、监理人、造价咨询人、承包人各存一份。

最终结清支付申请（核准），见表 2-32。

表 2-32　　最终结清支付申请（核准）表

工程名称：××中学教学楼工程　　标段：　　编号：

致：＿＿＿＿＿＿＿＿（发包人全称）

我方于　××　至　××　期间已完成了缺陷修复工作，根据施工合同的约定，现申请支付最终结清合同款额为（大写）　叁拾玖万陆仟捌佰陆拾叁元整　（小写　396 863　），请予核准。

序号	名称	申请金额/元	复核金额/元	备注
1	已预留的质量保证金	396 863	396 863	
2	应增加因发包人原因造成缺陷的修复金额	0	0	
3	应扣减承包人不修复缺陷、发包人组织修复的金额	0	0	
4	最终应支付的合同价款	396 863	396 863	

上述 3、4 详见附件清单。

承包人（章）

造价人员　××　　承包人代表　××　　日　期　××

复核意见：

□与实际施工情况不相符，修改意见见附件。

☑与实际施工情况相符，具体金额由造价工程师复核。

监理工程师　××

日　期　××

复核意见：

你方提出的支付申请经复核，最终应支付金额为（大写）　叁拾玖万陆仟捌佰陆拾叁元整　（小写　396 863　）。

造价工程师　××

日　期　××

审核意见：

□不同意。

☑同意，支付时间为本表签发后的 15 天内。

发包人（章）

发包人代表　××

日　期　××

注：1. 在选择栏中的“□”内作标识“√”。如监理人已退场，监理工程师栏可空缺。

2. 本表一式四份，由承包人填报，发包人、监理人、造价咨询人、承包人各存一份。

2.6.5 主要材料、工程设备一览表

发包人提供材料和工程设备，见表 2-33。

表 2-33　　发包人提供材料和工程设备一览表

工程名称：××中学教学楼工程　　标段：　　第 1 页　共 1 页

序号	材料（工程设备）名称、规格、型号	单位	数量	单价/元	交货方式	送达地点	备注
1	钢筋（规格见施工图现浇构件）	t	200	4000		工地仓库	

注：此表由招标人填写，供投标人在投标报价、确定总承包服务费时参考。

承包人提供主要材料和工程设备，见表 2-34。

表 2-34 **承包人提供主要材料和工程设备一览表**

（适用于造价信息差额调整法）

工程名称：××中学教学楼工程　　标段：　　第1页　共1页

序号	名称、规格、型号	单位	数量	风险系数（%）	基准单价/元	投标单价/元	发承包人确认单价/元	备注
1	预拌混凝土 C20	m^3	25	≤5	310	308	309.50	
2	预拌混凝土 C25	m^3	560	≤5	323	325	325	
3	预拌混凝土 C30	m^3	3120	≤5	340	340	340	

注：1. 此表有招标人填写除“投标单价”栏的内容，投标人在投标时自主确定投标单价。

2. 招标人应优先采用工程造价管理机构发布的单价作为基准单价，未发布的，通过市场调查确定其基准单价。

承包人提供主要材料和工程设备，见表 2 - 35。

表 2 - 35 承包人提供主要材料和工程设备一览表

（适用于价格指数差额调整法）

工程名称：××中学教学楼工程　　标段：　　第 1 页　共 1 页

序号	名称、规格、型号	变值权重 B	基本价格指数 F_0	现行价格指数 F_t	备注
1	人工	0.18	110%	121%	
2	钢材	0.11	4000 元/t	4320 元/t	
3	预拌混凝土 C30	0.16	340 元/m^3	357 元/m^3	
4	红青砖	0.15	300 元/千块	318 元/千块	
5	机械费	8	100%	100%	
	定值权重 A	0.42	—	—	
合　计		1	—	—	

注：1.“名称、规格、型号”、“基本价格指数”栏由招标人填写，基本价格指数应首先采用工程造价管理机构发布的价格指数，没有时，可采用发布的价格代替。如人工、机械费也采用本法调整，由招标人在“名称”栏填写。

2.“变值权重”栏由投标人根据该项人工、机械费和材料、工程设备价值在投标总报价中所占的比例填写，1 减去其比例为定值权重。

3.“现行价格指数”按约定的付款证书相关周期最后一天的前 42 天的各项价格指数填写，该指数应首先采用工程造价管理机构发布的价格指数，没有时，可采用发布的价格代替。

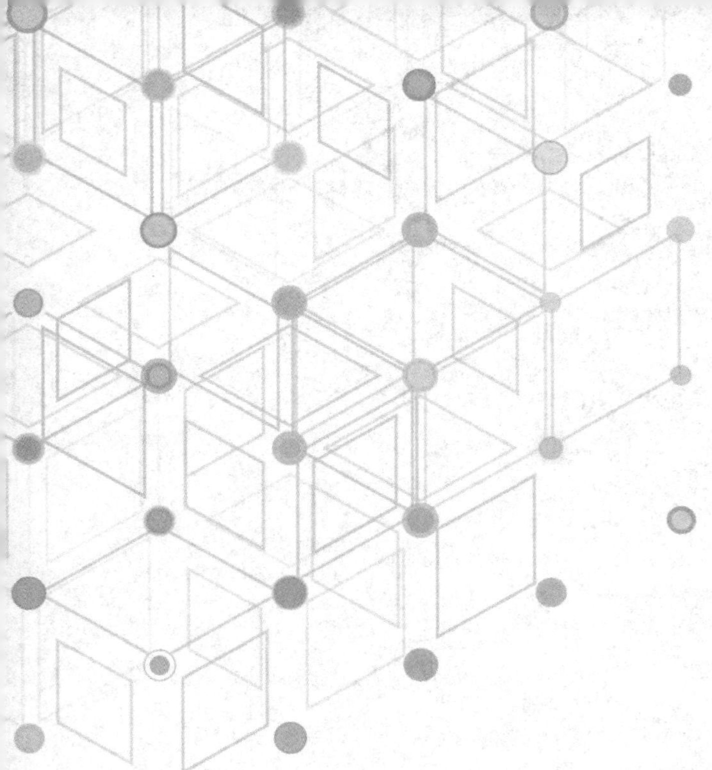

第 2篇

建筑工程工程量清单项目及计算规则

第3章 土（石）方工程

3.1 土石方工程清单工程量计算规则

3.1.1 土方工程

土方工程工程量清单项目设置、项目特征描述的内容、计量单位及工程量计算规则，应按表3-1的规定执行。

表3-1　　土方工程清单工程量计算规则（编号：010101）

项目编码	项目名称	项目特征	计量单位	工程量计算规则	工作内容
010101001	平整场地	1. 土壤类别 2. 弃土运距 3. 取土运距	m^2	按设计图示尺寸以建筑物首层建筑面积计算	1. 土方挖填 2. 场地找平 3. 运输
010101002	挖一般土方	1. 土壤类别 2. 挖土深度 3. 弃土运距	m^3	按设计图示尺寸以体积计算	1. 排地表水 2. 土方开挖 3. 围护（挡土板）及拆除 4. 基底钎探 5. 运输
010101003	挖沟槽土方			按设计图示尺寸以基础垫层底面积乘以挖土深度计算	
010101004	挖基坑土方				
010101005	冻土开挖	1. 冻土厚度 2. 弃土运距		按设计图示尺寸开挖面积乘厚度以体积计算	1. 爆破 2. 开挖 3. 清理 4. 运输
010101006	挖淤泥、流砂	1. 挖掘深度 2. 弃淤泥、流砂距离		按设计图示位置、界限以体积计算	1. 开挖 2. 运输

续表

项目编码	项目名称	项目特征	计量单位	工程量计算规则	工作内容
010101007	管沟土方	1. 土壤类别 2. 管外径 3. 挖沟深度 4. 回填要求	1. m 2. m^3	1. 以米计量，按设计图示以管道中心线长度计算 2. 以立方米计量，按设计图示管底垫层面积乘以挖土深度计算；无管底垫层按管外径的水平投影面积乘以挖土深度计算。不扣除各类井的长度，井的土方并入	1. 排地表水 2. 土方开挖 3. 围护（挡土板）、支撑 4. 运输 5. 回填

注：1. 挖土平均厚度应按自然地面测量标高至设计地坪标高的平均厚度确定。基础土方开挖深度应按基础垫层底表面标高至交付施工现场地标高确定，无交付施工场地标高时，应按自然地面标高确定。

2. 建筑物场地厚度≤±300mm 的挖、填、运、找平，应按本表中平整场地项目编码列项。厚度>±300mm 的竖向布置挖土或山坡切土应按本表中挖一般土方项目编码列项。

3. 沟槽、基坑、一般土方的划分为：底宽≤7m，底长>3 倍底宽为沟槽；底长≤3 倍底宽、底面积≤150m^2 为基坑；超出上述范围则为一般土方。

4. 挖土方如需截桩头时，应按桩基工程相关项目编码列项。

5. 桩间挖土不扣除桩的体积，并在项目特征中加以描述。

6. 弃、取土运距可以不描述，但应注明由投标人根据施工现场实际情况自行考虑，决定报价。

7. 土壤的分类应按表 3-2 确定，如土壤类别不能准确划分时，招标人可注明为综合，由投标人根据地勘报告决定报价。

8. 土方体积应按挖掘前的天然密实体积计算。非天然密实土方应按表 3-3 折算。

9. 挖沟槽、基坑、一般土方因工作面和放坡增加的工程量（管沟工作面增加的工程量），是否并入各土方工程量中，按各省、自治区、直辖市或行业建设主管部门的规定实施，如并入各土方工程量中，办理工程结算时，按经发包人认可的施工组织设计规定计算，编制工程量清单时，可按表 3-4～表 3-5 规定计算。

10. 挖方出现流砂、淤泥时，如设计未明确，在编制工程量清单时，其工程数量可为暂估量，结算时应根据实际情况由发包人与承包人双方现场签证确认工程量。

11. 管沟土方项目适用于管道（给排水、工业、电力、通信）、光（电）缆沟 [包括：人（手）孔、接口坑] 及连接井（检查井）等。

土壤分类表见表 3-2。

表 3-2　土壤分类表

土壤分类	土壤名称	开挖方法
一、二类土	粉土、砂土（粉砂、细砂、中砂、粗砂、砾砂）、粉质黏土、弱中盐渍土、软土（淤泥质土、泥炭、泥炭质土）、软塑红黏土、冲填土	用锹、少许用镐、条锄开挖。机械能全部直接铲挖满载者
三类土	黏土、碎石土（圆砾、角砾）混合土、可塑红黏土、硬塑红黏土、强盐渍土、素填土、压实填土	主要用镐、条锄、少许用锹开挖。机械需部分刨松方能铲挖满载者或可直接铲挖但不能满载者
四类土	碎石土（卵石、碎石、漂石、块石）、坚硬红黏土、超盐渍土、杂填土	全部用镐、条锄挖掘、少许用撬棍挖掘。机械须普遍刨松方能铲挖满载者

注：本表土的名称及其含义按国家标准《岩土工程勘察规范》GB 50021—2001（2009 年版）定义。

土方体积折算系数见表3-3。

表3-3　土方体积折算系数表

天然密实度体积	虚方体积	夯实后体积	松填体积
0.77	1.00	0.67	0.83
1.00	1.30	0.87	1.08
1.15	1.50	1.00	1.25
0.92	1.20	0.80	1.00

注：1. 虚方指未经碾压、堆积时间≤1年的土壤。
2. 本表按《全国统一建筑工程预算工程量计算规则》(GJDGZ—101—95）整理。
3. 设计密实度超过规定的，填方体积按工程设计要求执行；无设计要求按各省、自治区、直辖市或行业建设行政主管部门规定的系数执行。

放坡系数见表3-4。

表3-4　放坡系数表

土类别	放坡起点/m	人工挖土	机械挖土		
			在坑内作业	在坑上作业	顺沟槽在坑上作业
一、二类土	1.20	1∶0.5	1∶0.33	1∶0.75	1∶0.5
三类土	1.50	1∶0.33	1∶0.25	1∶0.67	1∶0.33
四类土	2.00	1∶0.25	1∶0.10	1∶0.33	1∶0.25

注：1. 沟槽、基坑中土类别不同时，分别按其放坡起点、放坡系数、依不同土类别厚度加权平均计算。
2. 计算放坡时，在交接处的重复工程量不予扣除，原槽、坑作基础垫层时，放坡自垫层上表面开始计算。

基础施工所需工作面宽度计算见表3-5。

表3-5　基础施工所需工作面宽度计算表

基础材料	每边各增加工作面宽度/mm
砖基础	200
浆砌毛石、条石基础	150
混凝土基础垫层支模板	300
混凝土基础支模板	300
基础垂直面做防水层	1000（防水层面）

注：本表按《全国统一建筑工程预算工程量计算规则》(GJDGZ—101—95）整理。

管沟施工每侧所需工作面宽度计算见表3-6。

表3-6　管沟施工每侧所需工作面宽度计算表

管道结构宽/mm 管沟材料	≤500	≤1000	≤2500	>2500
混凝土及钢筋混凝土管道/mm	400	500	600	700
其他材质管道/mm	300	400	500	600

注：1. 本表按《全国统一建筑工程预算工程量计算规则》(GJDGZ—101—95）整理。
2. 管道结构宽：有管座的按基础外缘，无管座的按管道外径。

3.1.2 石方工程

石方工程工程量清单项目设置、项目特征描述的内容、计量单位及工程量计算规则，应按表 3-7 的规定执行。

表 3-7 **石方工程（编号：010102）**

项目编码	项目名称	项目特征	计量单位	工程量计算规则	工作内容
010102001	挖一般石方	1. 岩石类别 2. 开凿深度 3. 弃碴运距	m^3	按设计图示尺寸以体积计算	1. 排地表水 2. 凿石 3. 运输
010102002	挖沟槽石方			按设计图示尺寸沟槽底面积乘以挖石深度以体积计算	
010102003	挖基坑石方			按设计图示尺寸基坑底面积乘以挖石深度以体积计算	
010102004	挖管沟石方	1. 岩石类别 2. 管外径 3. 挖沟深度	1. m 2. m^3	1. 以米计量，按设计图示以管道中心线长度计算 2. 以立方米计量，按设计图示截面积乘以长度计算	1. 排地表水 2. 凿石 3. 回填 4. 运输

注：1. 挖石应按自然地面测量标高至设计地坪标高的平均厚度确定。基础石方开挖深度应按基础垫层底表面标高至交付施工现场地标高确定，无交付施工场地标高时，应按自然地面标高确定。

2. 厚度>±300mm 的竖向布置挖石或山坡凿石应按本表中挖一般石方项目编码列项。

3. 沟槽、基坑、一般石方的划分为：底宽≤7m 且底长>3 倍底宽为沟槽；底长≤3 倍底宽且底面积≤150m^2 为基坑；超出上述范围则为一般石方。

4. 弃碴运距可以不描述，但应注明由投标人根据施工现场实际情况自行考虑，决定报价。

5. 岩石的分类应按表 3-8 确定。

6. 石方体积应按挖掘前的天然密实体积计算。非天然密实石方应按表 3-9 系数计算。

7. 管沟石方项目适用于管道（给排水、工业、电力、通信）、光（电）缆沟［包括：人（手）孔、接口坑］及连接井（检查井）等。

岩石分类见表 3-8。

表 3-8 **岩 石 分 类 表**

岩石分类		代表性岩石	开挖方法
极软岩		1. 全风化的各种岩石； 2. 各种半成岩	部分用手凿工具、部分用爆破法开挖
软质岩	软岩	1. 强风化的坚硬岩或较硬岩； 2. 中等风化—强风化的较软岩； 3. 未风化—微风化的页岩、泥岩、泥质砂岩等	用风镐和爆破法开挖
	较软岩	1. 中等风化—强风化的坚硬岩或较硬岩； 2. 未风化—微风化的凝灰岩、千枚岩、泥灰岩、砂质泥岩等	用爆破法开挖

续表

岩石分类		代表性岩石	开挖方法
硬质岩	较硬岩	1. 微风化的坚硬岩； 2. 未风化—微风化的大理岩、板岩、石灰岩、白云岩、钙质砂岩等	用爆破法开挖
	坚硬岩	未风化—微风化的花岗岩、闪长岩、辉绿岩、玄武岩、安山岩、片麻岩、石英岩、石英砂岩、硅质砾岩、硅质石灰岩等	用爆破法开挖

注：本表依据国家标准《工程岩体分级标准》GB 50218—94 和《岩土工程勘察规范》GB 50021—2001（2009 年版）整理。

石方体积折算系数见表 3-9。

表 3-9　　石方体积折算系数表

石方类别	天然密实度体积	虚方体积	松填体积	码方
石方	1.0	1.54	1.31	
块石	1.0	1.75	1.43	1.67
砂夹石	1.0	1.07	0.94	

注：本表按建设部颁发《爆破工程消耗量定额》GYD—102—2008 整理。

3.1.3 回填

回填工程量清单项目设置、项目特征描述的内容、计量单位及工程量计算规则，应按表 3-10 的规定执行。

表 3-10　　回填（编号：010103）

项目编码	项目名称	项目特征	计量单位	工程量计算规则	工作内容
010103001	回填方	1. 密实度要求 2. 填方材料品种 3. 填方粒径要求 4. 填方来源、运距	m^3	按设计图示尺寸以体积计算 1. 场地回填：回填面积乘平均回填厚度 2. 室内回填：主墙间面积乘回填厚度，不扣除间隔墙 3. 基础回填：挖方清单项目工程量减去自然地坪以下埋设的基础体积（包括基础垫层及其他构筑物）	1. 运输 2. 回填 3. 压实
010103002	余方弃置	1. 废弃料品种 2. 运距	m^3	按挖方清单项目工程量减利用回填方体积（正数）计算	余方点装料运输至弃置点

注：1. 填方密实度要求，在无特殊要求情况下，项目特征可描述为满足设计和规范的要求。
2. 填方材料品种可以不描述，但应注明由投标人根据设计要求验方后方可填入，并符合相关工程的质量规范要求。
3. 填方粒径要求，在无特殊要求情况下，项目特征可以不描述。
4. 如需买土回填应在项目特征填方来源中描述，并注明买土方数量。

3.2 土石方工程清单工程量计算实例

【例 3-1】 某建筑物地槽人工开挖，图 3-1 为平面图，图 3-2 为剖面图，平整场地的弃、取土运距均为 5m，三类土，挖沟槽土方弃土运距 30m，弃土运距 10km，试编制招标工程量清单（见表 3-11）。

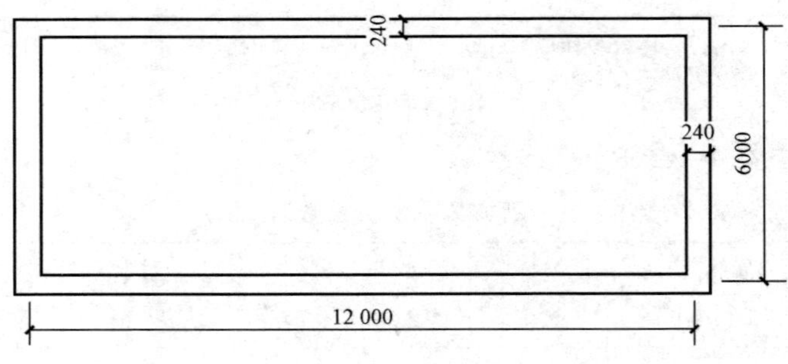

图 3-1 平面图

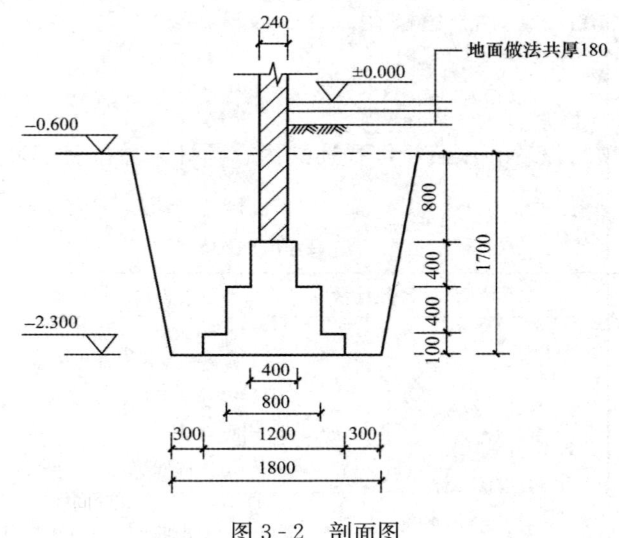

图 3-2 剖面图

解： 根据施工图计算清单工程量：

$$平整场地\ S = (12 + 0.12 \times 2) \times (6 + 0.12 \times 2) = 76.38(m^2)$$

$$挖沟槽土方\ V = 1.2 \times (2.3 - 0.6) \times (12 + 6) \times 2 = 73.44(m^3)$$

$$\begin{aligned}基础回填土\ V = & 73.44 - [1.2 \times 0.1 + 0.8 \times 0.4 + 0.4 \times 0.4 + 0.24 \\ & \times (1.7 - 0.10 - 0.4 \times 2)] \times (12 + 6) \times 2 \\ = & 44.93(m^3)\end{aligned}$$

$$室内回填土\ V = (0.6 - 0.18) \times (12 - 0.24) \times (6 - 0.24) = 28.45(m^3)$$

$$余方弃置\ V = 73.44 - 44.93 - 28.45 = 0.06(m^3)$$

表3-11　　分部分项工程和单价措施项目清单与计价表

工程名称：某建筑物地槽　　第1页　共1页

序号	项目编码	项目名称	项目特征描述	计量单位	工程量	金额/元		
						综合单价	合价	其中
								暂估价
1	010101001001	平整场地	1. 土壤类别：三类土 2. 弃土运距：5m 3. 取土运距：5m	m^2	76.38			
2	010101003001	挖沟槽土方	1. 土壤类别：三类土 2. 挖土深度：1.7m 3. 弃土运距：30m 4. 基底钎探	m^3	73.44			
3	010103001001	基础回填土方	1. 密实度要求：符合规范要求 2. 填方粒径要求：符合规范要求 3. 填方运距：30m	m^3	44.93			
4	010103001002	室内回填土方	1. 密实度要求：符合规范要求 2. 填方粒径要求：符合规范要求 3. 填方运距：30m	m^3	28.45			
5	010103002001	余方弃置	1. 弃土运距：10km	m^3	0.06			
本页小计								
合计								

【例3-2】　某建筑物首层平面图如图3-3所示，土壤类别为三类土，平整场地的弃、取土运距均为10m，试编制平整场地的招标工程量清单（见表3-12）。

解： 清单工程量 $S_{底} = (30.8+0.24)\times(29.2+0.24)-(10.8-0.24)\times21.6$

$= 685.72(m^2)$

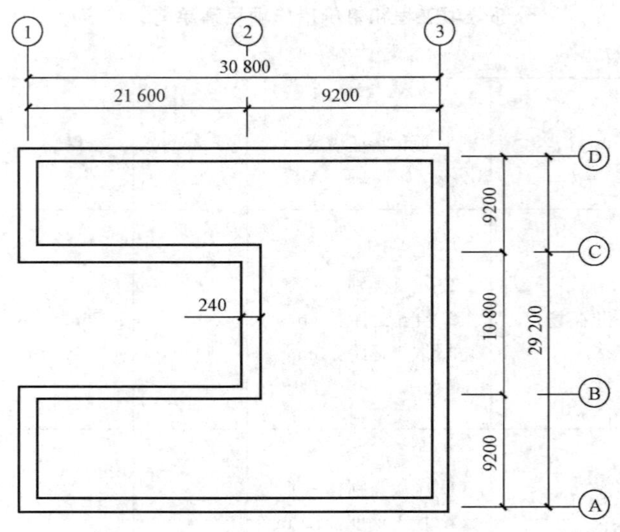

图 3-3 首层平面图

表 3-12 **分部分项工程项目清单和单价措施项目清单与计价表**

工程名称：某建筑物 第 1 页 共 1 页

<table>
<tr><th rowspan="3">序号</th><th rowspan="3">项目编码</th><th rowspan="3">项目名称</th><th rowspan="3">项目特征描述</th><th rowspan="3">计量单位</th><th rowspan="3">工程量</th><th colspan="3">金额/元</th></tr>
<tr><th rowspan="2">综合单价</th><th rowspan="2">合价</th><th>其中</th></tr>
<tr><th>暂估价</th></tr>
<tr><td>1</td><td>010101001001</td><td>平整场地</td><td>1. 土壤类别：三类土
2. 弃土运距：10m
3. 取土运距：10m</td><td>m²</td><td>685.72</td><td></td><td></td><td></td></tr>
<tr><td colspan="7">本 页 小 计</td><td></td><td></td></tr>
<tr><td colspan="7">合 计</td><td></td><td></td></tr>
</table>

【例 3-3】 某建筑物首层平面图如图 3-4 所示，土壤类别为一类土，平整场地的弃、取土运距均为 20m，试编制平整场地的招标工程量清单（见表 3-13）。

解： 平整场地的工程数量计算如下（编制工程量清单的方法）：

计算公式：

$$S = \text{设计图示尺寸的建筑物首层建筑面积}$$

$$\begin{aligned}\text{工程数量} &= 26.64 \times 10.74 - (3.3 \times 6 - 0.24) \times 3.3 \\ &= 221.56(m^2)\end{aligned}$$

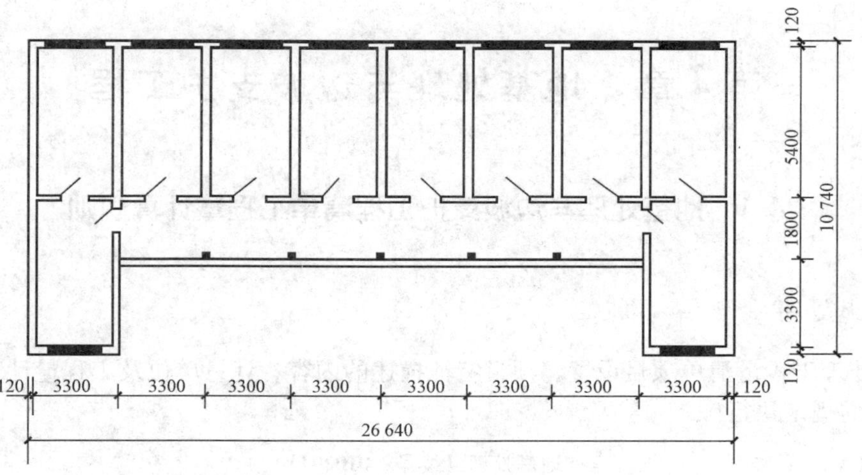

图 3 - 4　平面图

表 3 - 13　　分部分项工程和单价措施项目清单与计价表

工程名称：某建筑物　　第 1 页　共 1 页

序号	项目编码	项目名称	项目特征描述	计量单位	工程量	金额/元		
						综合单价	合价	其中 暂估价
1	010101001001	平整场地	1. 土壤类别：一类土 2. 弃土运距：20m 3. 取土运距：20m	m^2	221.56			
本　页　小　计								
合　　计								

第4章　地基处理与边坡支护工程

4.1　地基处理与边坡支护工程清单工程量计算规则

4.1.1　地基处理

地基处理工程量清单项目设置、项目特征描述的内容、计量单位及工程量计算规则，应按表4-1的规定执行。

表4-1　　地基处理（编号：010201）

项目编码	项目名称	项目特征	计量单位	工程量计算规则	工作内容
010201001	换填垫层	1. 材料种类及配比 2. 压实系数 3. 掺加剂品种	m^3	按设计图示尺寸以体积计算	1. 分层铺填 2. 碾压、振密或夯实 3. 材料运输
010201002	铺设土工合成材料	1. 部位 2. 品种 3. 规格	m^2	按设计图示尺寸以面积计算	1. 挖填锚固沟 2. 铺设 3. 固定 4. 运输
010201003	预压地基	1. 排水竖井种类、断面尺寸、排列方式、间距、深度 2. 预压方法 3. 预压荷载、时间 4. 砂垫层厚度		按设计图示处理范围以面积计算	1. 设置排水竖井、盲沟、滤水管 2. 铺设砂垫层、密封膜 3. 堆载、卸载或抽气设备安拆、抽真空 4. 材料运输
010201004	强夯地基	1. 夯击能量 2. 夯击遍数 3. 夯击点布置形式、间距 4. 地耐力要求 5. 夯填材料种类			1. 铺设夯填材料 2. 强夯 3. 夯填材料运输
010201005	振冲密实（不填料）	1. 地层情况 2. 振密深度 3. 孔距			1. 振冲加密 2. 泥浆运输

续表

项目编码	项目名称	项目特征	计量单位	工程量计算规则	工作内容
010201006	振冲桩（填料）	1. 地层情况 2. 空桩长度、桩长 3. 桩径 4. 填充材料种类	1. m 2. m^3	1. 以米计量，按设计图示尺寸以桩长计算 2. 以立方米计量，按设计桩截面乘以桩长以体积计算	1. 振冲成孔、填料、振实 2. 材料运输 3. 泥浆运输
010201007	砂石桩	1. 地层情况 2. 空桩长度、桩长 3. 桩径 4. 成孔方法 5. 材料种类、级配		1. 以米计量，按设计图示尺寸以桩长（包括桩尖）计算 2. 以立方米计量，按设计桩截面乘以桩长（包括桩尖）以体积计算	1. 成孔 2. 填充、振实 3. 材料运输
010201008	水泥粉煤灰碎石桩	1. 地层情况 2. 空桩长度、桩长 3. 桩径 4. 成孔方法 5. 混合料强度等级	m	按设计图示尺寸以桩长（包括桩尖）计算	1. 成孔 2. 混合料制作、灌注、养护 3. 材料运输
010201009	深层搅拌桩	1. 地层情况 2. 空桩长度、桩长 3. 桩截面尺寸 4. 水泥强度等级、掺量		按设计图示尺寸以桩长计算	1. 预搅下钻、水泥浆制作、喷浆搅拌提升成桩 2. 材料运输
010201010	粉喷桩	1. 地层情况 2. 空桩长度、桩长 3. 桩径 4. 粉体种类、掺量 5. 水泥强度等级、石灰粉要求		按设计图示尺寸以桩长计算	1. 预搅下钻、喷粉搅拌提升成桩 2. 材料运输
010201011	夯实水泥土桩	1. 地层情况 2. 空桩长度、桩长 3. 桩径 4. 成孔方法 5. 水泥强度等级 6. 混合料配比		按设计图示尺寸以桩长（包括桩尖）计算	1. 成孔、夯底 2. 水泥土拌和、填料、夯实 3. 材料运输
010201012	高压喷射注浆桩	1. 地层情况 2. 空桩长度、桩长 3. 桩截面 4. 注浆类型、方法 5. 水泥强度等级		按设计图示尺寸以桩长计算	1. 成孔 2. 水泥浆制作、高压喷射注浆 3. 材料运输

续表

项目编码	项目名称	项目特征	计量单位	工程量计算规则	工作内容
010201013	石灰桩	1. 地层情况 2. 空桩长度、桩长 3. 桩径 4. 成孔方法 5. 掺和料种类、配合比		按设计图示尺寸以桩长（包括桩尖）计算	1. 成孔 2. 混合料制作、运输、夯填
010201014	灰土（土）挤密桩	1. 地层情况 2. 空桩长度、桩长 3. 桩径 4. 成孔方法 5. 灰土级配	m		1. 成孔 2. 灰土拌和、运输、填充、夯实
010201015	柱锤冲扩桩	1. 地层情况 2. 空桩长度、桩长 3. 桩径 4. 成孔方法 5. 桩体材料种类、配合比		按设计图示尺寸以桩长计算	1. 安拔套管 2. 冲孔、填料、夯实 3. 桩体材料制作、运输
010201016	注浆地基	1. 地层情况 2. 空钻深度、注浆深度 3. 注浆间距 4. 浆液种类及配比 5. 注浆方法 6. 水泥强度等级	1. m 2. m^3	1. 以米计量，按设计图示尺寸以钻孔深度计算 2. 以立方米计量，按设计图示尺寸以加固体积计算	1. 成孔 2. 注浆导管制作、安装 3. 浆液制作、压浆 4. 材料运输
010201017	褥垫层	1. 厚度 2. 材料品种及比例	1. m^2 2. m^3	1. 以平方米计量，按设计图示尺寸以铺设面积计算 2. 以立方米计量，按设计图示尺寸以体积计算	材料拌和、运输、铺设、压实

注：1. 地层情况按表 3-2 和表 3-8 的规定，并根据岩土工程勘察报告按单位工程各地层所占比例（包括范围值）进行描述。对无法准确描述的地层情况，可注明由投标人根据岩土工程勘察报告自行决定报价。

2. 项目特征中的桩长应包括桩尖，空桩长度=孔深-桩长，孔深为自然地面至设计桩底的深度。

3. 高压喷射注浆类型包括旋喷、摆喷、定喷，高压喷射注浆方法包括单管法、双重管法、三重管法。

4. 如采用泥浆护壁成孔，工作内容包括土方、废泥浆外运，如采用沉管灌注成孔，工作内容包括桩尖制作、安装。

4.1.2　基坑与边坡支护

基坑与边坡支护工程量清单项目设置、项目特征描述的内容、计量单位及工程量计算规则，应按表 4-2 的规定执行。

表 4-2　　基坑与边坡支护（编码：010202）

<table>
<tr><th>项目编码</th><th>项目名称</th><th>项目特征</th><th>计量单位</th><th>工程量计算规则</th><th>工作内容</th></tr>
<tr><td>010202001</td><td>地下连续墙</td><td>1. 地层情况
2. 导墙类型、截面
3. 墙体厚度
4. 成槽深度
5. 混凝土种类、强度等级
6. 接头形式</td><td>m^3</td><td>按设计图示墙中心线长乘以厚度乘以槽深以体积计算</td><td>1. 导墙挖填、制作、安装、拆除
2. 挖土成槽、固壁、清底置换
3. 混凝土制作、运输、灌注、养护
4. 接头处理
5. 土方、废泥浆外运
6. 打桩场地硬化及泥浆池、泥浆沟</td></tr>
<tr><td>010202002</td><td>咬合灌注桩</td><td>1. 地层情况
2. 桩长
3. 桩径
4. 混凝土种类、强度等级
5. 部位</td><td>1. m
2. 根</td><td>1. 以米计量，按设计图示尺寸以桩长计算
2. 以根计量，按设计图示数量计算</td><td>1. 成孔、固壁
2. 混凝土制作、运输、灌注、养护
3. 套管压拔
4. 土方、废泥浆外运
5. 打桩场地硬化及泥浆池、泥浆沟</td></tr>
<tr><td>010202003</td><td>圆木桩</td><td>1. 地层情况
2. 桩长
3. 材质
4. 尾径
5. 桩倾斜度</td><td rowspan="2">1. m
2. 根</td><td rowspan="2">1. 以米计量，按设计图示尺寸以桩长（包括桩尖）计算
2. 以根计量，按设计图示数量计算</td><td>1. 工作平台搭拆
2. 桩机移位
3. 桩靴安装
4. 沉桩</td></tr>
<tr><td>010202004</td><td>预制钢筋混凝土板桩</td><td>1. 地层情况
2. 送桩深度、桩长
3. 桩截面
4. 沉桩方法
5. 连接方式
6. 混凝土强度等级</td><td>1. 工作平台搭拆
2. 桩机移位
3. 沉桩
4. 接桩</td></tr>
</table>

续表

项目编码	项目名称	项目特征	计量单位	工程量计算规则	工作内容
010202005	型钢桩	1. 地层情况或部位 2. 送桩深度、桩长 3. 规格型号 4. 桩倾斜度 5. 防护材料种类 6. 是否拔出	1. t 2. 根	1. 以吨计量，按设计图示尺寸以质量计算 2. 以根计量，按设计图示数量计算	1. 工作平台搭拆 2. 桩机移位 3. 打（拔）桩 4. 接桩 5. 刷防护材料
010202006	钢板桩	1. 地层情况 2. 桩长 3. 板桩厚度	1. t 2. m^2	1. 以吨计量，按设计图示尺寸以质量计算 2. 以平方米计量，按设计图示墙中心线长乘以桩长以面积计算	1. 工作平台搭拆 2. 桩机移位 3. 打拔钢板桩
010202007	锚杆（锚索）	1. 地层情况 2. 锚杆（索）类型、部位 3. 钻孔深度 4. 钻孔直径 5. 杆体材料品种、规格、数量 6. 预应力 7. 浆液种类、强度等级	1. m 2. 根	1. 以米计量，按设计图示尺寸以钻孔深度计算 2. 以根计量，按设计图示数量计算	1. 钻孔、浆液制作、运输、压浆 2. 锚杆（锚索）索制作、安装 3. 张拉锚固 4. 锚杆（锚索）施工平台搭设、拆除
010202008	土钉	1. 地层情况 2. 钻孔深度 3. 钻孔直径 4. 置入方法 5. 杆体材料品种、规格、数量 6. 浆液种类、强度等级			1. 钻孔、浆液制作、运输、压浆 2. 土钉制作、安装 3. 土钉施工平台搭设、拆除
010202009	喷射混凝土、水泥砂浆	1. 部位 2. 厚度 3. 材料种类 4. 混凝土（砂浆）类别、强度等级	m^2	按设计图示尺寸以面积计算	1. 修整边坡 2. 混凝土（砂浆）制作、运输、喷射、养护 3. 钻排水孔、安装排水管 4. 喷射施工平台搭设、拆除

续表

项目编码	项目名称	项目特征	计量单位	工程量计算规则	工作内容
010202010	钢筋混凝土支撑	1. 部位 2. 混凝土种类 3. 混凝土强度等级	m^3	按设计图示尺寸以体积计算	1. 模板（支架或支撑）制作、安装、拆除、堆放、运输及清理模内杂物、刷隔离剂等 2. 混凝土制作、运输、浇筑、振捣、养护
010202011	钢支撑	1. 部位 2. 钢材品种、规格 3. 探伤要求	t	按设计图示尺寸以质量计算。不扣除孔眼质量，焊条、铆钉、螺栓等不另增加质量	1. 支撑、铁件制作（摊销、租赁） 2. 支撑、铁件安装 3. 探伤 4. 刷漆 5. 拆除 6. 运输

注：1. 地层情况按本规范表 3-2 和表 3-3 的规定，并根据岩土工程勘察报告按单位工程各地层所占比例（包括范围值）进行描述。对无法准确描述的地层情况，可注明由投标人根据岩土工程勘察报告自行决定报价。

2. 土钉置入方法包括钻孔置入、打入或射入等。

3. 混凝土种类：指清水混凝土、彩色混凝土等，如在同一地区既使用预拌（商品）混凝土，又允许现场搅拌混凝土时，也应注明（下同）。

4. 地下连续墙和喷射混凝土（砂浆）的钢筋网、咬合灌注桩的钢筋笼及钢筋混凝土支撑的钢筋制作、安装，按本规范附录 7-15 相关项目列项。本分部未列的基坑与边坡支护的排桩按本规范附录 5-2 中相关项目列项。水泥土墙、坑内加固按本规范表 4-2 中相关项目列项。砖、石挡土墙、护坡按本规范附录 6-1 中相关项目列项。混凝土挡土墙按本规范附录 7-4 中相关项目列项。

4.2　地基处理与边坡支护工程清单工程量计算实例

【例 4-1】　某建筑物地基夯实，如图 4-1 所示，实线范围为地基强夯范围。

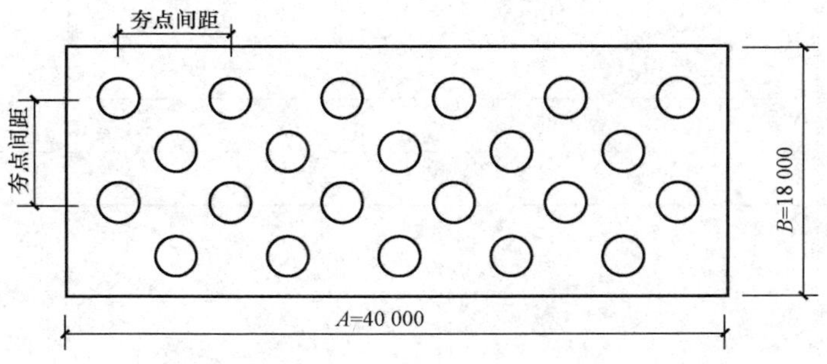

图 4-1　强夯示意图

(1) 设计要求：不间隔夯击，设计击数为8击，夯击能量为500t·m，一遍夯击。求其工程量。

(2) 设计要求：不间隔夯击，设计击数为10击，分两遍夯击，第一遍5击，第二遍5击，第二遍要求低锤满拍，设计夯击能量为400t·m。求其工程量。

解：地基夯实的工程数量计算公式如下。

按设计图示尺寸以面积计算，则

(1) 不间隔夯击，设计击数为8击，夯击能量为500t·m，第一遍夯击的强夯工程量：$40\times18=720.00$（m^2）。

(2) 不间隔夯击，设计击数为10击，分两遍夯击，第一遍5击，第二遍5击，第二遍要求低夯满拍，设计夯击能量为400t·m的强夯工程量：$40\times18=720.00$（m^2）。

分部分项工程和单价措施项目清单与计价表见表4-3。

表4-3　分部分项工程和单价措施项目清单与计价表

工程名称：某建筑物地基夯实　　　　第1页　共1页

序号	项目编码	项目名称	项目特征描述	计量单位	工程量	金额/元		
						综合单价	合价	其中 暂估价
1	010201004001	强夯地基	1. 夯击能量：500t·m 2. 夯击遍数：一遍 3. 夯击点布置形式间距：不间隔夯击设计击数8击	m^2	720.00			
1	010201004002	强夯地基	1. 夯击能量：400t·m 2. 夯击遍数：二遍 3. 夯击点布置形式间距：不间隔夯击设计击数10击	m^2	720.00			
本页小计								
合计								

第5章 桩 基 工 程

5.1 桩基工程清单工程量计算规则

5.1.1 打桩

打桩工程量清单项目设置、项目特征描述的内容、计量单位及工程量计算规则，应按表5-1的规定执行。

表5-1 打桩（编号：010301）

项目编码	项目名称	项目特征	计量单位	工程量计算规则	工作内容
010301001	预制钢筋混凝土方桩	1. 地层情况 2. 送桩深度、桩长 3. 桩截面 4. 桩倾斜度 5. 沉桩方法 6. 接桩方式 7. 混凝土强度等级	1. m 2. m^3 3. 根	1. 以米计量，按设计图示尺寸以桩长（包括桩尖）计算 2. 以立方米计量，按设计图示截面积乘以桩长（包括桩尖）以实体积计算 3. 以根计量，按设计图示数量计算	1. 工作平台搭拆 2. 桩机竖拆、移位 3. 沉桩 4. 接桩 5. 送桩
010301002	预制钢筋混凝土管桩	1. 地层情况 2. 送桩深度、桩长 3. 桩外径、壁厚 4. 桩倾斜度 5. 沉桩方法 6. 桩尖类型 7. 混凝土强度等级 8. 填充材料种类 9. 防护材料种类			1. 工作平台搭拆 2. 桩机竖拆、移位 3. 沉桩 4. 接桩 5. 送桩 6. 桩尖制作安装 7. 填充材料、刷防护材料
010301003	钢管桩	1. 地层情况 2. 送桩深度、桩长 3. 材质 4. 管径、壁厚 5. 桩倾斜度 6. 沉桩方法 7. 填充材料种类 8. 防护材料种类	1. t 2. 根	1. 以吨计量，按设计图示尺寸以质量计算 2. 以根计量，按设计图示数量计算	1. 工作平台搭拆 2. 桩机竖拆、移位 3. 沉桩 4. 接桩 5. 送桩 6. 切割钢管、精割盖帽 7. 管内取土 8. 填充材料、刷防护材料

续表

项目编码	项目名称	项目特征	计量单位	工程量计算规则	工作内容
010301004	截（凿）桩头	1. 桩类型 2. 桩头截面、高度 3. 混凝土强度等级 4. 有无钢筋	1. m^3 2. 根	1. 以立方米计量，按设计桩截面乘以桩头长度以体积计算 2. 以根计量，按设计图示数量计算	1. 截（切割）桩头 2. 凿平 3. 废料外运

注：1. 地层情况按本规范表 3-2 和表 3-8 的规定，并根据岩土工程勘察报告按单位工程各地层所占比例（包括范围值）进行描述。对无法准确描述的地层情况，可注明由投标人根据岩土工程勘察报告自行决定报价。

2. 项目特征中的桩截面、混凝土强度等级、桩类型等可直接用标准图代号或设计桩型进行描述。

3. 预制钢筋混凝土方桩、预制钢筋混凝土管桩项目以成品桩编制，应包括成品桩购置费，如果用现场预制，应包括现场预制桩的所有费用。

4. 打试验桩和打斜桩应按相应项目单独列项，并应在项目特征中注明试验桩或斜桩（斜率）。

5. 截（凿）桩头项目适用于本规范附录“地基处理与边坡支护”、附录“桩基工程”所列桩的桩头截（凿）。

6. 预制钢筋混凝土管桩桩顶与承台的连接构造按本规范附录 E 相关项目列项。

5.1.2 灌注桩

灌注桩工程量清单项目设置、项目特征描述的内容、计量单位及工程量计算规则，应按表 5-2 的规定执行。

表 5-2　　灌注桩（编号：010302）

项目编码	项目名称	项目特征	计量单位	工程量计算规则	工作内容
010302001	泥浆护壁成孔灌注桩	1. 地层情况 2. 空桩长度、桩长 3. 桩径 4. 成孔方法 5. 护筒类型、长度 6. 混凝土类别、强度等级	1. m 2. m^3 3. 根	1. 以米计量，按设计图示尺寸以桩长（包括桩尖）计算 2. 以立方米计量，按不同截面在桩上范围内以体积计算 3. 以根计量，按设计图示数量计算	1. 护筒埋设 2. 成孔、固壁 3. 混凝土制作、运输、灌注、养护 4. 土方、废泥浆外运 5. 打桩场地硬化及泥浆池、泥浆沟
010302002	沉管灌注桩	1. 地层情况 2. 空桩长度、桩长 3. 复打长度 4. 桩径 5. 沉管方法 6. 桩尖类型 7. 混凝土类别、强度等级			1. 打（沉）拔钢管 2. 桩尖制作、安装 3. 混凝土制作、运输、灌注、养护

续表

项目编码	项目名称	项目特征	计量单位	工程量计算规则	工作内容
010302003	干作业成孔灌注桩	1. 地层情况 2. 空桩长度、桩长 3. 桩径 4. 扩孔直径、高度 5. 成孔方法 6. 混凝土类别、强度等级	1. m 2. m^3 3. 根	1. 以米计量，按设计图示尺寸以桩长（包括桩尖）计算 2. 以立方米计量，按不同截面在桩上范围内以体积计算 3. 以根计量，按设计图示数量计算	1. 成孔、扩孔 2. 混凝土制作、运输、灌注、振捣、养护
010302004	挖孔桩土（石）方	1. 地层情况 2. 挖孔深度 3. 弃土（石）运距	m^3	按设计图示尺寸（含护壁）截面积乘以挖孔深度以立方米计算	1. 排地表水 2. 挖土、凿石 3. 基底钎探 4. 运输
010302005	人工挖孔灌注桩	1. 桩芯长度 2. 桩芯直径、扩底直径、扩底高度 3. 护壁厚度、高度 4. 护壁混凝土类别、强度等级 5. 桩芯混凝土种类、强度等级	1. m^3 2. 根	1. 以立方米计量，按桩芯混凝土体积计算 2. 以根计量，按设计图示数量计算	1. 护壁制作 2. 混凝土制作、运输、灌注、振捣、养护
010302006	钻孔压浆桩	1. 地层情况 2. 空钻长度、桩长 3. 钻孔直径 4. 水泥强度等级	1. m 2. 根	1. 以米计量，按设计图示尺寸以桩长计算 2. 以根计量，按设计图示数量计算	钻孔、下注浆管、投放骨料、浆液制作、运输、压浆
010302007	灌注桩后压浆	1. 注浆导管材料、规格 2. 注浆导管长度 3. 单孔注浆量 4. 水泥强度等级	孔	按设计图示以注浆孔数计算	1. 注浆导管制作、安装 2. 浆液制作、运输、压浆

注：1. 地层情况按本规范表3-2和表3-8的规定，并根据岩土工程勘察报告按单位工程各地层所占比例（包括范围值）进行描述。对无法准确描述的地层情况，可注明由投标人根据岩土工程勘察报告自行决定报价。

2. 项目特征中的桩长应包括桩尖，空桩长度=孔深－桩长，孔深为自然地面至设计桩底的深度。

3. 项目特征中的桩截面（桩径）、混凝土强度等级、桩类型等可直接用标准图代号或设计桩型进行描述。

4. 泥浆护壁成孔灌注桩是指在泥浆护壁条件下成孔，采用水下灌注混凝土的桩。其成孔方法包括冲击钻成孔、冲抓锥成孔、回旋钻成孔、潜水钻成孔、泥浆护壁的旋挖成孔等。

5. 沉管灌注桩的沉管方法包括锤击沉管法、振动沉管法、振动冲击沉管法、内夯沉管法等。

6. 干作业成孔灌注桩是指不用泥浆护壁和套管护壁的情况下，用钻机成孔后，下钢筋笼，灌注混凝土的桩，适用于地下水位以上的土层使用。其成孔方法包括螺旋钻成孔、螺旋钻成孔扩底、干作业的旋挖成孔等。

7. 混凝土种类：指清水混凝土、彩色混凝土、水下混凝土等，如在同一地区既使用预拌（商品）混凝土，又允许现场搅拌混凝土时，也应注明（下同）。

8. 混凝土灌注桩的钢筋笼制作、安装，按本规范附录“混凝土及钢筋混凝土工程”中相关项目编码列项。

5.2 桩基工程清单工程量计算实例

【例 5-1】 某工程需用如图 5-1 所示的预制钢筋混凝土方桩 200 根已知混凝土强度等级为 C25，土壤类别为四类土，求该工程打钢筋混凝土桩的工程量，并编制招标工程量清单。

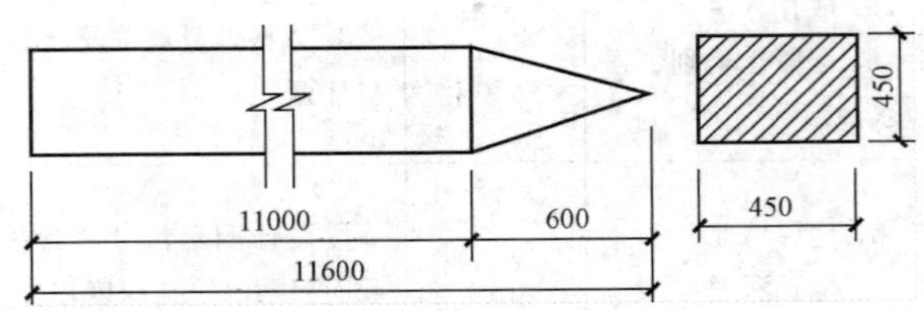

图 5-1 预制钢筋混凝土方桩

解： 土壤类别为四类土，打单桩长度 11.6m，断面 450mm×450mm，混凝土强度等级为 C25 的预制混凝土桩的工程数量为 200 根。

计算公式：按设计图示尺寸以桩长（包括桩尖）或根数计算，则方桩单根工程量：

$$L = 11.6 \times 200 = 2320.00\text{m}$$

$$V = 0.45 \times 0.45 \times 11.6 \times 200 = 469.80\text{m}^3$$

$$数量 = 200 根$$

填写分部分项工程和单价措施项目清单与计价表见表 5-3。

表 5-3　　分部分项工程和单价措施项目清单与计价表

工程名称：某工程预制钢筋混凝土方桩　　　　第 1 页　共 1 页

序号	项目编码	项目名称	项目特征描述	计量单位	工程量	金额/元		
						综合单价	合价	其中 暂估价
1	010301001001	预制钢筋混凝土方桩	1. 地层情况：四类土 2. 桩长：11.6m 3. 桩截面 450mm×450mm 4. 混凝土强度等级 C25	m (m^3) (根)	2320.00 (469.80) (200)			
本页小计								
合计								

第6章 砌 筑 工 程

6.1 砌筑工程清单工程量计算规则

6.1.1 砖砌体

砖砌体工程量清单项目设置、项目特征描述的内容、计量单位及工程量计算规则，应按表6-1的规定执行。

表6-1 **砖砌体（编号：010401）**

项目编码	项目名称	项目特征	计量单位	工程量计算规则	工作内容
010401001	砖基础	1. 砖品种、规格、强度等级 2. 基础类型 3. 砂浆强度等级 4. 防潮层材料种类	m^3	按设计图示尺寸以体积计算 包括附墙垛基础宽出部分体积，扣除地梁（圈梁）、构造柱所占体积，不扣除基础大放脚T形接头处的重叠部分及嵌入基础内的钢筋、铁件、管道、基础砂浆防潮层和单个面积≤0.3m^2的孔洞所占体积，靠墙暖气沟的挑檐不增加 基础长度：外墙按外墙中心线，内墙按内墙净长线计算	1. 砂浆制作、运输 2. 砌砖 3. 防潮层铺设 4. 材料运输
010401002	砖砌挖孔桩护壁	1. 砖品种、规格、强度等级 2. 砂浆强度等级		按设计图示尺寸以立方米计算	1. 砂浆制作、运输 2. 砌砖 3. 材料运输

续表

项目编码	项目名称	项目特征	计量单位	工程量计算规则	工作内容
010401003	实心砖墙	1. 砖品种、规格、强度等级 2. 墙体类型 3. 砂浆强度等级、配合比	m^3	按设计图示尺寸以体积计算 扣除门窗洞口、过人洞、空圈、嵌入墙内的钢筋混凝土柱、梁、圈梁、挑梁、过梁及凹进墙内的壁龛、管槽、暖气槽、消火栓箱所占体积，不扣除梁头、板头、檩头、垫木、木楞头、沿缘木、木砖、门窗走头、砖墙内加固钢筋、木筋、铁件、钢管及单个面积$\leqslant 0.3m^2$的孔洞所占的体积。凸出墙面的腰线、挑檐、压顶、窗台线、虎头砖、门窗套的体积亦不增加。凸出墙面的砖垛并入墙体体积内计算 1. 墙长度：外墙按中心线、内墙按净长计算 2. 墙高度： (1) 外墙：斜（坡）屋面无檐口天棚者算至屋面板底；有屋架且室内外均有天棚者算至屋架下弦底另加200mm；无天棚者算至屋架下弦底另加300mm，出檐宽度超过600mm时按实砌高度计算；有钢筋混凝土楼板隔层者算至板顶。平屋顶算至钢筋混凝土板底 (2) 内墙：位于屋架下弦者，算至屋架下弦底；无屋架者算至天棚底另加100mm；有钢筋混凝土楼板隔层者算至楼板顶；有框架梁时算至梁底 (3) 女儿墙：从屋面板上表面算至女儿墙顶面（如有混凝土压顶时算至压顶下表面） (4) 内、外山墙：按其平均高度计算 3. 框架间墙：不分内外墙按墙体净尺寸以体积计算 4. 围墙：高度算至压顶上表面（如有混凝土压顶时算至压顶下表面），围墙柱并入围墙体积内	1. 砂浆制作、运输 2. 砌砖 3. 刮缝 4. 砖压顶砌筑 5. 材料运输
010401004	多孔砖墙				
010401005	空心砖墙				

续表

项目编码	项目名称	项目特征	计量单位	工程量计算规则	工作内容
010401006	空斗墙	1. 砖品种、规格、强度等级 2. 墙体类型 3. 砂浆强度等级、配合比	m^3	按设计图示尺寸以空斗墙外形体积计算。墙角、内外墙交接处、门窗洞口立边、窗台砖、屋檐处的实砌部分体积并入空斗墙体积内	1. 砂浆制作、运输 2. 砌砖 3. 装填充料 4. 刮缝 5. 材料运输
010401007	空花墙			按设计图示尺寸以空花部分外形体积计算，不扣除空洞部分体积	
010401008	填充墙	1. 砖品种、规格、强度等级 2. 墙体类型 3. 填充材料种类及厚度 4. 砂浆强度等级、配合比		按设计图示尺寸以填充墙外形体积计算	
010401009	实心砖柱	1. 砖品种、规格、强度等级 2. 柱类型 3. 砂浆强度等级、配合比		按设计图示尺寸以体积计算。扣除混凝土及钢筋混凝土梁垫、梁头板头所占体积	1. 砂浆制作、运输 2. 砌砖 3. 刮缝 4. 材料运输
010401010	多孔砖柱				
010401011	砖检查井	1. 井截面、深度 2. 砖品种、规格、强度等级 3. 垫层材料种类、厚度 4. 底板厚度 5. 井盖安装 6. 混凝土强度等级 7. 砂浆强度等级 8. 防潮层材料种类	座	按设计图示数量计算	1. 砂浆制作、运输 2. 铺设垫层 3. 底板混凝土制作、运输、浇筑、振捣、养护 4. 砌砖 5. 刮缝 6. 井池底、壁抹灰 7. 抹防潮层 8. 材料运输
010401012	零星砌砖	1. 零星砌砖名称、部位 2. 砖品种、规格、强度等级 3. 砂浆强度等级、配合比	1. m^3 2. m^2 3. m 4. 个	1. 以立方米计量，按设计图示尺寸截面积乘以长度计算 2. 以平方米计量，按设计图示尺寸水平投影面积计算 3. 以米计量，按设计图示尺寸长度计算 4. 以个计量，按设计图示数量计算	1. 砂浆制作、运输 2. 砌砖 3. 刮缝 4. 材料运输

续表

项目编码	项目名称	项目特征	计量单位	工程量计算规则	工作内容
010401013	砖散水、地坪	1. 砖品种、规格、强度等级 2. 垫层材料种类、厚度 3. 散水、地坪厚度 4. 面层种类、厚度 5. 砂浆强度等级	m^2	按设计图示尺寸以面积计算	1. 土方挖、运、填 2. 地基找平、夯实 3. 铺设垫层 4. 砌砖散水、地坪 5. 抹砂浆面层
010401014	砖地沟、明沟	1. 砖品种、规格、强度等级 2. 沟截面尺寸 3. 垫层材料种类、厚度 4. 混凝土强度等级 5. 砂浆强度等级	m	以米计量，按设计图示以中心线长度计算	1. 土方挖、运、填 2. 铺设垫层 3. 底板混凝土制作、运输、浇筑、振捣、养护 4. 砌砖 5. 刮缝、抹灰 6. 材料运输

注：1. “砖基础”项目适用于各种类型砖基础：柱基础、墙基础、管道基础等。

2. 基础与墙（柱）身使用同一种材料时，以设计室内地面为界（有地下室者，以地下室室内设计地面为界），以下为基础，以上为墙（柱）身。基础与墙身使用不同材料时，位于设计室内地面高度≤±300mm时，以不同材料为分界线，高度>±300mm时，以设计室内地面为分界线。

3. 砖围墙以设计室外地坪为界，以下为基础，以上为墙身。

4. 框架外表面的镶贴砖部分，按零星项目编码列项。

5. 附墙烟囱、通风道、垃圾道应按设计图示尺寸以体积（扣除孔洞所占体积）计算并入所依附的墙体体积内。当设计规定孔洞内需抹灰时，应按本规范附录“墙、柱面装饰与隔断、幕墙工程”中零星抹灰项目编码列项。

6. 空斗墙的窗间墙、窗台下、楼板下、梁头下等的实砌部分，按零星砌砖项目编码列项。

7. “空花墙”项目适用于各种类型的空花墙，使用混凝土花格砌筑的空花墙，实砌墙体与混凝土花格应分别计算，混凝土花格按混凝土及钢筋混凝土中预制构件相关项目编码列项。

8. 台阶、台阶挡墙、梯带、锅台、炉灶、蹲台、池槽、池槽腿、砖胎模、花台、花池、楼梯栏板、阳台栏板、地垄墙、≤0.3m^2的孔洞填塞等，应按零星砌砖项目编码列项。砖砌锅台与炉灶可按外形尺寸以个计算，砖砌台阶可按水平投影面积以平方米计算，小便槽、地垄墙可按长度计算、其他工程按立方米计算。

9. 砖砌体内钢筋加固，应按本规范附录“混凝土及钢筋混凝土工程”中相关项目编码列项。

10. 砖砌体勾缝按本规范附录“墙、柱面装饰与隔断、幕墙工程”中相关项目编码列项。

11. 检查井内的爬梯按本附录“混凝土及钢筋混凝土工程”中相关项目编码列项；井内的混凝土构件按附录“混凝土及钢筋混凝土工程”中混凝土及钢筋混凝土预制构件编码列项。

12. 如施工图设计标注做法见标准图集时，应在项目特征描述中注明标注图集的编码、页号及节点大样。

6.1.2 砌块砌体

砌块砌体工程量清单项目设置、项目特征描述的内容、计量单位及工程量计算规则，应按表6-2的规定执行。

表6-2　　砌块砌体（编号：010402）

项目编码	项目名称	项目特征	计量单位	工程量计算规则	工作内容
010402001	砌块墙	1. 砌块品种、规格、强度等级 2. 墙体类型 3. 砂浆强度等级	m^3	按设计图示尺寸以体积计算。扣除门窗洞口、过人洞、空圈、嵌入墙内的钢筋混凝土柱、梁、圈梁、挑梁、过梁及凹进墙内的壁龛、管槽、暖气槽、消火栓箱所占体积，不扣除梁头、板头、檩头、垫木、木楞头、沿缘木、木砖、门窗走头、砌块墙内加固钢筋、木筋、铁件、钢管及单个面积≤0.3m^2的孔洞所占的体积。凸出墙面的腰线、挑檐、压顶、窗台线、虎头砖、门窗套的体积亦不增加。凸出墙面的砖垛并入墙体体积内计算 1. 墙长度：外墙按中心线、内墙按净长计算 2. 墙高度： （1）外墙：斜（坡）屋面无檐口天棚者算至屋面板底；有屋架且室内外均有天棚者算至屋架下弦底另加200mm；无天棚者算至屋架下弦底另加300mm，出檐宽度超过600mm时按实砌高度计算；与钢筋混凝土楼板隔层者算至板顶；平屋面算至钢筋混凝土板底 （2）内墙：位于屋架下弦者，算至屋架下弦底；无屋架者算至天棚底另加100mm；有钢筋混凝土楼板隔层者算至楼板顶；有框架梁时算至梁底 （3）女儿墙：从屋面板上表面算至女儿墙顶面（如有混凝土压顶时算至压顶下表面） （4）内、外山墙：按其平均高度计算 3. 框架间墙：不分内外墙按墙体净尺寸以体积计算 4. 围墙：高度算至压顶上表面（如有混凝土压顶时算至压顶下表面），围墙柱并入围墙体积内	1. 砂浆制作、运输 2. 砌砖、砌块 3. 勾缝 4. 材料运输

续表

项目编码	项目名称	项目特征	计量单位	工程量计算规则	工作内容
010402002	砌块柱	1. 砌块品种、规格、强度等级 2. 墙体类型 3. 砂浆强度等级	m^3	按设计图示尺寸以体积计算。扣除混凝土及钢筋混凝土梁垫、梁头、板头所占体积	1. 砂浆制作、运输 2. 砌砖、砌块 3. 勾缝 4. 材料运输

注：1. 砌体内加筋、墙体拉结的制作、安装，应按附录“混凝土及钢筋混凝土工程”中相关项目编码列项。

2. 砌块排列应上、下错缝搭砌，如果搭错缝长度满足不了规定的压搭要求，应采取压砌钢筋网片的措施，具体构造要求按设计规定。若设计无规定时，应注明由投标人根据工程实际情况自行考虑。钢筋网片按本规范附录“金属结构工程”中相应编码列项。

3. 砌体垂直灰缝宽＞30mm 时，采用 C20 细石混凝土灌实。灌注的混凝土应按附录“混凝土及钢筋混凝土工程”相关项目编码列项。

6.1.3 石砌体

石砌体工程量清单项目设置、项目特征描述的内容、计量单位及工程量计算规则，应按表 6 - 3 的规定执行。

表 6 - 3　　石砌体（编号：010403）

项目编码	项目名称	项目特征	计量单位	工程量计算规则	工作内容
010403001	石基础	1. 石料种类、规格 2. 基础类型 3. 砂浆强度等级	m^3	按设计图示尺寸以体积计算包括附墙垛基础宽出部分体积，不扣除基础砂浆防潮层及单个面积≤0.3m^2 的孔洞所占体积，靠墙暖气沟的挑檐不增加体积。基础长度：外墙按中心线，内墙按净长计算	1. 砂浆制作、运输 2. 吊装 3. 砌石 4. 防潮层铺设 5. 材料运输
010403002	石勒脚	1. 石料种类、规格 2. 石表面加工要求 3. 勾缝要求 4. 砂浆强度等级、配合比		按设计图示尺寸以体积计算，扣除单个面积＞0.3m^2 的孔洞所占的体积	1. 砂浆制作、运输 2. 吊装 3. 砌石 4. 石表面加工 5. 勾缝 6. 材料运输

续表

项目编码	项目名称	项目特征	计量单位	工程量计算规则	工作内容
010403003	石墙	1. 石料种类、规格 2. 石表面加工要求 3. 勾缝要求 4. 砂浆强度等级、配合比	m^3	按设计图示尺寸以体积计算。扣除门窗洞口、过人洞、空圈、嵌入墙内的钢筋混凝土柱、梁、圈梁、挑梁、过梁及凹进墙内的壁龛、管槽、暖气槽、消火栓箱所占体积，不扣除梁头、板头、檩头、垫木、木楞头、沿缘木、木砖、门窗走头、石墙内加固钢筋、木筋、铁件、钢管及单个面积≤0.3m^2 的孔洞所占的体积。凸出墙面的腰线、挑檐、压顶、窗台线、虎头砖、门窗套的体积亦不增加。凸出墙面的砖垛并入墙体体积内计算 1. 墙长度：外墙按中心线、内墙按净长计算 2. 墙高度： (1) 外墙：斜（坡）屋面无檐口天棚者算至屋面板底；有屋架且室内外均有天棚者算至屋架下弦底另加 200mm；无天棚者算至屋架下弦底另加 300mm，出檐宽度超过 600mm 时按实砌高度计算；平屋顶算至钢筋混凝土板底 (2) 内墙：位于屋架下弦者，算至屋架下弦底；无屋架者算至天棚底另加 100mm；有钢筋混凝土楼板隔层者算至楼板顶；有框架梁时算至梁底 (3) 女儿墙：从屋面板上表面算至女儿墙顶面（如有混凝土压顶时算至压顶下表面） (4) 内、外山墙：按其平均高度计算 3. 围墙：高度算至压顶上表面（如有混凝土压顶时算至压顶下表面），围墙柱并入围墙体积内	1. 砂浆制作、运输 2. 吊装 3. 砌石 4. 石表面加工 5. 勾缝 6. 材料运输

续表

<table>
<tr><th>项目编码</th><th>项目名称</th><th>项目特征</th><th>计量单位</th><th>工程量计算规则</th><th>工作内容</th></tr>
<tr><td>010403004</td><td>石挡土墙</td><td rowspan="3">1. 石料种类、规格
2. 石表面加工要求
3. 勾缝要求
4. 砂浆强度等级、配合比</td><td rowspan="2">m^3</td><td rowspan="2">按设计图示尺寸以体积计算</td><td>1. 砂浆制作、运输
2. 吊装
3. 砌石
4. 变形缝、泄水孔、压顶抹灰
5. 滤水层
6. 勾缝
7. 材料运输</td></tr>
<tr><td>010403005</td><td>石柱</td><td rowspan="3">1. 砂浆制作、运输
2. 吊装
3. 砌石
4. 石表面加工
5. 勾缝
6. 材料运输</td></tr>
<tr><td>010403006</td><td>石栏杆</td><td>m</td><td>按设计图示以长度计算</td></tr>
<tr><td>010403007</td><td>石护坡</td><td rowspan="3">1. 垫层材料种类、厚度
2. 石料种类、规格
3. 护坡厚度、高度
4. 石表面加工要求
5. 勾缝要求
6. 砂浆强度等级、配合比</td><td rowspan="2">m^3</td><td rowspan="2">按设计图示尺寸以体积计算</td></tr>
<tr><td>010403008</td><td>石台阶</td><td rowspan="2">1. 铺设垫层
2. 石料加工
3. 砂浆制作、运输
4. 砌石
5. 石表面加工
6. 勾缝
7. 材料运输</td></tr>
<tr><td>010403009</td><td>石坡道</td><td>m^2</td><td>按设计图示以水平投影面积计算</td></tr>
<tr><td>010403010</td><td>石地沟、明沟</td><td>1. 沟截面尺寸
2. 土壤类别、运距
3. 垫层材料种类、厚度
4. 石料种类、规格
5. 石表面加工要求
6. 勾缝要求
7. 砂浆强度等级、配合比</td><td>m</td><td>按设计图示以中心线长度计算</td><td>1. 土方挖、运
2. 砂浆制作、运输
3. 铺设垫层
4. 砌石
5. 石表面加工
6. 勾缝
7. 回填
8. 材料运输</td></tr>
</table>

注：1. 石基础、石勒脚、石墙的划分：基础与勒脚应以设计室外地坪为界。勒脚与墙身应以设计室内地面为界。石围墙内外地坪标高不同时，应以较低地坪标高为界，以下为基础；内外标高之差为挡土墙时，挡土墙以上为墙身。

2. “石基础”项目适用于各种规格（粗料石、细料石等）、各种材质（砂石、青石等）和各种类型（柱基、墙基、直形、弧形等）基础。

3. “石勒脚”“石墙”项目适用于各种规格（粗料石、细料石等）、各种材质（砂石、青石、大理石、花岗石等）和各种类型（直形、弧形等）勒脚和墙体。

4. “石挡土墙”项目适用于各种规格（粗料石、细料石、块石、毛石、卵石等）、各种材质（砂石、青石、石灰石等）和各种类型（直形、弧形、台阶形等）挡土墙。
5. “石柱”项目适用于各种规格、各种石质、各种类型的石柱。
6. “石栏杆”项目适用于无雕饰的一般石栏杆。
7. “石护坡”项目适用于各种石质和各种石料（粗料石、细料石、片石、块石、毛石、卵石等）。
8. “石台阶”项目包括石梯带（垂带），不包括石梯膀，石梯膀应按附录C石挡土墙项目编码列项。
9. 如施工图设计标注做法见标准图集时，应在项目特征描述中注明标注图集的编码、页号及节点大样。

6.1.4 垫层

垫层工程量清单项目设置、项目特征描述的内容、计量单位及工程量计算规则，应按表6-4的规定执行。

表6-4　　垫层（编号：010404）

项目编码	项目名称	项目特征	计量单位	工程量计算规则	工作内容
010404001	垫层	垫层材料种类、配合比、厚度	m^3	按设计图示尺寸以立方米计算	1. 垫层材料的拌制 2. 垫层铺设 3. 材料运输

注：除混凝土垫层应按附录“混凝土及钢筋混凝土工程”中相关项目编码列项外，没有包括垫层要求的清单项目应按本表垫层项目编码列项。

6.1.5 相关问题及说明

（1）标准砖尺寸应为240mm×115mm×53mm。

（2）标准砖墙厚度应按表6-5计算。

表6-5　　标准砖墙计算厚度表

砖数（厚度）	1/4	1/2	3/4	1	$1\frac{1}{2}$	2	$2\frac{1}{2}$	3
计算厚度/mm	53	115	180	240	365	490	615	740

6.2 砌筑工程清单工程量计算实例

【例6-1】 已知某建筑A轴外墙砖基础，截面尺寸如图6-1所示，中心线长度为39.30m，高1.00m，具体做法为：100mm厚素混凝土垫层C15，20mm厚1∶2防水砂浆防潮层一道，砖基础，水泥砂浆M5砌筑。试根据《建设工程工程量清单计价规范》（GB 50500—2013）、《房屋建筑与装饰工程工程量计算规范》（GB 50854—2013）计算砖基础清单工程量，并编制招标工程量清单。

解：大放脚增加断面积和折加高度，砖基础大放脚示意图如图6-3所示，可根据不同基础墙厚和不同台阶数直接查表确定。大放脚折加高度见表6-6。

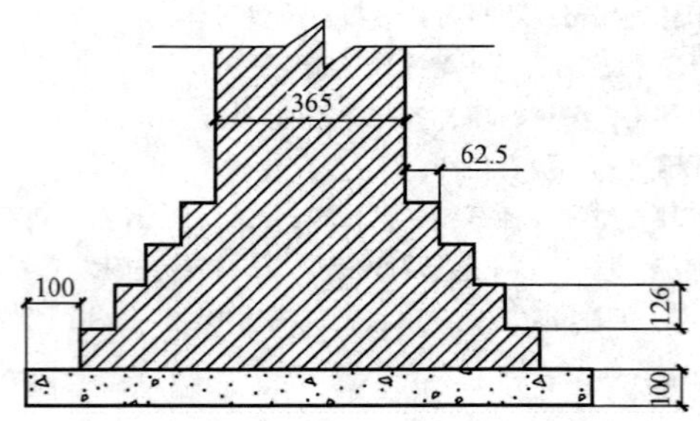

图 6-1　外墙砖基础截面图

表 6-6　　等高式砖墙基大放脚折加高度表

放脚步数	折加高度/m							增加断面积/m²
	0.5 砖	0.75 砖	1 砖	1.5 砖	2 砖	2.5 砖	3 砖	
一	0.137	0.088	0.066	0.043	0.032	0.026	0.021	0.0158
二	0.411	0.263	0.197	0.129	0.096	0.077	0.064	0.0473
三	0.822	0.525	0.394	0.259	0.193	0.154	0.128	0.0945
四	1.369	0.875	0.656	0.432	0.321	0.256	0.123	0.1575
五	2.054	1.313	0.984	0.647	0.482	0.384	0.319	0.2363
六	2.876	1.838	1.378	0.906	0.675	0.538	0.447	0.3308

注：本表按标准砖双面放脚每步等高 126mm，砌出 62.5mm 计算；本表折加高度以双面放脚为准。(如为单面放脚乘以系数 0.50)。

砖基础断面积计算示意如图 6-2 所示，根据施工图计算砖基础清单工程量（表 6-7）：

$$V=(0.432+1.00)\times 0.365\times 39.30=20.54(\text{m}^3)$$

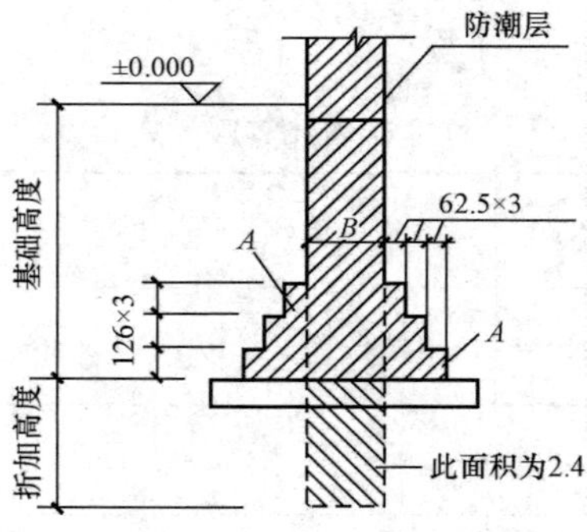

图 6-2　砖基础断面积计算示意图

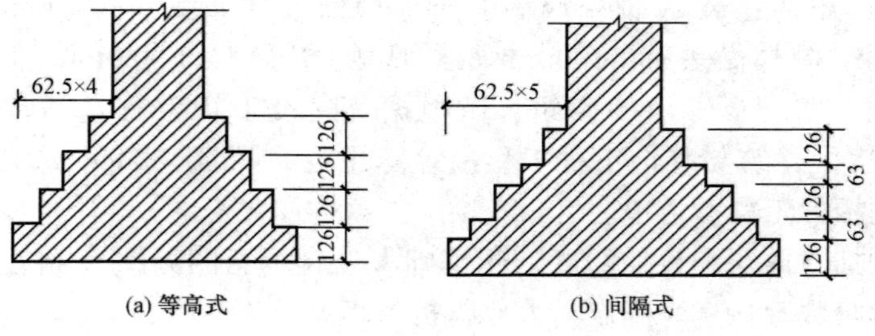

图 6-3　砖基础大放脚示意图

表6-7　　分部分项工程和单价措施项目清单与计价表

工程名称：某建筑　　第1页 共1页

序号	项目编码	项目名称	项目特征描述	计量单位	工程量	金额/元		
						综合单价	合价	其中 暂估价
1	010401001001	砖基础	1. 砖品种、规格、强度等级：页岩标准砖 MU15 240mm×115mm×53mm 2. 基础类型：带型基础 3. 砂浆强度等级：M5-S-3 4. 防潮层材料种类：20mm厚1∶2防水砂浆	m^3	20.54			
本页小计								
合计								

【例6-2】 某建筑物砖基础施工图如图6-4、图6-5所示，具体做法为：300mm厚素混凝土垫层C10，20mm 1∶2防水砂浆防潮层一道，M5-S-3水泥砂浆砌筑砖基础。试计算砖基础清单工程量，并编制招标工程量清单。

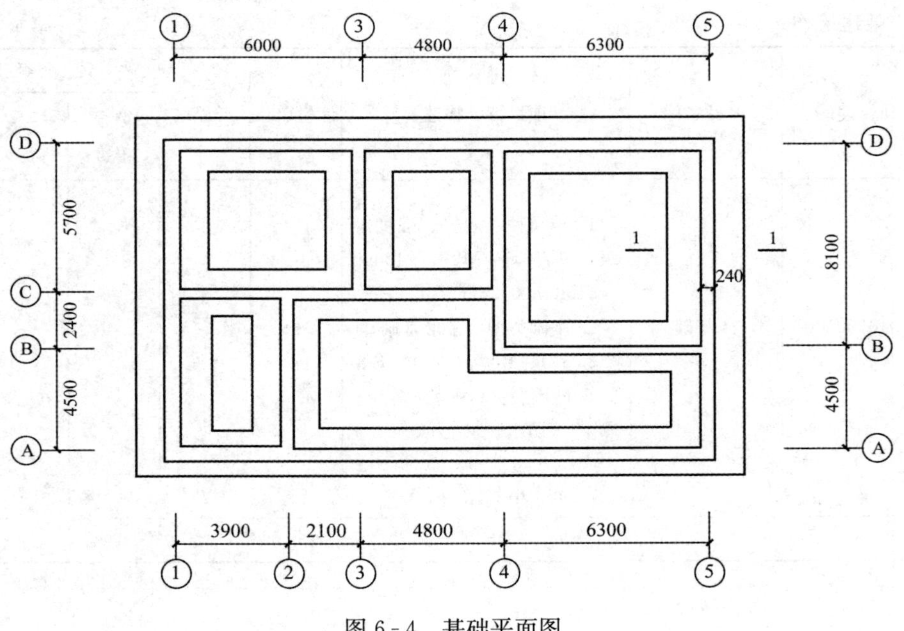

图6-4 基础平面图

解：根据基础施工图计算砖基础清单工程量：

$$L_{中} = [(4.5+2.4+5.7)+(3.9+6.9+6.3)]\times 2 = 59.40(m)$$

$$L_{内} = (5.7-0.24)+(8.1-0.24)+(4.5+2.4-0.24)+(6.0+4.8-0.24)+6.3 = 36.84(m)$$

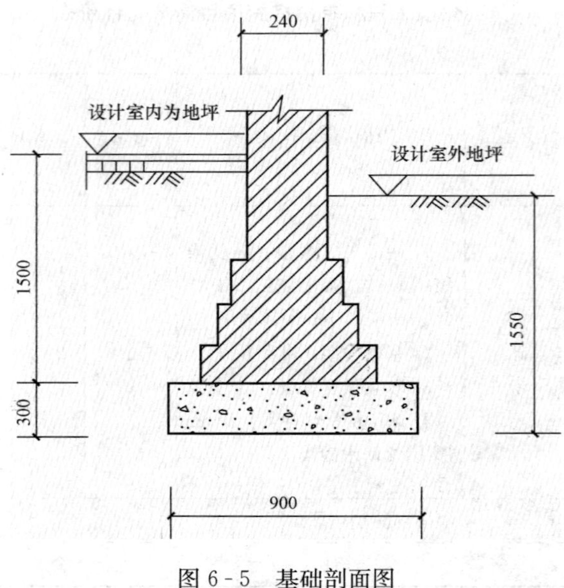

图 6-5 基础剖面图

$$V=(0.394+1.50)\times 0.24\times(59.4+36.84)=43.74(m^3)$$

工程量清单见表 6-8。

表 6-8　　分部分项工程和单价措施项目清单与计价表

工程名称：某建筑物　　第 1 页　共 1 页

序号	项目编码	项目名称	项目特征描述	计量单位	工程量	金额/元		
						综合单价	合价	其中
								暂估价
1	010401001001	砖基础	1. 砖品种、规格、强度等级：页岩标砖 MU15 240mm×115mm×53mm 2. 基础类型：带形基础 3. 砂浆强度等级：M5-S-3 4. 防潮层材料种类：20mm 厚 1∶2 防水砂浆	m³	43.74			
本页小计								
合计								

第7章　混凝土及钢筋混凝土工程

7.1　混凝土及钢筋混凝土工程清单工程量计算规则

7.1.1　现浇混凝土基础

现浇混凝土基础工程量清单项目设置、项目特征描述的内容、计量单位、工程量计算规则应按表7-1的规定执行。

表7-1　　现浇混凝土基础（编号：010501）

项目编码	项目名称	项目特征	计量单位	工程量计算规则	工作内容
010501001	垫层	1. 混凝土种类 2. 混凝土强度等级	m^3	按设计图示尺寸以体积计算。不扣除伸入承台基础的桩头所占体积	1. 模板及支撑制作、安装、拆除、堆放、运输及清理模内杂物、刷隔离剂等 2. 混凝土制作、运输、浇筑、振捣、养护
010501002	带形基础				
010501003	独立基础				
010501004	满堂基础				
010501005	桩承台基础				
010501006	设备基础	1. 混凝土种类 2. 混凝土强度等级 3. 灌浆材料及材料强度等级			

注：1. 有肋带形基础、无肋带形基础应按表7-1中相关项目列项，并注明肋高。
2. 箱式满堂基础中柱、梁、墙、板按表7-2、表7-3、表7-4、表7-5相关项目分别编码列项；箱式满堂基础底板按表7-1的满堂基础项目列项。
3. 框架式设备基础中柱、梁、墙、板分别按表7-2、表7-3、表7-4、表7-5相关项目编码列项；基础部分按表7-1相关项目编码列项。
4. 如为毛石混凝土基础，项目特征应描述毛石所占比例。

7.1.2　现浇混凝土柱

现浇混凝土柱工程量清单项目设置、项目特征描述的内容、计量单位、工程量计算规则应按表7-2的规定执行。

表 7-2 现浇混凝土柱（编号：010502）

项目编码	项目名称	项目特征	计量单位	工程量计算规则	工作内容
010502001	矩形柱	1. 混凝土种类 2. 混凝土强度等级	m^3	按设计图示尺寸以体积计算 柱高： 1. 有梁板的柱高，应自柱基上表面（或楼板上表面）至上一层楼板上表面之间的高度计算 2. 无梁板的柱高，应自柱基上表面（或楼板上表面）至柱帽下表面之间的高度计算 3. 框架柱的柱高：应自柱基上表面至柱顶高度计算 4. 构造柱按全高计算，嵌接墙体部分（马牙槎）并入柱身体积 5. 依附柱上的牛腿和升板的柱帽，并入柱身体积计算	1. 模板及支架（撑）制作、安装、拆除、堆放、运输及清理模内杂物、刷隔离剂等 2. 混凝土制作、运输、浇筑、振捣、养护
010502002	构造柱				
010502003	异形柱	1. 柱形状 2. 混凝土种类 3. 混凝土强度等级			

注：混凝土种类指清水混凝土、彩色混凝土等，如在同一地区既使用预拌（商品）混凝土、又允许现场搅拌混凝土时，也应注明（下同）。

7.1.3 现浇混凝土梁

现浇混凝土梁工程量清单项目设置、项目特征描述的内容、计量单位、工程量计算规则应按表 7-3 的规定执行。

表 7-3 现浇混凝土梁（编号：010503）

项目编码	项目名称	项目特征	计量单位	工程量计算规则	工作内容
010503001	基础梁	1. 混凝土种类 2. 混凝土强度等级	m^3	按设计图示尺寸以体积计算。伸入墙内的梁头、梁垫并入梁体积内 梁长： 1. 梁与柱连接时，梁长算至柱侧面 2. 主梁与次梁连接时，次梁长算至主梁侧面	1. 模板及支架（撑）制作、安装、拆除、堆放、运输及清理模内杂物、刷隔离剂等 2. 混凝土制作、运输、浇筑、振捣、养护
010503002	矩形梁				
010503003	异形梁				
010503004	圈梁				
010503005	过梁				
010503006	弧形、拱形梁				

7.1.4 现浇混凝土墙

现浇混凝土墙工程量清单项目设置、项目特征描述的内容、计量单位、工程量计算规则应按表 7-4 的规定执行。

表 7-4　　现浇混凝土墙（编号：010504）

项目编码	项目名称	项目特征	计量单位	工程量计算规则	工作内容
010504001	直形墙	1. 混凝土种类 2. 混凝土强度等级	m^3	按设计图示尺寸以体积计算。扣除门窗洞口及单个面积 $>0.3m^2$ 的孔洞所占体积，墙垛及突出墙面部分并入墙体体积计算内	1. 模板及支架（撑）制作、安装、拆除、堆放、运输及清理模内杂物、刷隔离剂等 2. 混凝土制作、运输、浇筑、振捣、养护
010504002	弧形墙				
010504003	短肢剪力墙				
010504004	挡土墙				

注：短肢剪力墙是指截面厚度不大于 300mm、各肢截面高度与厚度之比的最大值大于 4 但不大于 8 的剪力墙；各肢截面高度与厚度之比的最大值不大于 4 的剪力墙按柱项目编码列项。

7.1.5 现浇混凝土板

现浇混凝土板工程量清单项目设置、项目特征描述的内容、计量单位、工程量计算规则应按表 7-5 的规定执行。

表 7-5　　现浇混凝土板（编号：010505）

项目编码	项目名称	项目特征	计量单位	工程量计算规则	工作内容
010505001	有梁板	1. 混凝种类 2. 混凝土强度等级	m^3	按设计图示尺寸以体积计算，不扣除单个面积 $\leqslant 0.3m^2$ 的柱、垛以及孔洞所占体积。压形钢板混凝土楼板扣除构件内压形钢板所占体积。有梁板（包括主、次梁与板）按梁、板体积之和计算，无梁板按板和柱帽体积之和计算，各类板伸入墙内的板头并入板体积内，薄壳板的肋、基梁并入薄壳体积内计算	1. 模板及支架（撑）制作、安装、拆除、堆放、运输及清理模内杂物、刷隔离剂等 2. 混凝土制作、运输、浇筑、振捣、养护
010505002	无梁板				
010505003	平板				
010505004	拱板				
010505005	薄壳板				
010505006	栏板				

续表

项目编码	项目名称	项目特征	计量单位	工程量计算规则	工作内容
010505007	天沟（檐沟）、挑檐板	1. 混凝种类 2. 混凝土强度等级	m^3	按设计图示尺寸以体积计算	1. 模板及支架（撑）制作、安装、拆除、堆放、运输及清理模内杂物、刷隔离剂等 2. 混凝土制作、运输、浇筑、振捣、养护
010505008	雨篷、悬挑板、阳台板			按设计图示尺寸以墙外部分体积计算。包括伸出墙外的牛腿和雨篷反挑檐的体积	
010505009	空心板			按设计图示尺寸以体积计算。空心板（GBF 高强薄壁蜂巢芯板等）应扣除空心部分体积	
0105050010	其他板			按设计图示尺寸以体积计算	

注：现浇挑檐、天沟板、雨篷、阳台与板（包括屋面板、楼板）连接时，以外墙外边线为分界线；与圈梁（包括其他梁）连接时，以梁外边线为分界线。外边线以外为挑檐、天沟、雨篷或阳台。

7.1.6 现浇混凝土楼梯

现浇混凝土楼梯工程量清单项目设置、项目特征描述的内容、计量单位、工程量计算规则应按表 7-6 的规定执行。

表 7-6　现浇混凝土楼梯（编号：010506）

项目编码	项目名称	项目特征	计量单位	工程量计算规则	工作内容
010506001	直形楼梯	1. 混凝土种类 2. 混凝土强度等级	1. m^2 2. m^3	1. 以平方米计量，按设计图示尺寸以水平投影面积计算。不扣除宽度≤500mm 的楼梯井，伸入墙内部分不计算 2. 以立方米计量，按设计图示尺寸以体积计算	1. 模板及支架（撑）制作、安装、拆除、堆放、运输及清理模内杂物、刷隔离剂等 2. 混凝土制作、运输、浇筑、振捣、养护
010506002	弧形楼梯				

注：整体楼梯（包括直形楼梯、弧形楼梯）水平投影面积包括休息平台、平台梁、斜梁和楼梯的连接梁。当整体楼梯与现浇楼板无梯梁连接时，以楼梯的最后一个踏步边缘加 300mm 为界。

7.1.7　现浇混凝土其他构件

现浇混凝土其他构件工程量清单项目设置、项目特征描述的内容、计量单位、工程量计算规则应按表 7-7 的规定执行。

表 7-7　　现浇混凝土其他构件（编号：010507）

项目编码	项目名称	项目特征	计量单位	工程量计算规则	工作内容
010507001	散水、坡道	1. 垫层材料种类、厚度 2. 面层厚度 3. 混凝土种类 4. 混凝土强度等级 5. 变形缝填塞材料种类	m^2	按设计图示尺寸以面积计算。不扣除单个≤0.3m^2 的孔洞所占面积	1. 地基夯实 2. 铺设垫层 3. 模板及支撑制作、安装、拆除、堆放、运输及清理模内杂物、刷隔离剂等 4. 混凝土制作、运输、浇筑、振捣、养护 5. 变形缝填塞
010507002	室外地坪	1. 地坪厚度 2. 混凝土强度等级			
010507003	电缆沟、地沟	1. 土壤类别 2. 沟截面净空尺寸 3. 垫层材料种类、厚度 4. 混凝土种类 5. 混凝土强度等级 6. 防护材料种类	m	按设计图示以中心线长计算	1. 挖填、运土石方 2. 铺设垫层 3. 模板及支撑制作、安装、拆除、堆放、运输及清理模内杂物、刷隔离剂等 4. 混凝土制作、运输、浇筑、振捣、养护 5. 刷防护材料
010507004	台阶	1. 踏步高、宽 2. 混凝土种类 3. 混凝土强度等级	1. m^2 2. m^3	1. 以平方米计量，按设计图示尺寸水平投影面积计算 2. 以立方米计量，按设计图示尺寸以体积计算	1. 模板及支撑制作、安装、拆除、堆放、运输及清理模内杂物、刷隔离剂等 2. 混凝土制作、运输、浇筑、振捣、养护

续表

<table>
<tr><th>项目编码</th><th>项目名称</th><th>项目特征</th><th>计量单位</th><th>工程量计算规则</th><th>工作内容</th></tr>
<tr><td>010507005</td><td>扶手、压顶</td><td>1. 断面尺寸
2. 混凝土种类
3. 混凝土强度等级</td><td>1. m
2. m^3</td><td>1. 以米计量，按设计图示的延长米计算
2. 以立方米计量，按设计图示尺寸以体积计算</td><td rowspan="3">1. 模板及支架（撑）制作、安装、拆除、堆放、运输及清理模内杂物、刷隔离剂等
2. 混凝土制作、运输、浇筑、振捣、养护</td></tr>
<tr><td>010507006</td><td>化粪池、检查井</td><td>1. 部位
2. 混凝土强度等级
3. 防水、抗渗要求</td><td>1. m^2
2. 座</td><td rowspan="2">1. 按设计图示尺寸以体积计算
2. 以座计量，按设计图示数量计算</td></tr>
<tr><td>010507007</td><td>其他构件</td><td>1. 构件的类型
2. 构件规格
3. 部位
4. 混凝土类别
5. 混凝土强度等级</td><td>m^2</td></tr>
</table>

注：1. 凝土小型池槽、垫块、门框等，应按表 7-7 中其他构件项目编码列项。

2. 架空式混凝土台阶，按现浇楼梯计算。

7.1.8 后浇带

后浇带工程量清单项目设置、项目特征描述的内容、计量单位、工程量计算规则应按表 7-8 的规定执行。

表 7-8　　后浇带（编号：010508）

项目编码	项目名称	项目特征	计量单位	工程量计算规则	工作内容
010508001	后浇带	1. 混凝土种类 2. 混凝土强度等级	m^3	按设计图示尺寸以体积计算	1. 模板及支架（撑）制作、安装、拆除、堆放、运输及清理模内杂物、刷隔离剂等 2. 混凝土制作、运输、浇筑、振捣、养护及混凝土交接面、钢筋等的清理

7.1.9 预制混凝土柱

预制混凝土柱工程量清单项目设置、项目特征描述的内容、计量单位、工程量计算规则应按表 7-9 的规定执行。

表 7-9　　预制混凝土柱（编号：010509）

项目编码	项目名称	项目特征	计量单位	工程量计算规则	工作内容
010509001	矩形柱	1. 图代号 2. 单件体积 3. 安装高度 4. 混凝土强度等级 5. 砂浆（细石混凝土）强度等级、配合比	1. m^3 2. 根	1. 以立方米计量，按设计图示尺寸以体积计算。不扣除构件内钢筋、预埋铁件所占体积 2. 以根计量，按设计图示尺寸以数量计算	1. 模板制作、安装、拆除、堆放、运输及清理模内杂物、刷隔离剂等 2. 混凝土制作、运输、浇筑、振捣、养护 3. 构件运输、安装 4. 砂浆制作、运输 5. 接头灌缝、养护
010509002	异形柱				

注：以根计量，必须描述单件体积。

7.1.10　预制混凝土梁

预制混凝土梁工程量清单项目设置、项目特征描述的内容、计量单位、工程量计算规则应按表 7-10 的规定执行。

表 7-10　　预制混凝土梁（编号：010510）

项目编码	项目名称	项目特征	计量单位	工程量计算规则	工作内容
010510001	矩形梁	1. 图代号 2. 单件体积 3. 安装高度 4. 混凝土强度等级 5. 砂浆（细石混凝土）强度等级、配合比	1. m^3 2. 根	1. 以立方米计量，按设计图示尺寸以体积计算 2. 以根计量，按设计图示尺寸以数量计算	1. 模板制作、安装、拆除、堆放、运输及清理模内杂物、刷隔离剂等 2. 混凝土制作、运输、浇筑、振捣、养护 3. 构件运输、安装 4. 砂浆制作、运输 5. 接头灌缝、养护
010510002	异形梁				
010510003	过梁				
010510004	拱形梁				
010510005	鱼腹式吊车梁				
010510006	风道梁				

注：以根计量，必须描述单件体积。

7.1.11　预制混凝土屋架

预制混凝土屋架工程量清单项目设置、项目特征描述的内容、计量单位、工程量计算规则应按表 7-11 的规定执行。

表 7-11　　预制混凝土屋架（编号：010511）

<table>
<tr><th>项目编码</th><th>项目名称</th><th>项目特征</th><th>计量单位</th><th>工程量计算规则</th><th>工作内容</th></tr>
<tr><td>010511001</td><td>折线型</td><td rowspan="5">1. 图代号
2. 单件体积
3. 安装高度
4. 混凝土强度等级
5. 砂浆（细石混凝土）强度等级、配合比</td><td rowspan="5">1. m^3
2. 榀</td><td rowspan="5">1. 以立方米计量，按设计图示尺寸以体积计算。不扣除构件内钢筋、预埋铁件所占体积
2. 以榀计量，按设计图示尺寸以数量计算</td><td rowspan="5">1. 模板制作、安装、拆除、堆放、运输及清理模内杂物、刷隔离剂等
2. 混凝土制作、运输、浇筑、振捣、养护
3. 构件运输、安装
4. 砂浆制作、运输
5. 接头灌缝、养护</td></tr>
<tr><td>010511002</td><td>组合</td></tr>
<tr><td>010511003</td><td>薄腹</td></tr>
<tr><td>010511004</td><td>门式刚架</td></tr>
<tr><td>010511005</td><td>天窗架</td></tr>
</table>

注：1. 以榀计量，必须描述单件体积。

2. 三角形屋架应按表 7-11 中折线型屋架项目编码列项。

7.1.12　预制混凝土板

预制混凝土板工程量清单项目设置、项目特征描述的内容、计量单位、工程量计算规则应按表 7-12 的规定执行。

表 7-12　　预制混凝土板（编号：010512）

<table>
<tr><th>项目编码</th><th>项目名称</th><th>项目特征</th><th>计量单位</th><th>工程量计算规则</th><th>工作内容</th></tr>
<tr><td>010512001</td><td>平板</td><td rowspan="7">1. 图代号
2. 单件体积
3. 安装高度
4. 混凝土强度等级
5. 砂浆（细石混凝土）强度等级、配合比</td><td rowspan="7">1. m^3
2. 块</td><td rowspan="7">1. 以立方米计量，按设计图示尺寸以体积计算。不扣除构件内钢筋、预埋铁件及单个尺寸≤300mm×300mm 的孔洞所占体积，扣除空心板空洞体积
2. 以块计量，按设计图示尺寸以数量计算</td><td rowspan="8">1. 模板制作、安装、拆除、堆放、运输及清理模内杂物、刷隔离剂等
2. 混凝土制作、运输、浇筑、振捣、养护
3. 构件运输、安装
4. 砂浆制作、运输
5. 接头灌缝、养护</td></tr>
<tr><td>010512002</td><td>空心板</td></tr>
<tr><td>010512003</td><td>槽形板</td></tr>
<tr><td>010512004</td><td>网架板</td></tr>
<tr><td>010512005</td><td>折线板</td></tr>
<tr><td>010512006</td><td>带肋板</td></tr>
<tr><td>010512007</td><td>大型板</td></tr>
<tr><td>010512008</td><td>沟盖板、井盖板、井圈</td><td>1. 单件体积
2. 安装高度
3. 混凝土强度等级
4. 砂浆强度等级、配合比</td><td>1. m^3
2. 块（套）</td><td>1. 以立方米计量，按设计图示尺寸以体积计算。不扣除构件内钢筋、预埋铁件所占体积
2. 以块计量，按设计图示尺寸以数量计算</td></tr>
</table>

注：1. 以块、套计量，必须描述单件体积。

2. 不带肋的预制遮阳板、雨篷板、挑檐板、拦板等，应按本表中平板项目编码列项。

3. 预制 F 形板、双 T 形板、单肋板和带反挑檐的雨篷板、挑檐板、遮阳板等，应按本表中带肋板项目编码列项。

4. 预制大型墙板、大型楼板、大型屋面板等，按本表中大型板项目编码列项。

7.1.13　预制混凝土楼梯

预制混凝土楼梯工程量清单项目设置、项目特征描述的内容、计量单位、工程量计算规则应按表 7-13 的规定执行。

表 7-13　　预制混凝土楼梯（编号：010513）

项目编码	项目名称	项目特征	计量单位	工程量计算规则	工作内容
010513001	楼梯	1. 楼梯类型 2. 单件体积 3. 混凝土强度等级 4. 砂浆（细石混凝土）强度等级	1. m^3 2. 段	1. 以立方米计量，按设计图示尺寸以体积计算。不扣除构件内钢筋、预埋铁件所占体积，扣除空心踏步板空洞体积 2. 以段计量，按设计图示数量计算	1. 模板制作、安装、拆除、堆放、运输及清理模内杂物、刷隔离剂等 2. 混凝土制作、运输、浇筑、振捣、养护 3. 构件运输、安装 4. 砂浆制作、运输 5. 接头灌缝、养护

注：以块计量，必须描述单件体积。

7.1.14　其他预制构件

其他预制构件工程量清单项目设置、项目特征描述的内容、计量单位、工程量计算规则应按表 7-14 的规定执行。

表 7-14　　其他预制构件（编号：010514）

项目编码	项目名称	项目特征	计量单位	工程量计算规则	工作内容
010514001	垃圾道、通风道、烟道	1. 单件体积 2. 混凝土强度等级 3. 砂浆强度等级	1. m^3 2. m^2 3. 根（块）	1. 以立方米计量，按设计图示尺寸以体积计算。不扣除构件内钢筋、预埋铁件及单个面积≤300mm×300mm 的孔洞所占体积，扣除烟道、垃圾道、通风道的孔洞所占体积 2. 以平方米计量，按设计图示尺寸以面积计算。不扣除构件内钢筋、预埋铁件及单个面积≤300mm×300mm 的孔洞所占面积 3. 以根计量，按设计图示尺寸以数量计算	1. 模板制作、安装、拆除、堆放、运输及清理模内杂物、刷隔离剂等 2. 混凝土制作、运输、浇筑、振捣、养护 3. 构件运输、安装 4. 砂浆制作、运输 5. 接头灌缝、养护
010514002	其他构件	1. 单件体积 2. 构件的类型 3. 混凝土强度等级 4. 砂浆强度等级			

注：1. 以块、根计量，必须描述单件体积。

2. 预制钢筋混凝土小型池槽、压顶、扶手、垫块、隔热板、花格等，按本表中其他构件项目编码列项。

7.1.15 钢筋工程

钢筋工程工程量清单项目设置、项目特征描述的内容、计量单位、工程量计算规则应按表 7-15 的规定执行。

表 7-15 钢筋工程（编号：010515）

项目编码	项目名称	项目特征	计量单位	工程量计算规则	工作内容
010515001	现浇构件钢筋	钢筋种类、规格	t	按设计图示钢筋（网）长度（面积）乘单位理论质量计算	1. 钢筋制作、运输 2. 钢筋安装 3. 焊接（绑扎）
010515002	预制构件钢筋				1. 钢筋网制作、运输 2. 钢筋网安装 3. 焊接（绑扎）
010515003	钢筋网片				1. 钢筋笼制作、运输 2. 钢筋笼安装 3. 焊接（绑扎）
010515004	钢筋笼				1. 钢筋笼制作、运输 2. 钢筋笼安装 3. 焊接（绑扎）
010515005	先张法预应力钢筋	1. 钢筋种类、规格 2. 锚具种类		按设计图示钢筋长度乘单位理论质量计算	1. 钢筋制作、运输 2. 钢筋张拉

续表

项目编码	项目名称	项目特征	计量单位	工程量计算规则	工作内容
010515006	后张法 预应力钢筋	1. 钢筋种类、规格 2. 钢丝种类、规格 3. 钢绞线种类、规格 4. 锚具种类 5. 砂浆强度等级	t	按设计图示钢筋（丝束、绞线）长度乘单位理论质量计算 1. 低合金钢筋两端均采用螺杆锚具时，钢筋长度按孔道长度减 0.35m 计算，螺杆另行计算 2. 低合金钢筋一端采用镦头插片、另一端采用螺杆锚具时，钢筋长度按孔道长度计算，螺杆另行计算 3. 低合金钢筋一端采用镦头插片、另一端采用帮条锚具时，钢筋增加 0.15m 计算；两端均采用帮条锚具时，钢筋长度按孔道长度增加 0.3m 计算 4. 低合金钢筋采用后张混凝土自锚时，钢筋长度按孔道长度增加 0.35m 计算 5. 低合金钢筋（钢绞线）采用 JM、XM、QM 型锚具，孔道长度≤20m 时，钢筋长度增加 1m 计算，孔道长度＞20m 时，钢筋长度增加 1.8m 计算 6. 碳素钢丝采用锥形锚具，孔道长度≤20m 时，钢丝束长度按孔道长度增加 1m 计算，孔道长度＞20m 时，钢丝束长度按孔道长度增加 1.8m 计算 7. 碳素钢丝采用镦头锚具时，钢丝束长度按孔道长度增加 0.35m 计算	1. 钢筋、钢丝、钢绞线制作、运输 2. 钢筋、钢丝、钢绞线安装 3. 预埋管孔道铺设 4. 锚具安装 5. 砂浆制作、运输 6. 孔道压浆、养护
010515007	预应力钢丝				
010515008	预应力钢绞线				
010515009	支撑钢筋 （铁马）	1. 钢筋种类 2. 规格		按钢筋长度乘单位理论质量计算	钢筋制作、焊接、安装
01051510	声测管	1. 材质 2. 规格型号		按设计图示尺寸质量计算	1. 检测管截断、封头 2. 套管制作、焊接 3. 定位、固定

注：1. 现浇构件中伸出构件的锚固钢筋应并入钢筋工程量内。除设计（包括规范规定）标明的搭接外，其他施工搭接不计算工程量，在综合单价中综合考虑。

2. 现浇构件中固定位置的支撑钢筋、双层钢筋用的“铁马”在编制工程量清单时，如果设计未明确，其工程数量可为暂估量，结算时按现场签证数量计算。

7.1.16 螺栓、铁件

螺栓、铁件工程量清单项目设置、项目特征描述的内容、计量单位、工程量计算规则应按表 7-16 的规定执行。

表 7-16 螺栓、铁件（编号：010516）

项目编码	项目名称	项目特征	计量单位	工程量计算规则	工作内容
010516001	螺栓	1. 螺栓种类 2. 规格	t	按设计图示尺寸以质量计算	1. 螺栓、铁件制作、运输 2. 螺栓、铁件安装
010516002	预埋铁件	1. 钢材种类 2. 规格 3. 铁件尺寸			
010516003	机械连接	1. 连接方式 2. 螺纹套筒种类 3. 规格	个	按数量计算	1. 钢筋套丝 2. 套筒连接

注：编制工程量清单时，如果设计未明确，其工程数量可为暂估量，实际工程量按现场签证数量计算。

7.1.17 相关问题及说明

（1）预制混凝土构件或预制钢筋混凝土构件，如施工图设计标注做法见标准图集时，项目特征注明标准图集的编码、页号及节点大样即可。

（2）现浇或预制混凝土和钢筋混凝土构件，不扣除构件内钢筋、螺栓、预埋铁件、张拉孔道所占体积，但应扣除劲性骨架的型钢所占体积。

7.2 混凝土及钢筋混凝土工程清单工程量计算实例

【例 7-1】 某工程 C30 钢筋混凝土带形基础，C15 素混凝土垫层，长 20m，混凝土采用泵送商品混凝土，其剖面图如图 7-1 所示。试编制招标工程量清单（表 7-17）。

解：分部分项工程量清单设置

垫层

（1）项目名称：混凝土垫层

（2）项目编码：010501001001

（3）计量单位：m^3

（4）工程量：

$$V = 1.4 \times 0.1 \times 20 = 2.80(m^3)$$

带形基础

（1）项目名称：带形基础

（2）项目编码：010501002001

（3）计量单位：m^3

(4) 工程量：

$$V = [1.2 \times 0.21 + (1.2 + 0.46) \times 0.09 \times 0.5] \times 20 = 6.54(\text{m}^3)$$

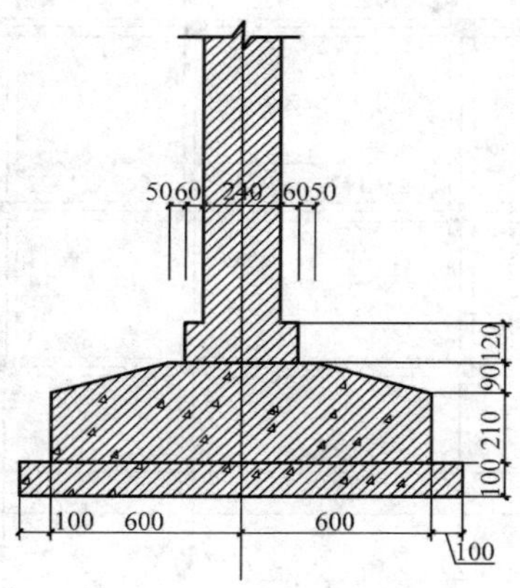

图 7-1　工程剖面图

表 7-17　分部分项工程项目和单价措施项目清单与计价表

工程名称：某工程　　第 1 页　共 1 页

序号	项目编码	项目名称	项目特征描述	计量单位	工程量	金额/元		
						综合单价	合价	其中
								暂估价
1	010501001001	垫层	1. 混凝土种类：商品混凝土 2. 混凝土强度等级：C15	m³	2.80			
2	010501002001	带形基础	1. 混凝土种类：商品混凝土 2. 混凝土强度等级：C30	m³	6.54			
本页小计								
合计								

【例 7-2】　某现浇钢筋混凝土框架二层厂房，如图 7-2 所示。一层梁为 C30-31.5-4 (XS)、二层梁为 C25-31.5-4 (XS)，试编制矩形梁的招标工程量清单（表 7-18）。(KZ400 ×400)

解： KL_1　$2 \times 0.35 \times 0.55 \times (10.2 - 0.4 \times 3) = 3.47(\text{m}^3)$

KL_2　$3 \times 0.30 \times 0.45 \times (6.6 - 0.4 \times 2) = 2.35(\text{m}^3)$

KL_3　$0.35 \times 0.55 \times (3 - 0.4) + 0.35 \times 0.75 \times (4.2 + 3 - 0.4) = 2.29(\text{m}^3)$

LL_1　$0.25 \times 0.35 \times (3.6 - 0.175 - 0.175) = 0.28(\text{m}^3)$

$V = 3.47 + 2.35 + 2.29 + 0.28 = 8.39(\text{m}^3)$

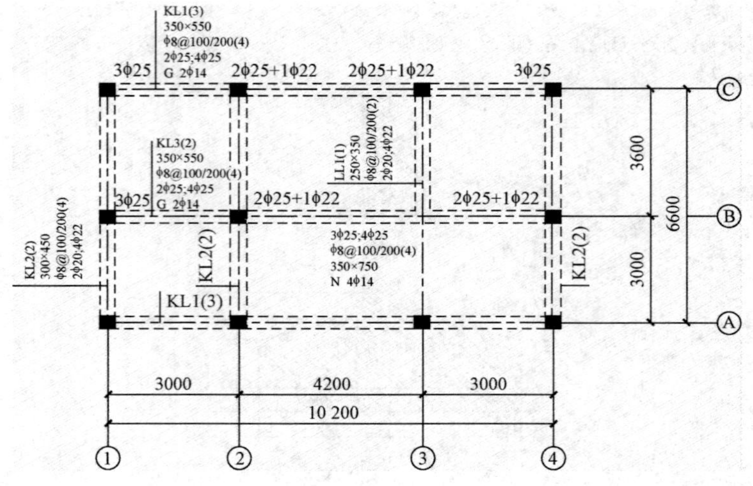

图 7-2 梁的配筋图

表 7-18　　分部分项工程项目和单价措施项目清单与计价表

工程名称：某厂房　　第 1 页　共 1 页

序号	项目编码	项目名称	项目特征描述	计量单位	工程量	金额/元		
						综合单价	合价	其中 暂估价
1	010503002001	矩形梁	1. 混凝土种类：现浇混凝土 2. 混凝土强度等级：C30	m^3	8.39			
2	010503002002	矩形梁	1. 混凝土种类：现浇混凝土 2. 混凝土强度等级：C25	m^3	8.39			
本 页 小 计								
合　　计								

第8章 金属结构工程

8.1 金属结构工程清单工程量计算规则

8.1.1 钢网架

钢网架工程量清单项目设置、项目特征描述、计量单位及工程量计算规则应按表8-1的规定执行。

表8-1 钢网架（编码：010601）

项目编码	项目名称	项目特征	计量单位	工程量计算规则	工作内容
010601001	钢网架	1. 钢材品种、规格 2. 网架节点形式、连接方式 3. 网架跨度、安装高度 4. 探伤要求 5. 防火要求	t	按设计图示尺寸以质量计算。不扣除孔眼的质量，焊条、铆钉等不另增加质量	1. 拼装 2. 安装 3. 探伤 4. 补刷油漆

8.1.2 钢屋架、钢托架、钢桁架、钢桥架

钢屋架、钢托架、钢桁架、钢桥架工程量清单项目设置、项目特征描述、计量单位及工程量计算规则应按表8-2的规定执行。

表8-2 钢屋架、钢托架、钢桁架、钢桥架（编码：010602）

<table>
<tr><th>项目编码</th><th>项目名称</th><th>项目特征</th><th>计量单位</th><th>工程量计算规则</th><th>工作内容</th></tr>
<tr><td>010602001</td><td>钢屋架</td><td>1. 钢材品种、规格
2. 单榀质量
3. 屋架跨度、安装高度
4. 螺栓种类
5. 探伤要求
6. 防火要求</td><td>1. 榀
2. t</td><td>1. 以榀计量，按设计图示数量计算
2. 以吨计量，按设计图示尺寸以质量计算。不扣除孔眼的质量，焊条、铆钉、螺栓等不另增加质量</td><td rowspan="3">1. 拼装
2. 安装
3. 探伤
4. 补刷油漆</td></tr>
<tr><td>010602002</td><td>钢托架</td><td rowspan="2">1. 钢材品种、规格
2. 单榀质量
3. 安装高度
4. 螺栓种类
5. 探伤要求
6. 防火要求</td><td rowspan="2">t</td><td rowspan="2">按设计图示尺寸以质量计算。不扣除孔眼的质量，焊条、铆钉、螺栓等不另增加质量</td></tr>
<tr><td>010602003</td><td>钢桁架</td></tr>
</table>

续表

项目编码	项目名称	项目特征	计量单位	工程量计算规则	工作内容
010602004	钢桥架	1. 桥架类型 2. 钢材品种、规格 3. 单榀质量 4. 安装高度 5. 螺栓种类 6. 探伤要求	t	按设计图示尺寸以质量计算。不扣除孔眼的质量，焊条、铆钉、螺栓等不另增加质量	1. 拼装 2. 安装 3. 探伤 4. 补刷油漆

注：以榀计量，按标准图设计的应注明标准图代号，按非标准图设计的项目特征必须描述单榀屋架的质量。

8.1.3 钢柱

钢柱工程量清单项目设置、项目特征描述、计量单位及工程量计算规则应按表 8-3 的规定执行。

表 8-3　　钢柱（编码：010603）

<table>
<tr><th>项目编码</th><th>项目名称</th><th>项目特征</th><th>计量单位</th><th>工程量计算规则</th><th>工作内容</th></tr>
<tr><td>010603001</td><td>实腹钢柱</td><td rowspan="2">1. 柱类型
2. 钢材品种、规格
3. 单根柱质量
4. 螺栓种类
5. 探伤要求
6. 防火要求</td><td rowspan="3">t</td><td rowspan="2">按设计图示尺寸以质量计算。不扣除孔眼的质量，焊条、铆钉、螺栓等不另增加质量，依附在钢柱上的牛腿及悬臂梁等并入钢柱工程量内</td><td rowspan="3">1. 拼装
2. 安装
3. 探伤
4. 补刷油漆</td></tr>
<tr><td>010603002</td><td>空腹钢柱</td></tr>
<tr><td>010603003</td><td>钢管柱</td><td>1. 钢材品种、规格
2. 单根柱质量
3. 螺栓种类
4. 探伤要求
5. 防火要求</td><td>按设计图示尺寸以质量计算。不扣除孔眼的质量，焊条、铆钉、螺栓等不另增加质量，钢管柱上的节点板、加强环、内衬管、牛腿等并入钢管柱工程量内</td></tr>
</table>

注：1. 实腹钢柱类型指十字、T、L、H 形等。

2. 空腹钢柱类型指箱形、格构等。

3. 型钢混凝土柱浇筑钢筋混凝土，其混凝土和钢筋应按本规范附录“混凝土及钢筋混凝土工程”中相关项目编码列项。

8.1.4 钢梁

钢梁工程量清单项目设置、项目特征描述、计量单位及工程量计算规则应按表 8-4 的规定执行。

表 8-4 **钢梁（编码：010604）**

项目编码	项目名称	项目特征	计量单位	工程量计算规则	工作内容
010604001	钢梁	1. 梁类型 2. 钢材品种、规格 3. 单根质量 4. 螺栓种类 5. 安装高度 6. 探伤要求 7. 防火要求	t	按设计图示尺寸以质量计算。不扣除孔眼的质量，焊条、铆钉、螺栓等不另增加质量，制动梁、制动板、制动桁架、车挡并入钢吊车梁工程量内	1. 拼装 2. 安装 3. 探伤 4. 补刷油漆
010504002	钢吊车梁	1. 钢材品种、规格 2. 单根质量 3. 螺栓种类 4. 安装高度 5. 探伤要求 6. 防火要求		按设计图示尺寸以质量计算。不扣除孔眼的质量，焊条、铆钉、螺栓等不另增加质量，制动梁、制动板、制动桁架、车挡并入钢吊车梁工程量内	

注：1. 梁类型指 H、L、T 形、箱形、格构式等。

2. 型钢混凝土梁浇筑钢筋混凝土，其混凝土和钢筋应按本规范附录“混凝土及钢筋混凝土工程”混凝土及钢筋混凝土工程中相关项目编码列项。

8.1.5 钢板楼板、墙板

钢板楼板、墙板工程量清单项目设置、项目特征描述、计量单位及工程量计算规则应按表 8-5 的规定执行。

表 8-5 **钢板楼板、墙板（编码：010605）**

项目编码	项目名称	项目特征	计量单位	工程量计算规则	工作内容
010605001	钢板楼板	1. 钢材品种、规格 2. 钢板厚度 3. 螺栓种类 4. 防火要求	m^2	按设计图示尺寸以铺设水平投影面积计算。不扣除单个面积≤0.3m^2柱、垛及孔洞所占面积	1. 拼装 2. 安装 3. 探伤 4. 补刷油漆
010605002	钢板墙板	1. 钢材品种、规格 2. 钢板厚度、复合板厚度 3. 螺栓种类 4. 复合板夹芯材料种类、层数、型号、规格 5. 防火要求		按设计图示尺寸以铺挂展开面积计算。不扣除单个面积≤0.3m^2的梁、孔洞所占面积，包角、包边、窗台泛水等不另加面积	

注：1. 钢板楼板上浇筑钢筋混凝土，其混凝土和钢筋应按本规范附录“混凝土及钢筋混凝土工程”中相关项目编码列项。

2. 压型钢楼板按钢楼板项目编码列项。

8.1.6 钢构件

钢构件工程量清单项目设置、项目特征描述、计量单位及工程量计算规则应按表 8-6 的规定执行。

表 8-6 钢构件（编码：010606）

<table>
<tr><th>项目编码</th><th>项目名称</th><th>项目特征</th><th>计量单位</th><th>工程量计算规则</th><th>工作内容</th></tr>
<tr><td>010606001</td><td>钢支撑、钢拉条</td><td>1. 钢材品种、规格
2. 构件类型
3. 安装高度
4. 螺栓种类
5. 探伤要求
6. 防火要求</td><td rowspan="9">t</td><td rowspan="9">按设计图示尺寸以质量计算。不扣除孔眼的质量，焊条、铆钉、螺栓等不另增加质量</td><td rowspan="9">1. 拼装
2. 安装
3. 探伤
4. 补刷油漆</td></tr>
<tr><td>010606002</td><td>钢檩条</td><td>1. 钢材品种、规格
2. 构件类型
3. 单根质量
4. 安装高度
5. 螺栓种类
6. 探伤要求
7. 防火要求</td></tr>
<tr><td>010606003</td><td>钢天窗架</td><td>1. 钢材品种、规格
2. 单榀质量
3. 安装高度
4. 螺栓种类
5. 探伤要求
6. 防火要求</td></tr>
<tr><td>010606004</td><td>钢挡风架</td><td rowspan="2">1. 钢材品种、规格
2. 单榀质量
3. 螺栓种类
4. 探伤要求
5. 防火要求</td></tr>
<tr><td>010606005</td><td>钢墙架</td></tr>
<tr><td>010606006</td><td>钢平台</td><td rowspan="2">1. 钢材品种、规格
2. 螺栓种类
3. 防火要求</td></tr>
<tr><td>010606007</td><td>钢走道</td></tr>
<tr><td>010606008</td><td>钢梯</td><td>1. 钢材品种、规格
2. 钢梯形式
3. 螺栓种类
4. 防火要求</td></tr>
<tr><td>010606009</td><td>钢护栏</td><td>1. 钢材品种、规格
2. 防火要求</td></tr>
</table>

续表

项目编码	项目名称	项目特征	计量单位	工程量计算规则	工作内容
010606010	钢漏斗	1. 钢材品种、规格 2. 漏斗、天沟形式 3. 安装高度 4. 探伤要求	t	按设计图示尺寸以质量计算，不扣除孔眼的质量，焊条、铆钉、螺栓等不另增加质量，依附漏斗或天沟的型钢并入漏斗或天沟工程量内	1. 拼装 2. 安装 3. 探伤 4. 补刷油漆
010606011	钢板天沟				
010606012	钢支架	1. 钢材品种、规格 2. 安装高度 3. 防火要求		按设计图示尺寸以质量计算，不扣除孔眼的质量，焊条、铆钉、螺栓等不另增加质量	
010606013	零星钢构件	1. 构件名称 2. 钢材品种、规格			

注：1. 钢墙架项目包括墙架柱、墙架梁和连接杆件。

2. 钢支撑、钢拉条类型指单式、复式；钢檩条类型指型钢式、格构式；钢漏斗形式指方形、圆形；天沟形式指矩形沟或半圆形沟。

3. 加工铁件等小型构件，应按零星钢构件项目编码列项。

8.1.7　金属制品

金属制品工程量清单项目设置、项目特征描述、计量单位及工程量计算规则应按表 8 - 7 的规定执行。

表 8 - 7　　**金属制品（编码：010607）**

项目编码	项目名称	项目特征	计量单位	工程量计算规则	工作内容
010607001	成品空调金属百叶护栏	1. 材料品种、规格 2. 边框材质	m^2	按设计图示尺寸以框外围展开面积计算	1. 安装 2. 校正 3. 预埋铁件及安螺栓
010607002	成品栅栏	1. 材料品种、规格 2. 边框及立柱型钢品种、规格			1. 安装 2. 校正 3. 预埋铁件 4. 安螺栓及金属立柱
010607003	成品雨篷	1. 材料品种、规格 2. 雨篷宽度 3. 晾衣杆品种、规格	1. m 2. m^2	1. 以米计量，按设计图示接触边以米计算 2. 以平方米计量，按设计图示尺寸以展开面积计算	1. 安装 2. 校正 3. 预埋铁件及安螺栓

续表

项目编码	项目名称	项目特征	计量单位	工程量计算规则	工作内容
010607004	金属网栏	1. 材料品种、规格 2. 边框及立柱型钢品种、规格	m^2	按设计图示尺寸以框外围展开面积计算	1. 安装 2. 校正 3. 安螺栓及金属立柱
010607005	砌块墙钢丝网加固	1. 材料品种、规格 2. 加固方式		按设计图示尺寸以面积计算	1. 铺贴 2. 铆固
010607006	后浇带金属网				

注：抹灰钢丝网加固按本表中砌块墙钢丝网加固项目编码列项。

8.1.8 相关问题及说明

（1）金属构件的切边，不规则及多边形钢板发生的损耗在综合单价中考虑。

（2）防火要求指耐火极限。

8.2 金属结构工程清单工程量计算实例

【例 8-1】 某工程钢屋架如图 8-1 所示，计算钢屋架工程量。

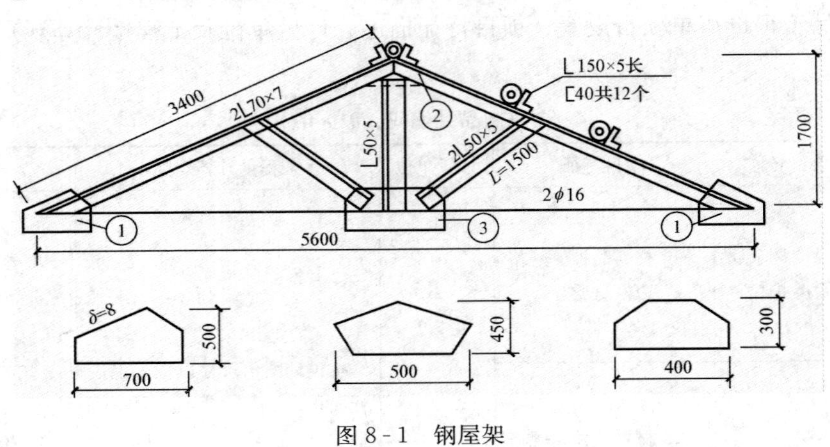

图 8-1 钢屋架

解： 钢屋架工程量计算公式如下：

杆件质量 = 杆件设计图示长度 × 单位理论质量

多边形钢板质量 = 最大对角线长度 × 最大宽度 × 面密度

上弦质量 = $3.4 \times 2 \times 2 \times 7.398 = 100.61$(kg)

下弦质量 = $5.6 \times 2 \times 1.58 = 17.70$(kg)

立杆质量 = $1.70 \times 3.77 = 6.41$(kg)

斜撑质量 = $1.5 \times 2 \times 2 \times 3.77 = 22.62$(kg)

① 号连接板质量 = $0.7 \times 0.5 \times 2 \times 62.8 = 43.96$(kg)

② 号连接板质量 $= 0.5 \times 0.45 \times 62.8 = 14.13$(kg)

③ 号连接板质量 $= 0.4 \times 0.3 \times 62.8 = 7.54$(kg)

檩托质量 $= 0.14 \times 12 \times 3.77 = 6.33$(kg)

钢屋架 $= 100.61 + 17.70 + 6.41 + 22.62 + 43.96 + 14.13 + 7.54 + 6.33$

$= 219.30$(kg)

第9章 木结构工程

9.1 木结构工程清单工程量计算规则

9.1.1 木屋架

木屋架工程量清单项目设置、项目特征描述、计量单位及工程量计算规则应按表9-1的规定执行。

表9-1 木屋架（编码：010701）

项目编码	项目名称	项目特征	计量单位	工程量计算规则	工作内容
010701001	木屋架	1. 跨度 2. 材料品种、规格 3. 刨光要求 4. 拉杆及夹板种类 5. 防护材料种类	1. 榀 2. m^3	1. 以榀计量，按设计图示数量计算 2. 以立方米计量，按设计图示的规格尺寸以体积计算	1. 制作 2. 运输 3. 安装 4. 刷防护材料
010701002	钢木屋架	1. 跨度 2. 木材品种、规格 3. 刨光要求 4. 钢材品种、规格 5. 防护材料种类	榀	以榀计量，按设计图示数量计算	

注：1. 屋架的跨度应以上、下弦中心线两交点之间的距离计算。
2. 带气楼的屋架和马尾、折角以及正交部分的半屋架，按相关屋架项目编码列项。
3. 以榀计量，按标准图设计的应注明标准图代号，按非标准图设计的项目特征必须按本表要求予以描述。

9.1.2 木构件

木构件工程量清单项目设置、项目特征描述、计量单位及工程量计算规则应按表9-2的规定执行。

表9-2 木构件（编码：010702）

项目编码	项目名称	项目特征	计量单位	工程量计算规则	工作内容
010702001	木柱	1. 构件规格尺寸 2. 木材种类 3. 刨光要求 4. 防护材料种类	m^3	按设计图示尺寸以体积计算	1. 制作 2. 运输 3. 安装 4. 刷防护材料
010702002	木梁				
010702003	木檩		1. m^3 2. m	1. 以立方米计量，按设计图示尺寸以体积计算 2. 以米计量，按设计图示尺寸以长度计算	

续表

项目编码	项目名称	项目特征	计量单位	工程量计算规则	工作内容
010702004	木楼梯	1. 楼梯形式 2. 木材种类 3. 刨光要求 4. 防护材料种类	m^2	按设计图示尺寸以水平投影面积计算。不扣除宽度≤300mm的楼梯井，伸入墙内部分不计算	1. 制作 2. 运输 3. 安装 4. 刷防护材料
010702005	其他木构件	1. 构件名称 2. 构件规格尺寸 3. 木材种类 4. 刨光要求 5. 防护材料种类	1. m^3 2. m	1. 以立方米计量，按设计图示尺寸以体积计算 2. 以米计量，按设计图示尺寸以长度计算	

注：1. 木楼梯的栏杆（栏板）、扶手，应按本规范附录“其他装饰工程”中的相关项目编码列项。
2. 以米计量，项目特征必须描述构件规格尺寸。

9.1.3　屋面木基层

屋面木基层工程量清单项目设置、项目特征描述、计量单位及工程量计算规则应按表 9-3的规定执行。

表 9-3　　**屋面木基层（编码：010703）**

项目编码	项目名称	项目特征	计量单位	工程量计算规则	工作内容
010703001	屋面木基层	1. 椽子断面尺寸及椽距 2. 望板材料种类、厚度 3. 防护材料种类	m^2	按设计图示尺寸以斜面积计算 不扣除房上烟囱、风帽底座、风道、小气窗、斜沟等所占面积。小气窗的出檐部分不增加面积	1. 椽子制作、安装 2. 望板制作、安装 3. 顺水条和挂瓦条制作、安装 4. 刷防护材料

9.2　木结构工程清单工程量计算实例

【例 9-1】　某粮食仓库如图 9-1 所示，计算封檐板、搏风板工程量。

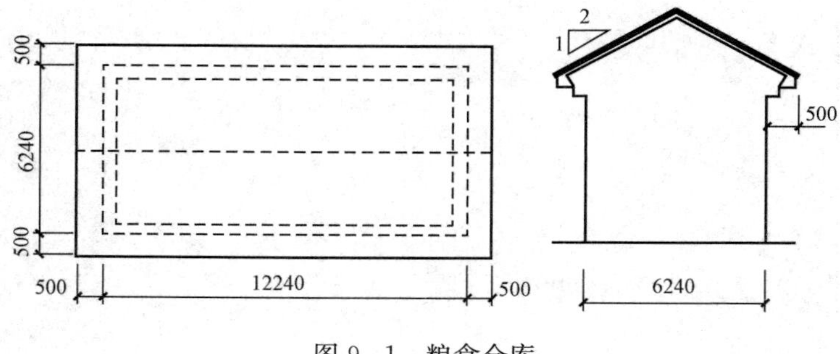

图 9-1　粮食仓库

解：(1) 其他木结构（封檐板）工程量计算如下：

计算公式：

$$封檐板工程量 = 檐口总长度 \times 2$$

$$封檐板工程量 = (12.24 + 0.5 \times 2) \times 2 = 26.48(m)$$

(2) 其他木构件（搏风板）工程量计算如下：

计算公式：

$$搏风板工程量 = 山墙檐口总宽度 \times 延尺系数 \times 山墙端数 + 0.5 \times 大刀头个数$$

$$搏风板工程量 = (6.24 + 0.5 \times 2) \times 1.118 + 0.5 \times 4 = 10.09(m)$$

第10章 门 窗 工 程

10.1 门窗工程清单工程量计算规则

10.1.1 木门

木门工程量清单项目设置、项目特征描述、计量单位及工程量计算规则应按表10-1的规定执行。

表10-1 木门（编码：010801）

项目编码	项目名称	项目特征	计量单位	工程量计算规则	工作内容
010801001	木质门	1. 门代号及洞口尺寸 2. 镶嵌玻璃品种、厚度	1. 樘 2. m^2	1. 以樘计量，按设计图示数量计算 2. 以平方米计量，按设计图示洞口尺寸以面积计算	1. 门安装 2. 玻璃安装 3. 五金安装
010801002	木质门带套				
010801003	木质连窗门				
010801004	木质防火门				
010801005	木门框	1. 门代号及洞口尺寸 2. 框截面尺寸 3. 防护材料种类	1. 樘 2. m		1. 木门框制作、安装 2. 运输 3. 刷防护材料
010801006	门锁安装	1. 锁品种 2. 锁规格	个（套）	按设计图示数量计算	安装

注：1. 木质门应区分镶板木门、企口木板门、实木装饰门、胶合板门、夹板装饰门、木纱门、全玻门（带木质扇框）、木质半玻门（带木质扇框）等项目，分别编码列项。

2. 木门五金应包括：折页、插销、门碰珠、弓背拉手、搭机、木螺丝、弹簧折页（自动门）、管子拉手（自由门、地弹门）、地弹簧（地弹门）、角铁、门轧头（地弹门、自由门）等。

3. 木质门带套计量按洞口尺寸以面积计算，不包括门套的面积，但门套应计算在综合单价中。

4. 以樘计量，项目特征必须描述洞口尺寸，以平方米计量，项目特征可不描述洞口尺寸。

5. 单独制作安装木门框按木门框项目编码列项。

10.1.2 金属门

金属门工程量清单项目设置、项目特征描述、计量单位及工程量计算规则应按表10-2的规定执行。

表 10-2　　　　金属门（编码：010802）

项目编码	项目名称	项目特征	计量单位	工程量计算规则	工作内容
010802001	金属（塑钢）门	1. 门代号及洞口尺寸 2. 门框或扇外围尺寸 3. 门框、扇材质 4. 玻璃品种、厚度	1. 樘 2. m^2	1. 以樘计量，按设计图示数量计算 2. 以平方米计量，按设计图示洞口尺寸以面积计算	1. 门安装 2. 五金安装 3. 玻璃安装
010802002	彩板门	1. 门代号及洞口尺寸 2. 门框或扇外围尺寸			
010802003	钢质防火门	1. 门代号及洞口尺寸 2. 门框或扇外围尺寸 3. 门框、扇材质			1. 门安装 2. 五金安装
010702004	防盗门				

注：1. 金属门应区分金属平开门、金属推拉门、金属地弹门、全玻门（带金属扇框）、金属半玻门（带扇框）等项目，分别编码列项。

2. 铝合金门五金包括：地弹簧、门锁、拉手、门插、门铰、螺钉等。

3. 其他金属门五金包括 L 型执手插锁（双舌）、执手锁（单舌）、门轨头、地锁、防盗门机、门眼（猫眼）、门碰珠、电子锁（磁卡锁）、闭门器、装饰拉手等。

4. 以樘计量，项目特征必须描述洞口尺寸，没有洞口尺寸必须描述门框或扇外围尺寸，以平方米计量，项目特征可不描述洞口尺寸及框、扇的外围尺寸。

5. 以平方米计量，无设计图示洞口尺寸，按门框、扇外围以面积计算。

10.1.3 金属卷帘（闸）门

金属卷帘（闸）门工程量清单项目设置、项目特征描述、计量单位及工程量计算规则应按表 10-3 的规定执行。

表 10-3　　　　金属卷帘（闸）门（编码：010803）

项目编码	项目名称	项目特征	计量单位	工程量计算规则	工作内容
010803001	金属卷帘（闸）门	1. 门代号及洞口尺寸 2. 门材质 3. 启动装置品种、规格	1. 樘 2. m^2	1. 以樘计量，按设计图示数量计算 2. 以平方米计量，按设计图示洞口尺寸以面积计算	1. 门运输、安装 2. 启动装置、活动小门、五金安装
010803002	防火卷帘（闸）门				

注：以樘计量，项目特征必须描述洞口尺寸，以平方米计量，项目特征可不描述洞口尺寸。

10.1.4　厂库房大门、特种门

厂库房大门、特种门工程量清单项目设置、项目特征描述、计量单位及工程量计算规则应按表10-4的规定执行。

表10-4　　厂库房大门、特种门（编码：010804）

项目编码	项目名称	项目特征	计量单位	工程量计算规则	工作内容
010804001	木板大门	1. 门代号及洞口尺寸 2. 门框或扇外围尺寸 3. 门框、扇材质 4. 五金种类、规格 5. 防护材料种类	1. 樘 2. m²	1. 以樘计量，按设计图示数量计算 2. 以平方米计量，按设计图示洞口尺寸以面积计算	1. 门（骨架）制作、运输 2. 门、五金配件安装 3. 刷防护材料
010804002	钢木大门				
010804003	全钢板大门			1. 以樘计量，按设计图示数量计算 2. 以平方米计量，按设计图示门框或扇以面积计算	
010804004	防护铁丝门				
010804005	金属格栅门	1. 门代号及洞口尺寸 2. 门框或扇外围尺寸 3. 门框、扇材质 4. 启动装置的品种、规格		1. 以樘计量，按设计图示数量计算 2. 以平方米计量，按设计图示洞口尺寸以面积计算	1. 门安装 2. 启动装置、五金配件安装
010804006	钢质花饰大门	1. 门代号及洞口尺寸 2. 门框或扇外围尺寸 3. 门框、扇材质		1. 以樘计量，按设计图示数量计算 2. 以平方米计量，按设计图示门框或扇以面积计算	1. 门安装 2. 五金配件安装
010804007	特种门			1. 以樘计量，按设计图示数量计算 2. 以平方米计量，按设计图示洞口尺寸以面积计算	

注：1. 特种门应区分冷藏门、冷冻间门、保温门、变电室门、隔音门、防射线门、人防门、金库门等项目，分别编码列项。
2. 以樘计量，项目特征必须描述洞口尺寸，没有洞口尺寸必须描述门框或扇外围尺寸，以平方米计量，项目特征可不描述洞口尺寸及框、扇的外围尺寸。
3. 以平方米计量，无设计图示洞口尺寸，按门框、扇外围以面积计算。

10.1.5　其他门

其他门工程量清单项目设置、项目特征描述、计量单位及工程量计算规则应按表10-5的规定执行。

表 10 - 5　　　　　　　　　　　　　其他门（编码：010805）

<table>
<tr><th>项目编码</th><th>项目名称</th><th>项目特征</th><th>计量单位</th><th>工程量计算规则</th><th>工作内容</th></tr>
<tr><td>010805001</td><td>电子感应门</td><td rowspan="2">1. 门代号及洞口尺寸
2. 门框或扇外围尺寸
3. 门框、扇材质
4. 玻璃品种、厚度
5. 启动装置的品种、规格
6. 电子配件品种、规格</td><td rowspan="7">1. 樘
2. m^2</td><td rowspan="7">1. 以樘计量，按设计图示数量计算
2. 以平方米计量，按设计图示洞口尺寸以面积计算</td><td rowspan="4">1. 门安装
2. 启动装置、五金、电子配件安装</td></tr>
<tr><td>010805002</td><td>旋转门</td></tr>
<tr><td>010805003</td><td>电子对讲门</td><td rowspan="2">1. 门代号及洞口尺寸
2. 门框或扇外围尺寸
3. 门材质
4. 玻璃品种、厚度
5. 启动装置的品种、规格
6. 电子配件品种、规格</td></tr>
<tr><td>010805004</td><td>电动伸缩门</td></tr>
<tr><td>010805005</td><td>全玻自由门</td><td>1. 门代号及洞口尺寸
2. 门框或扇外围尺寸
3. 框材质
4. 玻璃品种、厚度</td><td rowspan="3">1. 门安装
2. 五金安装</td></tr>
<tr><td>010805006</td><td>镜面不锈钢饰面门</td><td rowspan="2">1. 门代号及洞口尺寸
2. 门框或扇外围尺寸
3. 框、扇材质
4. 玻璃品种、厚度</td></tr>
<tr><td>010805007</td><td>复合材料门</td></tr>
</table>

注：1. 以樘计量，项目特征必须描述洞口尺寸，没有洞口尺寸必须描述门框或扇外围尺寸，以平方米计量，项目特征可不描述洞口尺寸及框、扇的外围尺寸。

2. 以平方米计量，无设计图示洞口尺寸，按门框、扇外围以面积计算。

10.1.6　木窗

木窗工程量清单项目设置、项目特征描述、计量单位及工程量计算规则应按表 10 - 6 的规定执行。

表10-6 木窗（编码：010806）

项目编码	项目名称	项目特征	计量单位	工程量计算规则	工作内容
010806001	木质窗	1. 窗代号及洞口尺寸 2. 玻璃品种、厚度	1. 樘 2. m^2	1. 以樘计量，按设计图示数量计算 2. 以平方米计量，按设计图示洞口尺寸以面积计算	1. 窗安装 2. 五金、玻璃安装
010806002	木飘（凸）窗			1. 以樘计量，按设计图示数量计算 2. 以平方米计量，按设计图示尺寸以框外围展开面积计算	1. 窗制作、运输、安装 2. 五金、玻璃安装 3. 刷防护材料
010806003	木橱窗	1. 窗代号 2. 框截面及外围展开面积 3. 玻璃品种、厚度 4. 防护材料种类			
010806004	木纱窗	1. 窗代号及洞口尺寸 2. 玻璃品种、厚度		1. 以樘计量，按设计图示数量计算 2. 以平方米计量，按框的外围尺寸以面积计算	1. 窗安装 2. 五金、玻璃安装

注：1. 木质窗应区分木百叶窗、木组合窗、木天窗、木固定窗、木装饰空花窗等项目，分别编码列项。

2. 以樘计量，项目特征必须描述洞口尺寸，没有洞口尺寸必须描述窗框外围尺寸，以平方米计量，项目特征可不描述洞口尺寸及框的外围尺寸。

3. 以平方米计量，无设计图示洞口尺寸，按窗框外围以面积计算。

4. 木橱窗、木飘（凸）窗以樘计量，项目特征必须描述框截面及外围展开面积。

5. 木窗五金包括：折页、插销、风钩、木螺钉、滑楞滑轨（推拉窗）等。

10.1.7 金属窗

金属窗工程量清单项目设置、项目特征描述、计量单位及工程量计算规则应按表10-7的规定执行。

表10-7 金属窗（编码：010807）

项目编码	项目名称	项目特征	计量单位	工程量计算规则	工作内容
010807001	金属（塑钢、断桥）窗	1. 窗代号及洞口尺寸 2. 框、扇材质 3. 玻璃品种、厚度	1. 樘 2. m^2	1. 以樘计量，按设计图示数量计算 2. 以平方米计量，按设计图示洞口尺寸以面积计算	1. 窗安装 2. 五金、玻璃安装
010807002	金属防火窗				

续表

<table>
<tr><th>项目编码</th><th>项目名称</th><th>项目特征</th><th>计量单位</th><th>工程量计算规则</th><th>工作内容</th></tr>
<tr><td>010807003</td><td>金属百叶窗</td><td>1. 窗代号及洞口尺寸
2. 框、扇材质
3. 玻璃品种、厚度</td><td rowspan="7">1. 樘
2. m^2</td><td>1. 以樘计量，按设计图示数量计算
2. 以平方米计量，按设计图示洞口尺寸以面积计算</td><td rowspan="3">1. 窗安装
2. 五金安装</td></tr>
<tr><td>010807004</td><td>金属纱窗</td><td>1. 窗代号及框的外围尺寸
2. 框材质
3. 窗纱材料品种、规格</td><td>1. 以樘计量，按设计图示数量计算
2. 以平方米计量，按框的外围尺寸以面积计算</td></tr>
<tr><td>010807005</td><td>金属格栅窗</td><td>1. 窗代号及洞口尺寸
2. 框外围尺寸
3. 框、扇材质</td><td>1. 以樘计量，按设计图示数量计算
2. 以平方米计量，按设计图示洞口尺寸以面积计算</td></tr>
<tr><td>010807006</td><td>金属（塑钢、断桥）橱窗</td><td>1. 窗代号
2. 框外围展开面积
3. 框、扇材质
4. 玻璃品种、厚度
5. 防护材料种类</td><td rowspan="2">1. 以樘计量，按设计图示数量计算
2. 以平方米计量，按设计图示尺寸以框外围展开面积计算</td><td>1. 窗制作、运输、安装
2. 五金、玻璃安装
3. 刷防护材料</td></tr>
<tr><td>010807007</td><td>金属（塑钢、断桥）飘（凸）窗</td><td>1. 窗代号
2. 框外围展开面积
3. 框、扇材质
4. 玻璃品种、厚度</td><td rowspan="3">1. 窗安装
2. 五金、玻璃安装</td></tr>
<tr><td>010807008</td><td>彩板窗</td><td rowspan="2">1. 窗代号及洞口尺寸
2. 框外围尺寸
3. 框、扇材质
4. 玻璃品种、厚度</td><td rowspan="2">1. 以樘计量，按设计图示数量计算
2. 以平方米计量，按设计图示洞口尺寸或框外围以面积计算</td></tr>
<tr><td>010807009</td><td>复合材料窗</td></tr>
</table>

注：1. 金属窗应区分金属组合窗、防盗窗等项目，分别编码列项。

2. 以樘计量，项目特征必须描述洞口尺寸，没有洞口尺寸必须描述窗框外围尺寸，以平方米计量，项目特征可不描述洞口尺寸及框的外围尺寸。

3. 以平方米计量，无设计图示洞口尺寸，按窗框外围以面积计算。

4. 金属橱窗、飘（凸）窗以樘计量，项目特征必须描述框外围展开面积。

5. 金属窗五金应包括：折页、螺丝、执手、卡锁、铰拉、风撑、滑轮、滑轨、拉把、拉手、角码、牛角制等。

10.1.8 门窗套

门窗套工程量清单项目设置、项目特征描述、计量单位及工程量计算规则应按表 10-8 的规定执行。

表10-8　　门窗套（编码：010808）

<table>
<tr><th>项目编码</th><th>项目名称</th><th>项目特征</th><th>计量单位</th><th>工程量计算规则</th><th>工作内容</th></tr>
<tr><td>010808001</td><td>木门窗套</td><td>1. 窗代号及洞口尺寸
2. 门窗套展开宽度
3. 基层材料种类
4. 面层材料品种、规格
5. 线条品种、规格
6. 防护材料种类</td><td rowspan="5">1. 樘
2. m^2
3. m</td><td rowspan="5">1. 以樘计量，按设计图示数量计算
2. 以平方米计量，按设计图示尺寸以展开面积计算
3. 以米计量，按设计图示中心以延长米计算</td><td rowspan="3">1. 清理基层
2. 立筋制作、安装
3. 基层板安装
4. 面层铺贴
5. 线条安装
6. 刷防护材料</td></tr>
<tr><td>010808002</td><td>木筒子板</td><td rowspan="2">1. 筒子板宽度
2. 基层材料种类
3. 面层材料品种、规格
4. 线条品种、规格
5. 防护材料种类</td></tr>
<tr><td>010808003</td><td>饰面夹板筒子板</td></tr>
<tr><td>010808004</td><td>金属门窗套</td><td>1. 窗代号及洞口尺寸
2. 门窗套展开宽度
3. 基层材料种类
4. 面层材料品种、规格
5. 防护材料种类</td><td>1. 清理基层
2. 立筋制作、安装
3. 基层板安装
4. 面层铺贴
5. 刷防护材料</td></tr>
<tr><td>010808005</td><td>石材门窗套</td><td>1. 窗代号及洞口尺寸
2. 门窗套展开宽度
3. 粘结层厚度、砂浆配合比
4. 面层材料品种、规格
5. 线条品种、规格</td><td>1. 清理基层
2. 立筋制作、安装
3. 基层抹灰
4. 面层铺贴
5. 线条安装</td></tr>
<tr><td>010808006</td><td>门窗木贴脸</td><td>1. 门窗代号及洞口尺寸
2. 贴脸板宽度
3. 防护材料种类</td><td>1. 樘
2. m</td><td>1. 以樘计量，按设计图示数量计算
2. 以米计量，按设计图示尺寸以延长米计算</td><td>安装</td></tr>
</table>

续表

项目编码	项目名称	项目特征	计量单位	工程量计算规则	工作内容
010808007	成品木门窗套	1. 窗代号及洞口尺寸 2. 门窗套展开宽度 3. 门窗套材料品种、规格	1. 樘 2. m^2 3. m	1. 以樘计量，按设计图示数量计算 2. 以平方米计量，按设计图示尺寸以展开面积计算 3. 以米计量，按设计图示中心以延长米计算	1. 清理基层 2. 立筋制作、安装 3. 板安装

注：1. 以樘计量，项目特征必须描述洞口尺寸、门窗套展开宽度。
2. 以平方米计量，项目特征可不描述洞口尺寸、门窗套展开宽度。
3. 以米计量，项目特征必须描述门窗套展开宽度、筒子板及贴脸宽度。
4. 木门窗套适用于单独门窗套的制作、安装。

10.1.9 窗台板

窗台板工程量清单项目设置、项目特征描述、计量单位及工程量计算规则应按表 10-9 的规定执行。

表 10-9 窗台板（编码：010809）

项目编码	项目名称	项目特征	计量单位	工程量计算规则	工作内容
010809001	木窗台板	1. 基层材料种类 2. 窗台面板材质、规格、颜色 3. 防护材料种类	m^2	按设计图示尺寸以展开面积计算	1. 基层清理 2. 基层制作、安装 3. 窗台板制作、安装 4. 刷防护材料
010809002	铝塑窗台板				
010809003	金属窗台板				
010809004	石材窗台板	1. 粘结层厚度、砂浆配合比 2. 窗台板材质、规格、颜色			1. 基层清理 2. 抹找平层 3. 窗台板制作、安装

10.1.10 窗帘、窗帘盒、轨

窗帘、窗帘盒、轨工程量清单项目设置、项目特征描述、计量单位及工程量计算规则应按表 10-10 的规定执行。

表 10-10 窗帘、窗帘盒、轨（编码：010810）

项目编码	项目名称	项目特征	计量单位	工程量计算规则	工作内容
010810001	窗帘	1. 窗帘材质 2. 窗帘高度、宽度 3. 窗帘层数 4. 带幔要求	1. m 2. m^2	1. 以米计量，按设计图示尺寸以成活后长度计算 2. 以平方米计量，按图示尺寸以成活后展开面积计算	1. 制作、运输 2. 安装

续表

项目编码	项目名称	项目特征	计量单位	工程量计算规则	工作内容
010810002	木窗帘盒	1. 窗帘盒材质、规格 2. 防护材料种类	m	按设计图示尺寸以长度计算	1. 制作、运输、安装 2. 刷防护材料
010810003	饰面夹板、塑料窗帘盒				
010810004	铝合金窗帘盒				
010810005	窗帘轨	1. 窗帘轨材质、规格 2. 轨的数量 3. 防护材料种类			

注：1. 窗帘若是双层，项目特征必须描述每层材质。
2. 窗帘以米计量，项目特征必须描述窗帘高度和宽。

10.2 门窗工程清单工程量计算实例

【例 10-1】 某宾馆设计有矩形窗上带半圆形木质固定玻璃窗，制作时刷底油一遍，设计洞口尺寸如图 10-1 所示，共两樘，计算玻璃窗工程量。

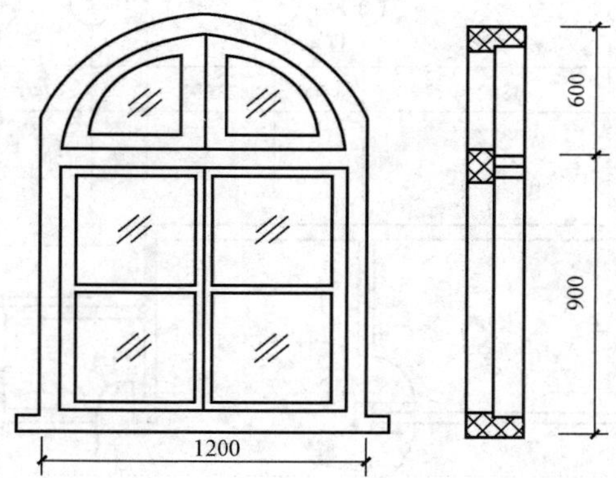

图 10-1 某宾馆设计洞口尺寸

解：计算公式：

$$S1 = 1.2 \times 0.9 \times 2 = 2.16\text{m}^2$$

$$S2 = \frac{1}{2} \times \pi \times 0.6^2 \times 2 = 1.13\text{m}^2$$

$$S = 2.16 + 1.13 = 3.29\text{m}^2$$

异形木固定窗工程量 = 设计图示数量 = 2 樘

【例 10-2】 某宾馆有 900mm×1200mm 的门洞 66 樘，内外钉细木工板门套、贴脸（不带龙骨），榉木夹板贴面，尺寸如图 10-2 所示，计算工程量。

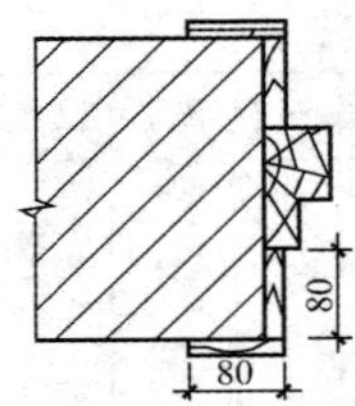

图 10-2 榉木夹板贴面尺寸

解：（1）门窗木贴脸工程量计算如下：

门窗木贴脸工程量＝（门洞宽＋贴脸宽×2＋门洞高×2）×贴脸宽

＝（0.9＋0.08×2＋2.1×2）×2×66

＝694.32(m)

（2）榉木筒子板工程量计算如下：

榉木筒子板工程量＝（门洞宽＋门洞高×2）×筒子板宽

＝（0.9＋2.1×2）×0.08×2×66

＝53.86(m^2)

【例 10-3】 计算图 10-3 所示套房实木镶板门制作及塑钢窗的工程量。依据图 10-1，C-1 尺寸，设分户门洞尺寸 800mm×2000mm，室内门 M-2 洞口尺寸 800mm×2100mm，M-4 洞口尺寸。700mm×2100mm，塑钢窗洞口高度均为 1600mm。塑钢窗平开 60 系列，中空玻璃 5＋9＋5mm，平板玻璃 6mm。

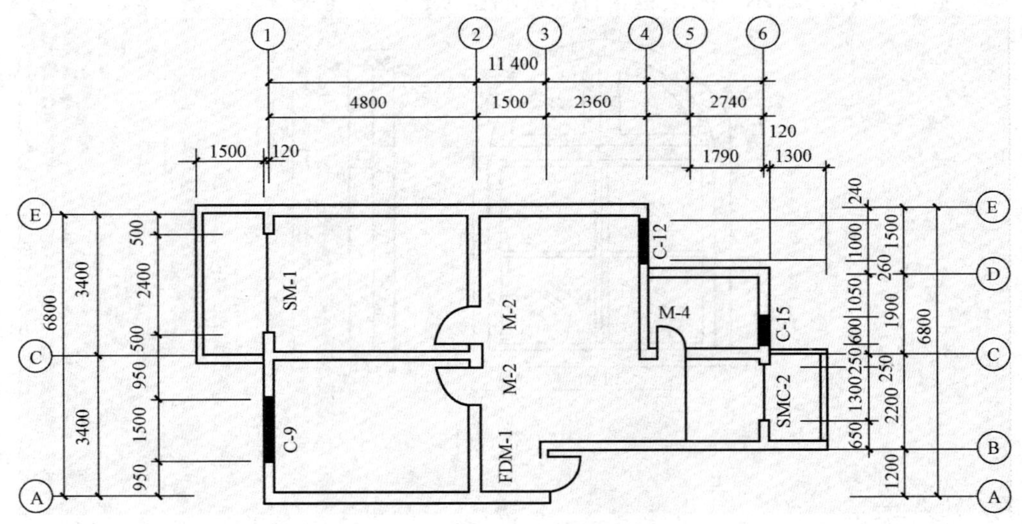

图 10-3 某套房平面图

解：（1）计算公式：

实木镶板门工程量＝设计图示数量

则

分户门 FDM-1 工程量＝1 樘

室内门 M-2 工程量＝2 樘

$$室内门 M\text{-}4 工程量 = 1 樘$$

$$S_1 = 2 \times 0.8 \times 1 = 1.60\text{m}^2$$

$$S_2 = 0.8 \times 2.1 \times 2 = 3.36\text{m}^2$$

$$S_3 = 0.7 \times 2.1 \times 1 = 1.47\text{m}^2$$

$$S = 1.60 + 3.36 + 1.47 = 6.43\text{m}^2$$

（2）计算公式：

$$塑钢窗工程量 = 设计图示数量$$

则

$$塑钢窗 C\text{-}9 工程量 = 1 樘$$

$$塑钢窗 C\text{-}12 工程量 = 1 樘$$

$$塑钢窗 C\text{-}15 工程量 = 1 樘$$

$$S_1 = 1.5 \times 1.6 \times 1 = 2.40\text{m}^2$$

$$S_2 = 1.0 \times 1.6 \times 1 = 1.60\text{m}^2$$

$$S_3 = 0.6 \times 1.6 \times 1 = 0.96\text{m}^2$$

$$S = 2.40 + 1.60 + 0.96 = 4.96\text{m}^2$$

分部分项工程和单价措施项目清单与计价见表10-11。

表10-11　　分部分项工程和单价措施项目清单与计价表

工程名称：某宾馆　　　　第1页　共1页

序号	项目编码	项目名称	项目特征描述	计量单位	工程量	金额/元		
						综合单价	合价	其中 暂估价
1	010801001001	镶板木门	1. 门代号及洞口尺寸 FDM-1 800mm×2000mm M-2 800mm×2100mm M-4 700mm×2100mm 2. 镶嵌玻璃品种 厚度：平板玻璃6mm	m^2	6.43			
2	010807001001	塑钢平开窗	1. 窗代号及洞口尺寸 C-9 1500mm×1600mm C-12 1000mm×1600mm C-15 600mm×1600mm 2. 框扇材质：塑钢60系列 3. 玻璃品种厚度 中空玻璃5+9+5mm	m^2	4.96			

续表

序号	项目编码	项目名称	项目特征描述	计量单位	工程量	金额/元		
						综合单价	合价	其中 暂估价
3	010806001001	木固定窗	1. 窗代号及洞口尺寸 C-1 1200mm×1500mm 2. 玻璃品种厚度 平板玻璃 5mm	m^2	3.29			
本页小计								
合计								

第11章 屋面及防水工程

11.1 屋面及防水工程清单工程量计算规则

11.1.1 瓦、型材及其他屋面

瓦、型材及其他屋面工程量清单项目设置、项目特征描述、计量单位及工程量计算规则应按表11-1的规定执行。

表11-1　　瓦、型材及其他屋面（编码：010901）

项目编码	项目名称	项目特征	计量单位	工程量计算规则	工作内容
010901001	瓦屋面	1. 瓦品种、规格 2. 粘结层砂浆的配合比	m^2	按设计图示尺寸以斜面积计算。不扣除房上烟囱、风帽底座、风道、小气窗、斜沟等所占面积。小气窗的出檐部分不增加面积	1. 砂浆制作、运输、摊铺、养护 2. 安瓦、作瓦脊
010901002	型材屋面	1. 型材品种、规格 2. 金属檩条材料品种、规格 3. 接缝、嵌缝材料种类			1. 檩条制作、运输、安装 2. 屋面型材安装 3. 接缝、嵌缝
010901003	阳光板屋面	1. 阳光板品种、规格 2. 骨架材料品种、规格 3. 接缝、嵌缝材料种类 4. 油漆品种、刷漆遍数		按设计图示尺寸以斜面积计算 不扣除屋面面积≤0.3m^2孔洞所占面积	1. 骨架制作、运输、安装、刷防护材料、油漆 2. 阳光板安装 3. 接缝、嵌缝
010901004	玻璃钢屋面	1. 玻璃钢品种、规格 2. 骨架材料品种、规格 3. 玻璃钢固定方式 4. 接缝、嵌缝材料种类 5. 油漆品种、刷漆遍数			1. 骨架制作、运输、安装、刷防护材料、油漆 2. 玻璃钢制作、安装 3. 接缝、嵌缝

续表

项目编码	项目名称	项目特征	计量单位	工程量计算规则	工作内容
010901005	膜结构屋面	1. 膜布品种、规格 2. 支柱（网架）钢材品种、规格 3. 钢丝绳品种、规格 4. 锚固基座做法 5. 油漆品种、刷漆遍数	m^2	按设计图示尺寸以需要覆盖的水平投影面积计算	1. 膜布热压胶接 2. 支柱（网架）制作、安装 3. 膜布安装 4. 穿钢丝绳、锚头锚固 5. 锚固基座挖土、回填 6. 刷防护材料，油漆

注：1. 瓦屋面，若是在木基层上铺瓦，项目特征不必描述粘结层砂浆的配合比，瓦屋面铺防水层，按 1.2 屋面防水及其他中相关项目编码列项。

2. 型材屋面、阳光板屋面、玻璃钢屋面的柱、梁、屋架，按本规范附录金属结构工程、附录木结构工程中相关项目编码列项。

11.1.2 屋面防水及其他

屋面防水及其他工程量清单项目设置、项目特征描述、计量单位及工程量计算规则应按表 11 - 2 的规定执行。

表 11 - 2　　屋面防水及其他（编码：010902）

项目编码	项目名称	项目特征	计量单位	工程量计算规则	工作内容
010902001	屋面卷材防水	1. 卷材品种、规格、厚度 2. 防水层数 3. 防水层做法	m^2	按设计图示尺寸以面积计算 1. 斜屋顶（不包括平屋顶找坡）按斜面积计算，平屋顶按水平投影面积计算 2. 不扣除房上烟囱、风帽底座、风道、屋面小气窗和斜沟所占面积 3. 屋面的女儿墙、伸缩缝和天窗等处的弯起部分，并入屋面工程量内	1. 基层处理 2. 刷底油 3. 铺油毡卷材、接缝
010902002	屋面涂膜防水	1. 防水膜品种 2. 涂膜厚度、遍数 3. 增强材料种类			1. 基层处理 2. 刷基层处理剂 3. 铺布、喷涂防水层
010902003	屋面刚性层	1. 刚性层厚度 2. 混凝土种类 3. 混凝土强度等级 4. 嵌缝材料种类 5. 钢筋规格、型号		按设计图示尺寸以面积计算。不扣除房上烟囱、风帽底座、风道等所占面积	1. 基层处理 2. 混凝土制作、运输、铺筑、养护 3. 钢筋制作

续表

项目编码	项目名称	项目特征	计量单位	工程量计算规则	工作内容
010902004	屋面排水管	1. 排水管品种、规格 2. 雨水斗、山墙出水口品种、规格 3. 接缝、嵌缝材料种类 4. 油漆品种、刷漆遍数	m	按设计图示尺寸以长度计算。如设计未标注尺寸，以檐口至设计室外散水上表面垂直距离计算	1. 排水管及配件安装、固定 2. 雨水斗、山墙出水口、雨水箅子安装 3. 接缝、嵌缝 4. 刷漆
010902005	屋面排（透）气管	1. 排（透）气管品种、规格 2. 接缝、嵌缝材料种类 3. 油漆品种、刷漆遍数		按设计图示尺寸以长度计算	1. 排（透）气管及配件安装、固定 2. 铁件制作、安装 3. 接缝、嵌缝 4. 刷漆
010902006	屋面（廊、阳台）泄（吐）水管	1. 吐水管品种、规格 2. 接缝、嵌缝材料种类 3. 吐水管长度 4. 油漆品种、刷漆遍数	根（个）	按设计图示数量计算	1. 水管及配件安装、固定 2. 接缝、嵌缝 3. 刷漆
010902007	屋面天沟、檐沟	1. 材料品种、规格 2. 接缝、嵌缝材料种类	m^2	按设计图示尺寸以展开面积计算	1. 天沟材料铺设 2. 天沟配件安装 3. 接缝、嵌缝 4. 刷防护材料
010902008	屋面变形缝	1. 嵌缝材料种类 2. 止水带材料种类 3. 盖缝材料 4. 防护材料种类	m	按设计图示以长度计算	1. 清缝 2. 填塞防水材料 3. 止水带安装 4. 盖缝制作、安装 5. 刷防护材料

注：1. 屋面刚性层无钢筋，其钢筋项目特征不必描述。
2. 屋面找平层按本规范附录楼地面装饰工程“平面砂浆找平层”项目编码列项。
3. 屋面防水搭接及附加层用量不另行计算，在综合单价中考虑。
4. 屋面保温找坡层按本规范附录保温、隔热、防腐工程“保温隔热屋面”项目编码列项。

11.1.3　墙面防水、防潮

墙面防水、防潮工程量清单项目设置、项目特征描述、计量单位及工程量计算规则应按表 11 - 3 的规定执行。

表 11-3 墙面防水、防潮（编码：010903）

项目编码	项目名称	项目特征	计量单位	工程量计算规则	工作内容
010903001	墙面卷材防水	1. 卷材品种、规格、厚度 2. 防水层数 3. 防水层做法	m^2	按设计图示尺寸以面积计算	1. 基层处理 2. 刷粘结剂 3. 铺防水卷材 4. 接缝、嵌缝
010903002	墙面涂膜防水	1. 防水膜品种 2. 涂膜厚度、遍数 3. 增强材料种类			1. 基层处理 2. 刷基层处理剂 3. 铺布、喷涂防水层
010903003	墙面砂浆防水（防潮）	1. 防水层做法 2. 砂浆厚度、配合比 3. 钢丝网规格			1. 基层处理 2. 挂钢丝网片 3. 设置分格缝 4. 砂浆制作、运输、摊铺、养护
010903004	墙面变形缝	1. 嵌缝材料种类 2. 止水带材料种类 3. 盖缝材料 4. 防护材料种类	m	按设计图示以长度计算	1. 清缝 2. 填塞防水材料 3. 止水带安装 4. 盖缝制作、安装 5. 刷防护材料

注：1. 墙面防水搭接及附加层用量不另行计算，在综合单价中考虑。
2. 墙面变形缝，若做双面，工程量乘系数 2。
3. 墙面找平层按本规范附录墙、柱面装饰与隔断工程“立面砂浆找平层”项目编码列项。

11.1.4 楼（地）面防水、防潮

楼（地）面防水、防潮工程量清单项目设置、项目特征描述、计量单位及工程量计算规则应按表 11-4 的规定执行。

表 11-4 楼（地）面防水、防潮（编码：010904）

项目编码	项目名称	项目特征	计量单位	工程量计算规则	工作内容
010904001	楼（地）面卷材防水	1. 卷材品种、规格、厚度 2. 防水层数 3. 防水层做法 4. 反边高度	m^2	按设计图示尺寸以面积计算 1. 楼（地）面防水：按主墙间净空面积计算，扣除凸出地面的构筑物、设备基础等所占面积，不扣除间壁墙及单个面积≤0.3m^2 柱、垛、烟囱和孔洞所占面积 2. 楼（地）面防水反边高度≤300mm 算作地面防水，反边高度＞300mm 算作墙面防水	1. 基层处理 2. 刷粘结剂 3. 铺防水卷材 4. 接缝、嵌缝
010904002	楼（地）面涂膜防水	1. 防水膜品种 2. 涂膜厚度、遍数 3. 增强材料种类 4. 反边高度			1. 基层处理 2. 刷基层处理剂 3. 铺布、喷涂防水层
010904003	楼（地）面砂浆防水（防潮）	1. 防水层做法 2. 砂浆厚度、配合比 3. 反边高度			1. 基层处理 2. 砂浆制作、运输、摊铺、养护

续表

项目编码	项目名称	项目特征	计量单位	工程量计算规则	工作内容
010904004	楼（地）面变形缝	1. 嵌缝材料种类 2. 止水带材料种类 3. 盖缝材料 4. 防护材料种类	m	按设计图示以长度计算	1. 清缝 2. 填塞防水材料 3. 止水带安装 4. 盖缝制作、安装 5. 刷防护材料

注：1. 楼（地）面防水找平层按本规范附录楼地面装饰工程“平面砂浆找平层”项目编码列项。

2. 楼（地）面防水搭接及附加层用量不另行计算，在综合单价中考虑。

11.2 屋面及防水工程清单工程量计算实例

【例 11-1】 某工程屋面平面图如图 11-1 所示，剖面图如图 11-2 所示，根据图示尺寸及工程做法，试编制屋面防水层、找平层、保温层招标工程量清单。

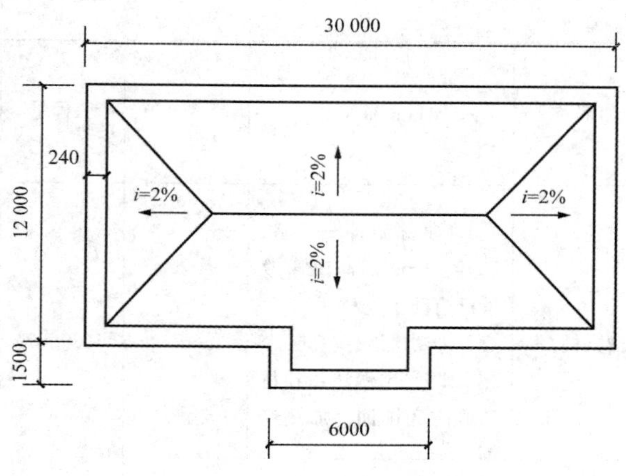

图 11-1 屋面平面图

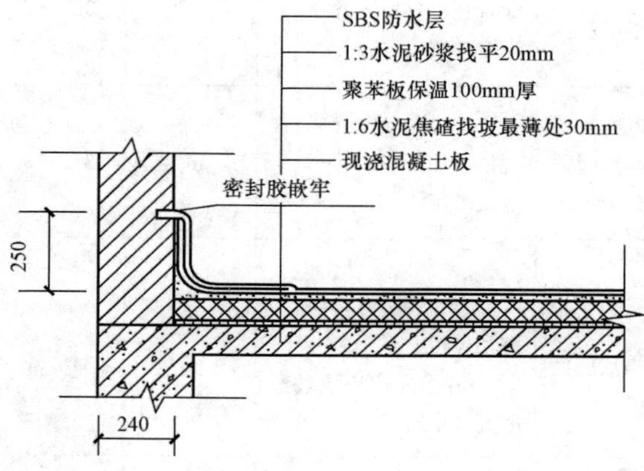

图 11-2 剖面图

解：根据施工图计算清单工程量：

SBS 防水

$$S=(30-0.24\times 2)\times(12-0.24\times 2)+(6-0.24\times 2)\times 1.5+(30-0.24\times 2+12-0.24\times 2+1.5)\times 2\times 0.25=369.62(m^2)$$

找平层

$$S=(30-0.24\times 2)\times(12-0.24\times 2)+(6-0.24\times 2)\times 1.5+(30-0.24\times 2+12-0.24\times 2+1.5)\times 2\times 0.25=369.62(m^2)$$

保温层

$$S=(30-0.24\times 2)\times(12-0.24\times 2)+(6-0.24\times 2)\times 1.5=348.35(m^2)$$

分部分项工程和单价措施项目清单与计价表见表 11-5。

表 11-5　　分部分项工程和单价措施项目清单与计价表

工程名称：某工程屋面　　第 1 页　共 1 页

序号	项目编码	项目名称	项目特征描述	计量单位	工程量	金额/元		
						综合单价	合价	其中 暂估价
1	010902001001	屋面卷材防水	1. 卷材品种、规格、厚度：3mm 厚 SBS 改性沥青防水卷材 2. 防水层数：一层 3. 防水层做法：卷材底刷冷底子油、加热烤铺	m^2	369.62			
2	011101006001	屋面砂浆找平层	1. 找平层厚度、砂浆配合比：20mm 厚 1∶3 水泥砂浆	m^2	369.62			
3	011001001001	保温隔热屋面	1. 保温隔热材料品种规格厚度 聚苯板 100mm	m^2	348.35			
4	011001001002	保温隔热屋面	1. 保温隔热材料品种规格厚度 1∶6 水泥焦渣找坡最薄处 30mm	m^2	348.35			

第12章　保温、隔热、防腐工程

12.1　保温、隔热工程清单工程量计算规则

12.1.1　保温、隔热

保温、隔热工程量清单项目设置、项目特征描述、计量单位及工程量计算规则应按表12-1的规定执行。

表12-1　　　　**保温、隔热（编码：011001）**

项目编码	项目名称	项目特征	计量单位	工程量计算规则	工作内容
011001001	保温隔热屋面	1. 保温隔热材料品种、规格、厚度 2. 隔气层材料品种、厚度 3. 粘结材料种类、做法 4. 防护材料种类、做法	m^2	按设计图示尺寸以面积计算。扣除面积＞0.3m^2孔洞及占位面积	1. 基层清理 2. 刷粘结材料 3. 铺粘保温层 4. 铺、刷（喷）防护材料
011001002	保温隔热天棚	1. 保温隔热面层材料品种、规格、性能 2. 保温隔热材料品种、规格及厚度 3. 粘结材料种类及做法 4. 防护材料种类及做法		按设计图示尺寸以面积计算。扣除面积＞0.3m^2上柱、垛、孔洞所占面积，与天棚相连的梁按展开面积，计算并入天棚工程量	
011001003	保温隔热墙面	1. 保温隔热部位 2. 保温隔热方式 3. 踢脚线、勒脚线保温做法 4. 龙骨材料品种、规格 5. 保温隔热面层材料品种、规格、性能 6. 保温隔热材料品种、规格及厚度 7. 增强网及抗裂防水砂浆种类 8. 粘结材料种类及做法 9. 防护材料种类及做法		按设计图示尺寸以面积计算。扣除门窗洞口以及面积＞0.3m^2梁、孔洞所占面积；门窗洞口侧壁以及与墙相连的柱需作保温时，并入保温墙体工程量内	1. 基层清理 2. 刷界面剂 3. 安装龙骨 4. 填贴保温材料 5. 保温板安装 6. 粘贴面层 7. 铺设增强格网、抹抗裂、防水砂浆面层 8. 嵌缝 9. 铺、刷（喷）防护材料
011001004	保温柱、梁			按设计图示尺寸以面积计算 1. 柱按设计图示柱断面保温层中心线展开长度乘保温层高度以面积计算，扣除面积＞0.3m^2梁所占面积 2. 梁按设计图示梁断面保温层中心线展开长度乘保温层长度以面积计算	

续表

项目编码	项目名称	项目特征	计量单位	工程量计算规则	工作内容
011001005	保温隔热楼地面	1. 保温隔热部位 2. 保温隔热材料品种、规格、厚度 3. 隔气层材料品种、厚度 4. 粘结材料种类、做法 5. 防护材料种类、做法	m^2	按设计图示尺寸以面积计算。扣除面积＞0.3m^2 柱、垛、孔洞所占面积。门洞、空圈、暖气包槽、壁龛的开口部分不增加面积	1. 基层清理 2. 刷粘结材料 3. 铺黏保温层 4. 铺、刷（喷）防护材料
011001006	其他保温隔热	1. 保温隔热部位 2. 保温隔热方式 3. 隔气层材料品种、厚度 4. 保温隔热面层材料品种、规格、性能 5. 保温隔热材料品种、规格及厚度 6. 粘结材料种类及做法 7. 增强网及抗裂防水砂浆种类 8. 防护材料种类及做法		按设计图示尺寸以展开面积计算。扣除面积＞0.3m^2 孔洞及占位面积	1. 基层清理 2. 刷界面剂 3. 安装龙骨 4. 填贴保温材料 5. 保温板安装 6. 粘贴面层 7. 铺设增强格网、抹抗裂防水砂浆面层 8. 嵌缝 9. 铺、刷（喷）防护材料

注：1. 保温隔热装饰面层，按本规范附录楼地面装饰工程，墙、柱面装饰与隔断、幕墙工程，天棚工程；油漆、涂料、裱糊工程及其他装饰工程中相关项目编码列项；仅做找平层按本规范附录楼地面装饰工程“平面砂浆找平层”或附录墙、柱面装饰与隔断、幕墙工程“立面砂浆找平层”项目编码列项。

2. 柱帽保温隔热应并入天棚保温隔热工程量内。

3. 池槽保温隔热应按其他保温隔热项目编码列项。

4. 保温隔热方式：指内保温、外保温、夹心保温。

5. 保温柱、梁适用于不与墙、天棚相连的独立柱、梁。

12.1.2 防腐面层

防腐面层工程量清单项目设置、项目特征描述、计量单位及工程量计算规则应按表 12 - 2的规定执行。

表12-2　　防腐面层（编码：011002）

项目编码	项目名称	项目特征	计量单位	工程量计算规则	工作内容
011002001	防腐混凝土面层	1. 防腐部位 2. 面层厚度 3. 混凝土种类 4. 胶泥种类、配合比	m²	按设计图示尺寸以面积计算 1. 平面防腐：扣除凸出地面的构筑物、设备基础等以及面积＞0.3m² 孔洞、柱、垛所占面积。门洞、窗圈、暖气包槽、壁龛的开口部分不增加面积 2. 立面防腐：扣除门、窗、洞口以及面积＞0.3m² 孔洞、梁所占面积，门、窗、洞口侧壁、垛突出部分按展开面积并入墙面积内	1. 基层清理 2. 基层刷稀胶泥 3. 混凝土制作、运输、摊铺、养护
011002002	防腐砂浆面层	1. 防腐部位 2. 面层厚度 3. 砂浆、胶泥种类、配合比			1. 基层清理 2. 基层刷稀胶泥 3. 砂浆制作、运输、摊铺、养护
011002003	防腐胶泥面层	1. 防腐部位 2. 面层厚度 3. 胶泥种类、配合比			1. 基层清理 2. 胶泥调制、摊铺
011002004	玻璃钢防腐面层	1. 防腐部位 2. 玻璃钢种类 3. 贴布材料的种类、层数 4. 面层材料品种			1. 基层清理 2. 刷底漆、刮腻子 3. 胶浆配制、涂刷 4. 粘布、涂刷面层
011002005	聚氯乙烯板面层	1. 防腐部位 2. 面层材料品种、厚度 3. 粘结材料种类			1. 基层清理 2. 配料、涂胶 3. 聚氯乙烯板铺设
011002006	块料防腐面层	1. 防腐部位 2. 块料品种、规格 3. 粘结材料种类 4. 勾缝材料种类			1. 基层清理 2. 铺贴块料 3. 胶泥调制、勾缝
011002007	池、槽块料防腐面层	1. 防腐池、槽名称、代号 2. 块料品种、规格 3. 粘结材料种类 4. 勾缝材料种类		按设计图示尺寸以展开面积计算	1. 基层清理 2. 铺贴块料 3. 胶泥调制、勾缝

注：防腐踢脚线，应按本规范表13-5中“踢脚线”项目编码列项。

12.1.3　其他防腐

其他防腐工程量清单项目设置、项目特征描述、计量单位及工程量计算规则应按表12-3的规定执行。

表 12-3　　其他防腐（编码：011003）

项目编码	项目名称	项目特征	计量单位	工程量计算规则	工作内容
011003001	隔离层	1. 隔离层部位 2. 隔离层材料品种 3. 隔离层做法 4. 粘贴材料种类	m^2	按设计图示尺寸以面积计算 1. 平面防腐：扣除凸出地面的构筑物、设备基础等以及面积>0.3平方米孔洞、柱、垛所占面积，门洞、空圈、暖气包槽、壁合龛的开口部分不增加面积 2. 立面防腐：扣除门、窗、洞口以及面积>0.3m^2孔洞、梁所占面积，门、窗、洞口侧壁、垛突出部分按展开面积并入墙面积内	1. 基层清理、刷油 2. 煮沥青 3. 胶泥调制 4. 隔离层铺设
011003002	砌筑沥青浸渍砖	1. 砌筑部位 2. 浸渍砖规格 3. 胶泥种类 4. 浸渍砖砌法	m^3	按设计图示尺寸以体积计算	1. 基层清理 2. 胶泥调制 3. 浸渍砖铺砌
011003003	防腐涂料	1. 涂刷部位 2. 基层材料类型 3. 刮腻子的种类、遍数 4. 涂料品种、刷涂遍数	m^2	按设计图示尺寸以面积计算 1. 平面防腐：扣除凸出地面的构筑物、设备基础等以及面积>0.3m^2孔洞、柱、垛所占面积。门洞、空圈、暖气包槽、壁合龛的开口部分不增加面积 2. 立面防腐：扣除门、窗、洞口以及面积>0.3m^2孔洞、梁所占面积，门、窗、洞口侧壁、垛突出部分按展开面积并入墙面积内	1. 基层清理 2. 刮腻子 3. 刷涂料

注：浸渍砖砌法指平砌、立砌。

12.2　保温、隔热、防腐工程清单工程量计算实例

【例 12-1】　保温平屋面尺寸如图 12-1 所示。做法如下：空心板上 1∶3 水泥砂浆找平 20mm 厚，刷冷底子油两遍，沥青隔气层一遍，8mm 厚水泥蛭石块保温层 1∶10 现浇水泥蛭石找坡，1∶3 水泥砂浆找平 20mm 厚，SBS 改性沥青卷材满铺一层，点式支撑预制混凝土架空隔热板，板厚 60mm，计算水泥蛭石块保温层和预制混凝土架空隔热板工程量。

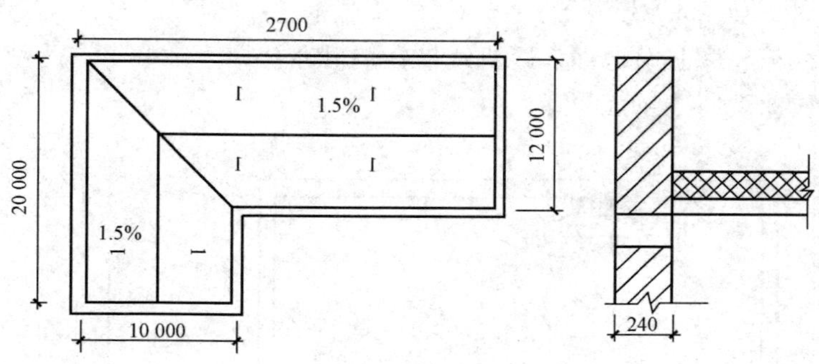

图 12-1　保温平屋面

解：(1) 保温隔热屋面工程量计算如下：

计算公式：

屋面保温层工程量 ＝ 保温层设计长度 × 设计宽度

屋面保温层工程量：

$$(27-0.24)\times(12-0.24)+(10-0.24)\times(20-12)=392.78(\mathrm{m^2})$$

(2) 其他构件工程量计算如下：

计算公式：

预制混凝土板架空隔热板工程量 ＝ 设计长度 × 设计宽度 × 厚度

$$\begin{aligned}\text{预制混凝土板架空隔热板工程量} &= [(27-0.24)\times(12-0.24)\\&\quad+(10-0.24)\times(20-12)]\times 0.06\\&=23.57(\mathrm{m^3})\end{aligned}$$

【例 12-2】　图 12-2 是冷库平面图，设计采用软木保温层，厚度 0.1m，顶棚做带木龙骨保温层，试计算该冷库室内软木保温隔热层工程量（门洞口侧壁不做保温）。

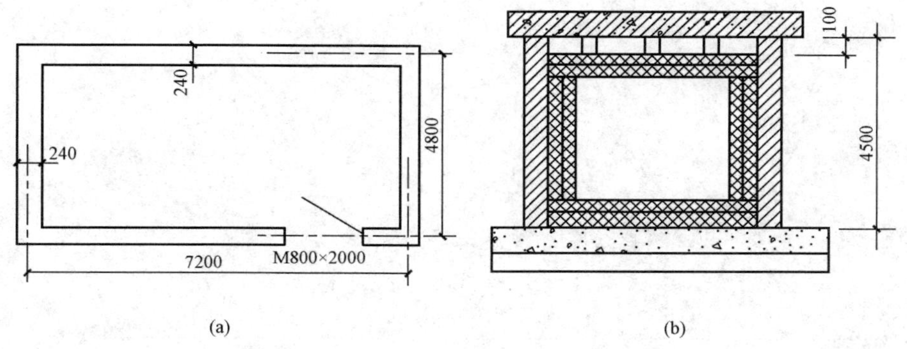

图 12-2　软木保温隔热库简图

解：(1) 地面保温隔热层为：

$$(7.2-0.24)\times(4.8-0.24)=31.74\mathrm{m^2}$$

(2) 钢筋混凝土板下软木保温层工程量为：

$$(7.2-0.24)\times(4.8-0.24)=31.74\mathrm{m^2}$$

(3) 墙体按附墙铺贴软木考虑，工程量为：

$[(7.2-0.24-0.1+4.8-0.24-0.1)\times 2\times(4.5-0.3)-(0.8\times 2)]=93.49m^2$

【例 12-3】 某仓库防腐地面、踢脚线抹铁屑砂浆。厚度 20mm，尺寸如图 12-3 所示，计算地面、踢脚线抹铁屑砂浆工程量。

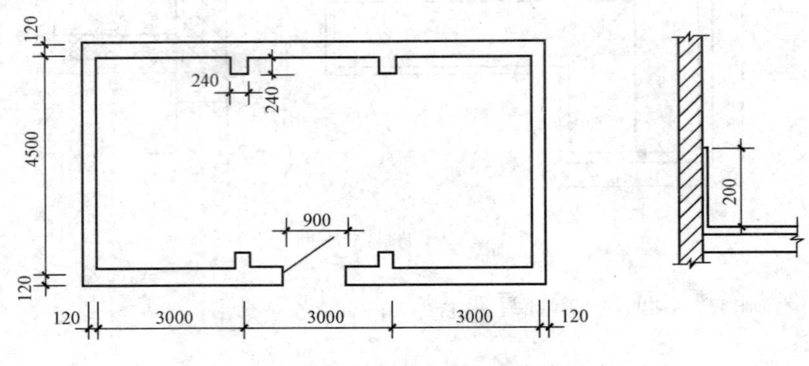

图 12-3 仓库防腐地面、踢脚线尺寸

解：(1) 防腐砂浆面层工程量计算如下：

计算公式：

$$耐酸防腐地面工程量=设计图示净长\times净宽-应扣面积$$

$$耐酸防腐地面工程量=(9-0.24)\times(4.5-0.24)=37.32(m^3)$$

(2) 防腐砂浆面层工程量计算如下：

计算公式：

$$耐酸防腐踢脚线工程量=(踢脚线净长+门垛侧面宽度-门宽)\times净高$$

$$踢脚线工程量=[(9-0.24+0.24\times 4+4.5-0.24)\times 2-0.9+0.12\times 2]\times 0.2=5.46(m^2)$$

第3篇

装饰装修工程量清单项目及计算规则

第13章 楼地面装饰工程

13.1 楼地面装饰工程清单工程量计算规则

13.1.1 整体面层及找平层

整体面层及找平层工程量清单项目的设置、项目特征描述的内容、计量单位及工程量计算规则应按表13-1的规定执行。

表13-1 整体面层及找平层（编码：011101）

项目编码	项目名称	项目特征	计量单位	工程量计算规则	工作内容
011101001	水泥砂浆楼地面	1. 找平层厚度、砂浆配合比 2. 素水泥浆遍数 3. 面层厚度、砂浆配合比 4. 面层做法要求	m^2	按设计图示尺寸以面积计算。扣除凸出地面构筑物、设备基础、室内管道、地沟等所占面积，不扣除间壁墙及≤0.3m^2柱、垛、附墙烟囱及孔洞所占面积。门洞、空圈、暖气包槽、壁龛的开口部分不增加面积	1. 基层清理 2. 抹找平层 3. 抹面层 4. 材料运输
011101002	现浇水磨石楼地面	1. 找平层厚度、砂浆配合比 2. 面层厚度、水泥石子浆配合比 3. 嵌条材料种类、规格 4. 石子种类、规格、颜色 5. 颜料种类、颜色 6. 图案要求 7. 磨光、酸洗、打蜡要求			1. 基层清理 2. 抹找平层 3. 面层铺设 4. 嵌缝条安装 5. 磨光、酸洗打蜡 6. 材料运输
011101003	细石混凝土楼地面	1. 找平层厚度、砂浆配合比 2. 面层厚度、混凝土强度等级			1. 基层清理 2. 抹找平层 3. 面层铺设 4. 材料运输

续表

项目编码	项目名称	项目特征	计量单位	工程量计算规则	工作内容
011101004	菱苦土楼地面	1. 找平层厚度、砂浆配合比 2. 面层厚度 3. 打蜡要求	m^2	按设计图示尺寸以面积计算。扣除凸出地面构筑物、设备基础、室内管道、地沟等所占面积，不扣除间壁墙及≤0.3m^2柱、垛、附墙烟囱及孔洞所占面积。门洞、空圈、暖气包槽、壁龛的开口部分不增加面积	1. 基层清理 2. 抹找平层 3. 面层铺设 4. 打蜡 5. 材料运输
011101005	自流坪楼地面	1. 找平层厚度、砂浆配合比 2. 界面剂材料种类 3. 中层漆材料种类、厚度 4. 面漆材料种类、厚度 5. 面层材料种类			1. 基层处理 2. 抹找平层 3. 涂界面剂 4. 涂刷中层漆 5. 打磨、吸尘 6. 镘自流平面漆（浆） 7. 拌和自流平浆料 8. 铺面层
011101006	平面砂浆找平层	找平层厚度、砂浆配合比		按设计图示尺寸以面积计算	1. 基层清理 2. 抹找平层 3. 材料运输

注：1. 水泥砂浆面层处理是拉毛还是提浆压光应在面层做法要求中描述。

2. 平面砂浆找平层只适用于仅做找平层的平面抹灰。

3. 间壁墙指墙厚≤120mm的墙。

4. 楼地面混凝土垫层另按表7-1垫层项目编码列项，除混凝土外的其他材料垫层按6-4垫层项目编码列项。

13.1.2 块料面层

块料面层工程量清单项目的设置、项目特征描述的内容、计量单位、工程量计算规则应按表13-2的规定执行。

表13-2　　块料面层（编码：011102）

项目编码	项目名称	项目特征	计量单位	工程量计算规则	工作内容
011102001	石材楼地面	1. 找平层厚度、砂浆配合比 2. 结合层厚度、砂浆配合比 3. 面层材料品种、规格、颜色 4. 嵌缝材料种类 5. 防护层材料种类 6. 酸洗、打蜡要求	m^2	按设计图示尺寸以面积计算。门洞、空圈、暖气包槽、壁龛的开口部分并入相应的工程量内	1. 基层清理 2. 抹找平层 3. 面层铺设、磨边 4. 嵌缝 5. 刷防护材料 6. 酸洗、打蜡 7. 材料运输
011102002	碎石材楼地面				
011102003	块料楼地面				

注：1. 在描述碎石材项目的面层材料特征时可不用描述规格、颜色。

2. 石材、块料与粘结材料的结合面刷防渗材料的种类在防护层材料种类中描述。

3. 本表工作内容中的磨边指施工现场磨边，后面章节工作内容中涉及的磨边含义同。

13.1.3　橡塑面层

橡塑面层工程量清单项目的设置、项目特征描述的内容、计量单位、工程量计算规则应按表13-3的规定执行。

表13-3　　**橡塑面层（编码：011103）**

项目编码	项目名称	项目特征	计量单位	工程量计算规则	工作内容
011103001	橡胶板楼地面	1. 粘结层厚度、材料种类 2. 面层材料品种、规格、颜色 3. 压线条种类	m^2	按设计图示尺寸以面积计算。门洞、空圈、暖气包槽、壁龛的开口部分并入相应的工程量内	1. 基层清理 2. 面层铺贴 3. 压缝条装钉 4. 材料运输
011103002	橡胶板卷材楼地面				
011103003	塑料板楼地面				
011103004	塑料卷材楼地面				

注：本表项目中如涉及找平层，另按本附录表13-1找平层项目编码列项。

13.1.4　其他材料面层

其他材料面层工程量清单项目的设置、项目特征描述的内容、计量单位、工程量计算规则应按表13-4的规定执行。

表13-4　　**其他材料面层（编码：011104）**

项目编码	项目名称	项目特征	计量单位	工程量计算规则	工作内容
011104001	地毯楼地面	1. 面层材料品种、规格、颜色 2. 防护材料种类 3. 粘结材料种类 4. 压线条种类	m^2	按设计图示尺寸以面积计算。门洞、空圈、暖气包槽、壁龛的开口部分并入相应的工程量内	1. 基层清理 2. 铺贴面层 3. 刷防护材料 4. 装钉压条 5. 材料运输
011104002	竹木（复合）地板	1. 龙骨材料种类、规格、铺设间距 2. 基层材料种类、规格 3. 面层材料品种、规格、颜色 4. 防护材料种类			1. 基层清理 2. 龙骨铺设 3. 基层铺设 4. 面层铺贴 5. 刷防护材料 6. 材料运输
011104003	金属复合地板				
011104004	防静电活动地板	1. 支架高度、材料种类 2. 面层材料品种、规格、颜色 3. 防护材料种类			1. 基层清理 2. 固定支架安装 3. 活动面层安装 4. 刷防护材料 5. 材料运输

13.1.5 踢脚线

踢脚线工程量清单项目的设置、项目特征描述的内容、计量单位、工程量计算规则应按表 13-5 的规定执行。

表 13-5　　踢脚线（编码：011105）

<table>
<tr><th>项目编码</th><th>项目名称</th><th>项目特征</th><th>计量单位</th><th>工程量计算规则</th><th>工作内容</th></tr>
<tr><td>011105001</td><td>水泥砂浆踢脚线</td><td>1. 踢脚线高度
2. 底层厚度、砂浆配合比
3. 面层厚度、砂浆配合比</td><td rowspan="7">1. m²
2. m</td><td rowspan="7">1. 以平方米计量，按设计图示长度乘高度以面积计算
2. 按延长米计算</td><td>1. 基层清理
2. 底层和面层抹灰
3. 材料运输</td></tr>
<tr><td>011105002</td><td>石材踢脚线</td><td rowspan="2">1. 踢脚线高度
2. 粘贴层厚度、材料种类
3. 面层材料品种、规格、颜色
4. 防护材料种类</td><td rowspan="3">1. 基层清理
2. 底层抹灰
3. 面层铺贴、磨边
4. 擦缝
5. 磨光、酸洗、打蜡
6. 刷防护材料
7. 材料运输</td></tr>
<tr><td>011105003</td><td>块料踢脚线</td></tr>
<tr><td>011105004</td><td>塑料板踢脚线</td><td>1. 踢脚线高度
2. 粘结层厚度、材料种类
3. 面层材料种类、规格、颜色</td></tr>
<tr><td>011105005</td><td>木质踢脚线</td><td rowspan="3">1. 踢脚线高度
2. 基层材料种类、规格
3. 面层材料品种、规格、颜色</td><td rowspan="3">1. 基层清理
2. 基层铺贴
3. 面层铺贴
4. 材料运输</td></tr>
<tr><td>011105006</td><td>金属踢脚线</td></tr>
<tr><td>011105007</td><td>防静电踢脚线</td></tr>
</table>

注：石材、块料与粘结材料的结合面刷防渗材料的种类在防护材料种类中描述。

13.1.6 楼梯面层

楼梯面层工程量清单项目的设置、项目特征描述的内容、计量单位、工程量计算规则应按表 13-6 的规定执行。

表 13-6 楼梯面层（编码：011106）

项目编码	项目名称	项目特征	计量单位	工程量计算规则	工作内容
011106001	石材楼梯面层	1. 找平层厚度、砂浆配合比 2. 粘结层厚度、材料种类 3. 面层材料品种、规格、颜色 4. 防滑条材料种类、规格 5. 勾缝材料种类 6. 防护层材料种类 7. 酸洗、打蜡要求	m²	按设计图示尺寸以楼梯（包括踏步、休息平台及≤500mm的楼梯井）水平投影面积计算。楼梯与楼地面相连时，算至梯口梁内侧边沿；无梯口梁者，算至最上一层踏步边沿加300mm	1. 基层清理 2. 抹找平层 3. 面层铺贴、磨边 4. 贴嵌防滑条 5. 勾缝 6. 刷防护材料 7. 酸洗、打蜡 8. 材料运输
011106002	块料楼梯面层				
011106003	拼碎块料面层				
011106004	水泥砂浆楼梯面层	1. 找平层厚度、砂浆配合比 2. 面层厚度、砂浆配合比 3. 防滑条材料种类、规格			1. 基层清理 2. 抹找平层 3. 抹面层 4. 抹防滑条 5. 材料运输
011106005	现浇水磨石楼梯面层	1. 找平层厚度、砂浆配合比 2. 面层厚度、水泥石子浆配合比 3. 防滑条材料种类、规格 4. 石子种类、规格、颜色 5. 颜料种类、颜色 6. 磨光、酸洗打蜡要求			1. 基层清理 2. 抹找平层 3. 抹面层 4. 贴嵌防滑条 5. 磨光、酸洗、打蜡 6. 材料运输
011106006	地毯楼梯面层	1. 基层种类 2. 面层材料品种、规格、颜色 3. 防护材料种类 4. 粘结材料种类 5. 固定配件材料种类、规格			1. 基层清理 2. 铺贴面层 3. 固定配件安装 4. 刷防护材料 5. 材料运输

续表

项目编码	项目名称	项目特征	计量单位	工程量计算规则	工作内容
011106007	木板楼梯面层	1. 基层材料种类、规格 2. 面层材料品种、规格、颜色 3. 粘结材料种类 4. 防护材料种类	m^2	按设计图示尺寸以楼梯（包括踏步、休息平台及≤500mm的楼梯井）水平投影面积计算。楼梯与楼地面相连时，算至梯口梁内侧边沿；无梯口梁者，算至最上一层踏步边沿加300mm	1. 基层清理 2. 基层铺贴 3. 面层铺贴 4. 刷防护材料 5. 材料运输
011106008	橡胶板楼梯面层	1. 粘结层厚度、材料种类 2. 面层材料品种、规格、颜色 3. 压线条种类			1. 基层清理 2. 面层铺贴 3. 压缝条装钉 4. 材料运输
011106009	塑料板楼梯面层				

注：1. 在描述碎石材项目的面层材料特征时可不用描述规格、颜色。
2. 石材、块料与粘结材料的结合面刷防渗材料的种类在防护层材料种类中描述。

13.1.7 台阶装饰

台阶装饰工程量清单项目的设置、项目特征描述的内容、计量单位、工程量计算规则应按表 13 - 7 的规定执行。

表 13 - 7 台阶装饰（编码：011107）

项目编码	项目名称	项目特征	计量单位	工程量计算规则	工作内容
011107001	石材台阶面	1. 找平层厚度、砂浆配合比 2. 粘结层材料种类 3. 面层材料品种、规格、颜色 4. 勾缝材料种类 5. 防滑条材料种类、规格 6. 防护材料种类	m^2	按设计图示尺寸以台阶（包括最上层踏步边沿加 300mm）水平投影面积计算	1. 基层清理 2. 抹找平层 3. 面层铺贴 4. 贴嵌防滑条 5. 勾缝 6. 刷防护材料 7. 材料运输
011107002	块料台阶面				
011107003	拼碎块料台阶面				
011107004	水泥砂浆台阶面	1. 找平层厚度、砂浆配合比 2. 面层厚度、砂浆配合比 3. 防滑条材料种类			1. 基层清理 2. 抹找平层 3. 抹面层 4. 抹防滑条 5. 材料运输

续表

项目编码	项目名称	项目特征	计量单位	工程量计算规则	工作内容
011107005	现浇水磨石台阶面	1. 找平层厚度、砂浆配合比 2. 面层厚度、水泥石子浆配合比 3. 防滑条材料种类、规格 4. 石子种类、规格、颜色 5. 颜料种类、颜色 6. 磨光、酸洗、打蜡要求	m^2	按设计图示尺寸以台阶（包括最上层踏步边沿加 300mm）水平投影面积计算	1. 清理基层 2. 抹找平层 3. 抹面层 4. 贴嵌防滑条 5. 打磨、酸洗、打蜡 6. 材料运输
011107006	剁假石台阶面	1. 找平层厚度、砂浆配合比 2. 面层厚度、砂浆配合比 3. 剁假石要求			1. 清理基层 2. 抹找平层 3. 抹面层 4. 剁假石 5. 材料运输

注：1. 在描述碎石材项目的面层材料特征时可不用描述规格、颜色。

2. 石材、块料与粘结材料的结合面刷防渗材料的种类在防护层材料种类中描述。

13.1.8　零星装饰项目

零星装饰项目工程量清单项目的设置、项目特征描述的内容、计量单位、工程量计算规则应按表 13-8 的规定执行。

表 13-8　　零星装饰项目（编码：011108）

项目编码	项目名称	项目特征	计量单位	工程量计算规则	工作内容
011108001	石材零星项目	1. 工程部位 2. 找平层厚度、砂浆配合比 3. 贴结合层厚度、材料种类 4. 面层材料品种、规格、颜色 5. 勾缝材料种类 6. 防护材料种类 7. 酸洗、打蜡要求	m^2	按设计图示尺寸以面积计算	1. 清理基层 2. 抹找平层 3. 面层铺贴、磨边 4. 勾缝 5. 刷防护材料 6. 酸洗、打蜡 7. 材料运输
011108002	拼碎石材零星项目				
011108003	块料零星项目				
011108004	水泥砂浆零星项目	1. 工程部位 2. 找平层厚度、砂浆配合比 3. 面层厚度、砂浆厚度			1. 清理基层 2. 抹找平层 3. 抹面层 4. 材料运输

注：1. 楼梯、台阶牵边和侧面镶贴块料面层，不大于 $0.5m^2$ 的少量分散的楼地面镶贴块料面层，应按本表执行。

2. 石材、块料与粘结材料的结合面刷防渗材料的种类在防护层材料种类中描述。

13.2 楼地面装饰工程清单工程量计算实例

【例 13-1】 试计算图 13-1 所示住宅内水泥砂浆地面的工程量。

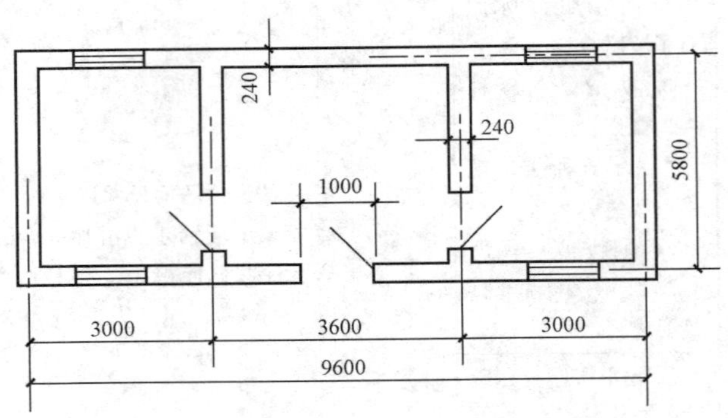

图 13-1 水泥砂浆地面示意图

解： 本例为整体面层，工程量按主墙间净空面积计算。

$$工程量 = (5.8-0.24)\times(9.6-0.24\times3) = 49.37(m^2)$$

【例 13-2】 某展览厅，地面用 1∶2.5 水泥砂浆铺全瓷抛光地板砖，地板砖规格为 1000mm×1000mm，地面实铺长度为 40m，实铺宽度为 30m，展览厅内有 6 个 600mm×600mm 的方柱，计算铺全瓷抛光地板砖的工程量。

解： 块料楼地面工程量为：

块料楼地面工程量 = 主墙间净长度 × 主墙间净宽度 − 每个 0.3m 以上柱所占面积

$$块料楼地面工程量 = 40\times30-0.6\times0.6\times6 = 1197.84(m^2)$$

【例 13-3】 图 13-2 所示为某五层建筑楼梯设计图，设计为普通水磨石面层，试计算水磨石楼梯面层工程量。不包括楼梯踢脚线，底面、侧面抹灰。

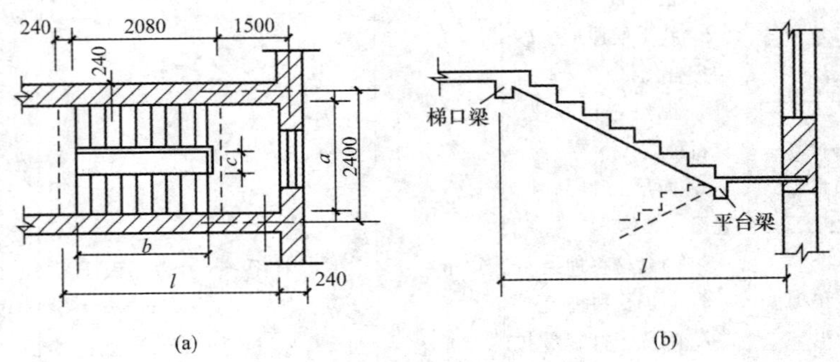

图 13-2 水磨石楼梯设计图

解： 每层楼梯工程量为：

$$S = (2.4-0.24)\times(0.24+2.08+1.50-0.12) = 7.99(m^2)$$

$$楼梯总面积 = 7.99\times(5-1) = 31.96(m^2)$$

【例 13-4】 某建筑物门前台阶如图 13-3 所示，试计算贴大理石面层的工程量。

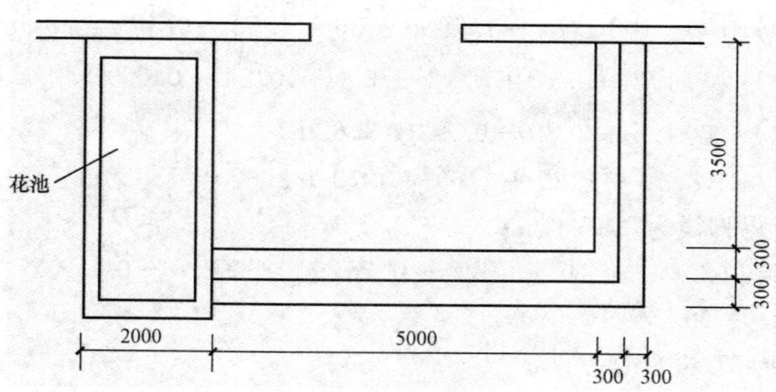

图 13-3　某建筑物门前台阶示意图

解： 台阶贴大理石面层的工程量为：

$$(5+0.3\times 2)\times 0.3\times 3+(3.5-0.3)\times 0.3\times 3=7.92(\text{m}^2)$$

平台贴大理石面层的工程量为：

$$(5-0.3)\times (3.5-0.3)=15.00(\text{m}^2)$$

【例 13-5】　计算图 13-4 所示下列条件的踢脚线工程量：(1) 客厅直线形大理石踢脚线，水泥砂浆粘结；(2) 卧室采用榉木夹板踢脚线。两种材料踢脚线的高度均按 150mm 考虑。M-2 洞口尺寸 800mm×2100mm；M-4 洞口尺寸 700mm×2100mm；门框宽 90mm。

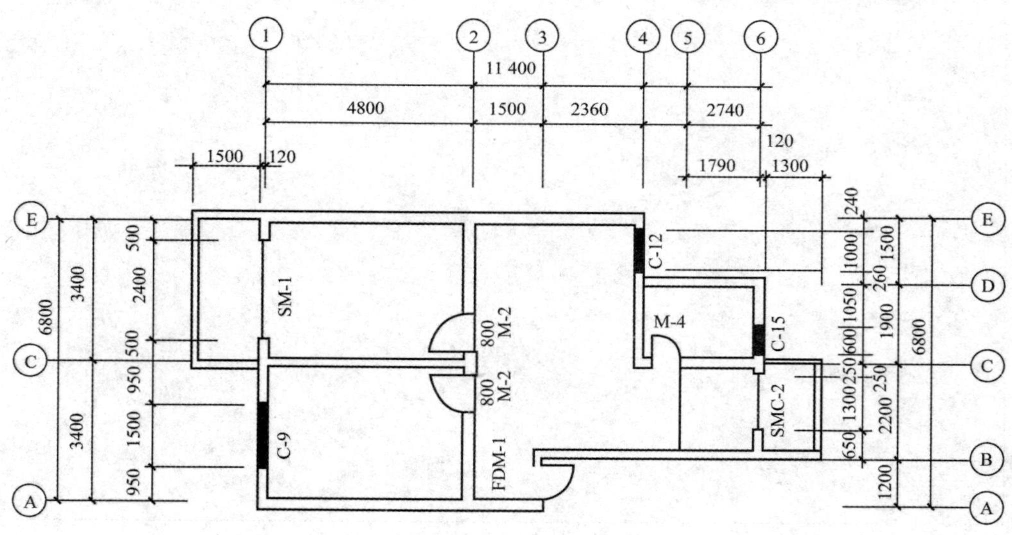

图 13-4　中套居室设计平面图

解： (1) 大理石踢脚线，按计算规则，其踢脚线按图示尺寸以"m²"计算，结果如下：

大理石踢脚线长度

Ⓐ—Ⓔ/② $6.8-0.24-0.8\times 2+\dfrac{(0.24-0.09)}{2}\times 4=5.26\text{m}$

Ⓑ—Ⓔ/④ $6.8-1.2-2.2+0.12-0.12=3.40\text{m}$

④—⑤/Ⓒ $2.74-1.79+0.12+\dfrac{(0.24-0.09)}{2}\times 2-0.7=1.22\text{m}$

Ⓐ－Ⓑ/⑳－⑤ $2.74-1.79+2.36+1.50-0.12=4.69\text{m}$

Ⓐ－Ⓑ/③ $1.2-0.12+0.12-0.8+(0.24-0.09)\times 2=0.70\text{m}$

②－④/Ⓔ $1.5+2.36-0.24=3.62\text{m}$

$L=5.26+3.40+1.22+4.69+0.70+3.62=18.89\text{m}$

(2) 榉木夹板踢脚线为：

$$踢脚线长=[(3.4-0.24)+(4.8-0.24)]\times 4-2.4-0.8\times 2+0.24\times 2+(0.24-0.09)/2\times 4=27.66(\text{m})$$

$$踢脚线工程量=27.66\times 0.15=4.15(\text{m}^2)$$

第 14 章　墙、柱面装饰与隔断、幕墙工程

14.1　墙、柱面装饰与隔断、幕墙工程清单工程量计算规则

14.1.1　墙面抹灰

墙面抹灰工程量清单项目的设置、项目特征描述的内容、计量单位、工程量计算规则应按表 14－1 的规定执行。

表 14－1　　墙面抹灰（编码：011201）

项目编码	项目名称	项目特征	计量单位	工程量计算规则	工作内容
011201001	墙面一般抹灰	1. 墙体类型 2. 底层厚度、砂浆配合比 3. 面层厚度、砂浆配合比 4. 装饰面材料种类 5. 分格缝宽度、材料种类	m^2	按设计图示尺寸以面积计算。扣除墙裙、门窗洞口及单个＞0.3m² 的孔洞面积，不扣除踢脚线、挂镜线和墙与构件交接处的面积，门窗洞口和孔洞的侧壁及顶面不增加面积。附墙柱、梁、垛、烟囱侧壁并入相应的墙面面积内 1. 外墙抹灰面积按外墙垂直投影面积计算 2. 外墙裙抹灰面积按其长度乘以高度计算 3. 内墙抹灰面积按主墙间的净长乘以高度计算 （1）无墙裙的，高度按室内楼地面至天棚底面计算 （2）有墙裙的，高度按墙裙顶至天棚底面计算 （3）有吊顶天棚抹灰，高度算至天棚底 4. 内墙裙抹灰面按内墙净长乘以高度计算	1. 基层清理 2. 砂浆制作、运输 3. 底层抹灰 4. 抹面层 5. 抹装饰面 6. 勾分格缝
011201002	墙面装饰抹灰				
011201003	墙面勾缝	1. 勾缝类型 2. 勾缝材料种类			1. 基层清理 2. 砂浆制作、运输 3. 勾缝
011201004	立面砂浆找平层	1. 基层类型 2. 找平层砂浆厚度、配合比			1. 基层清理 2. 砂浆制作、运输 3. 抹灰找平

注：1. 立面砂浆找平项目适用于仅做找平层的立面抹灰。
2. 墙面抹石灰砂浆、水泥砂浆、混合砂浆、聚合物水泥砂浆、麻刀石灰浆、石膏灰浆等按本表中墙面一般抹灰列项；墙面水刷石、斩假石、干粘石、假面砖等按本表中墙面装饰抹灰列项。
3. 飘窗凸出外墙面增加的抹灰并入外墙工程量内。
4. 有吊顶天棚的内墙面抹灰，抹至吊顶以上部分在综合单价中考虑。

14.1.2 柱（梁）面抹灰

工程量清单项目的设置、项目特征描述的内容、计量单位、工程量计算规则应按表 14-2的规定执行。

表 14-2　　柱（梁）面抹灰（编码：011202）

项目编码	项目名称	项目特征	计量单位	工程量计算规则	工作内容
011202001	柱、梁面一般抹灰	1. 柱（梁）体类型 2. 底层厚度、砂浆配合比 3. 面层厚度、砂浆配合比 4. 装饰面材料种类 5. 分格缝宽度、材料种类	m²	1. 柱面抹灰：按设计图示柱断面周长乘高度以面积计算 2. 梁面抹灰：按设计图示梁断面周长乘长度以面积计算	1. 基层清理 2. 砂浆制作、运输 3. 底层抹灰 4. 抹面层 5. 勾分格缝
011202002	柱、梁面装饰抹灰				
011202003	柱、梁面砂浆找平	1. 柱（梁）体类型 2. 找平的砂浆厚度、配合比		按设计图示柱断面周长乘高度以面积计算	1. 基层清理 2. 砂浆制作、运输 3. 抹灰找平
011202004	柱面勾缝	1. 勾缝类型 2. 勾缝材料种类			1. 基层清理 2. 砂浆制作、运输 3. 勾缝

注：1. 砂浆找平项目适用于仅做找平层的柱（梁）面抹灰。
2. 柱（梁）面抹石灰砂浆、水泥砂浆、混合砂浆、聚合物水泥砂浆、麻刀石灰浆、石膏灰浆等按本表中柱（梁）面一般抹灰编码列项；柱（梁）面水刷石、斩假石、干粘石、假面砖等按本表中柱（梁）面装饰抹灰项目编码列项。

14.1.3 零星抹灰

零星抹灰工程量清单项目的设置、项目特征描述的内容、计量单位、工程量计算规则应按表 14-3 的规定执行。

表 14-3　　零星抹灰（编码：011203）

项目编码	项目名称	项目特征	计量单位	工程量计算规则	工作内容
011203001	零星项目一般抹灰	1. 基层类型、部位 2. 底层厚度、砂浆配合比 3. 面层厚度、砂浆配合比 4. 装饰面材料种类 5. 分格缝宽度、材料种类	m²	按设计图示尺寸以面积计算	1. 基层清理 2. 砂浆制作、运输 3. 底层抹灰 4. 抹面层 5. 抹装饰面 6. 勾分格缝
011203002	零星项目装饰抹灰				

续表

项目编码	项目名称	项目特征	计量单位	工程量计算规则	工作内容
011203003	零星项目砂浆找平	1. 基层类型、部位 2. 找平的砂浆厚度、配合比	m^2	按设计图示尺寸以面积计算	1. 基层清理 2. 砂浆制作、运输 3. 抹灰找平

注：1. 零星项目抹石灰砂浆、水泥砂浆、混合砂浆、聚合物水泥砂浆、麻刀石灰浆、石膏灰浆等按本表中零星项目一般抹灰编码列项，水刷石、斩假石、干粘石、假面砖等按本表中零星项目装饰抹灰编码列项。

2. 墙、柱（梁）面≤$0.5m^2$ 的少量分散的抹灰按本表中零星抹灰项目编码列项。

14.1.4　墙面块料面层

墙面块料面层工程量清单项目的设置、项目特征描述的内容、计量单位、工程量计算规则应按表 14-4 的规定执行。

表 14-4　　墙面块料面层（编码：011204）

项目编码	项目名称	项目特征	计量单位	工程量计算规则	工作内容
011204001	石材墙面	1. 墙体类型 2. 安装方式 3. 面层材料品种、规格、颜色 4. 缝宽、嵌缝材料种类 5. 防护材料种类 6. 磨光、酸洗、打蜡要求	m^2	按镶贴表面积计算	1. 基层清理 2. 砂浆制作、运输 3. 粘结层铺贴 4. 面层安装 5. 嵌缝 6. 刷防护材料 7. 磨光、酸洗、打蜡
011204002	拼碎石材墙面				
011204003	块料墙面				
011204004	干挂石材钢骨架	1. 骨架种类、规格 2. 防锈漆品种遍数	t	按设计图示以质量计算	1. 骨架制作、运输、安装 2. 刷漆

注：1. 在描述碎块项目的面层材料特征时可不用描述规格、颜色。

2. 石材、块料与粘结材料的结合面刷防渗材料的种类在防护层材料种类中描述。

3. 安装方式可描述为砂浆或粘结剂粘贴、挂贴、干挂等，不论哪种安装方式，都要详细描述与组价相关的内容。

14.1.5　柱（梁）面镶贴块料

柱（梁）面镶贴块料工程量清单项目的设置、项目特征描述的内容、计量单位、工程量计算规则应按表 14-5 的规定执行。

表 14-5　　柱（梁）面镶贴块料（编码：011205）

项目编码	项目名称	项目特征	计量单位	工程量计算规则	工作内容
011205001	石材柱面	1. 柱截面类型、尺寸 2. 安装方式 3. 面层材料品种、规格、颜色 4. 缝宽、嵌缝材料种类 5. 防护材料种类 6. 磨光、酸洗、打蜡要求	m^2	按镶贴表面积计算	1. 基层清理 2. 砂浆制作、运输 3. 粘结层铺贴 4. 面层安装 5. 嵌缝 6. 刷防护材料 7. 磨光、酸洗、打蜡
011205002	块料柱面				
011205003	拼碎块柱面				
011205004	石材梁面	1. 安装方式 2. 面嵌缝层材料品种、规格、颜色 3. 缝宽、材料种类 4. 防护材料种类 5. 磨光、酸洗、打蜡要求			
011205005	块料梁面				

注：1. 在描述碎块项目的面层材料特征时可不用描述规格、颜色。
2. 石材、块料与粘结材料的结合面刷防渗材料的种类在防护层材料种类中描述。
3. 柱梁面干挂石材的钢骨架按表 M.4 相应项目编码列项。

14.1.6 镶贴零星块料

镶贴零星块料工程量清单项目的设置、项目特征描述的内容、计量单位、工程量计算规则应按表 14-6 的规定执行。

表 14-6　　镶贴零星块料（编码：011206）

项目编码	项目名称	项目特征	计量单位	工程量计算规则	工作内容
011206001	石材零星项目	1. 基层类型、部位 2. 安装方式 3. 面层材料品种、规格、颜色 4. 缝宽、嵌缝材料种类 5. 防护材料种类 6. 磨光、酸洗、打蜡要求	m^2	按镶贴表面积计算	1. 基层清理 2. 砂浆制作、运输 3. 面层安装 4. 嵌缝 5. 刷防护材料 6. 磨光、酸洗、打蜡
011206002	块料零星项目				
011206003	拼碎块零星项目				

注：1. 在描述碎块项目的面层材料特征时可不用描述规格、颜色。
2. 石材、块料与粘结材料的结合面刷防渗材料的种类在防护层材料种类中描述。
3. 零星项目干挂石材的钢骨架按表“墙面块料面层”相应项目编码列项。
4. 墙柱面≤$0.5m^2$ 的少量分散的镶贴块料面层应按零星项目执行。

14.1.7　墙饰面

墙饰面工程量清单项目的设置、项目特征描述的内容、计量单位、工程量计算规则应按表 14-7 的规定执行。

表 14-7　　墙饰面（编码：011207）

项目编码	项目名称	项目特征	计量单位	工程量计算规则	工作内容
011207001	墙面装饰板	1. 龙骨材料种类、规格、中距 2. 隔离层材料种类、规格 3. 基层材料种类、规格 4. 面层材料品种、规格、颜色 5. 压条材料种类、规格	m^2	按设计图示墙净长乘净高以面积计算。扣除门窗洞口及单个＞0.3m^2 的孔洞所占面积	1. 基层清理 2. 龙骨制作、运输、安装 3. 钉隔离层 4. 基层铺钉 5. 面层铺贴
011207002	墙面装饰浮雕	1. 基层类型 2. 浮雕材料种类 3. 浮雕样式		按设计图示尺寸以面积计算	1. 基层清理 2. 材料制作、运输 3. 安装成型

14.1.8　柱（梁）饰面

柱（梁）饰面工程量清单项目的设置、项目特征描述的内容、计量单位、工程量计算规则应按表 14-8 的规定执行。

表 14-8　　柱（梁）饰面（编码：011208）

项目编码	项目名称	项目特征	计量单位	工程量计算规则	工作内容
011208001	柱（梁）面装饰	1. 龙骨材料种类、规格、中距 2. 隔离层材料种类 3. 基层材料种类、规格 4. 面层材料品种、规格、颜色 5. 压条材料种类、规格	m^2	按设计图示饰面外围尺寸以面积计算。柱帽、柱墩并入相应柱饰面工程量内	1. 清理基层 2. 龙骨制作、运输、安装 3. 钉隔离层 4. 基层铺钉 5. 面层铺贴
011208002	成品装饰柱	1. 柱截面、高度尺寸 2. 柱材质	1. 根 2. m	1. 以根计量，按设计数量计算 2. 以米计量，按设计长度计算	柱运输、固定、安装

14.1.9 幕墙工程

幕墙工程工程量清单项目的设置、项目特征描述的内容、计量单位、工程量计算规则应按表 14 - 9 的规定执行。

表 14 - 9 **幕墙工程（编码：011209）**

项目编码	项目名称	项目特征	计量单位	工程量计算规则	工作内容
011209001	带骨架幕墙	1. 骨架材料种类、规格、中距 2. 面层材料品种、规格、颜色 3. 面层固定方式 4. 隔离带、框边封闭材料品种、规格 5. 嵌缝、塞口材料种类	m^2	按设计图示框外围尺寸以面积计算。与幕墙同种材质的窗所占面积不扣除	1. 骨架制作、运输、安装 2. 面层安装 3. 隔离带、框边封闭 4. 嵌缝、塞口 5. 清洗
011209002	全玻（无框玻璃）幕墙	1. 玻璃品种、规格、颜色 2. 粘结塞口材料种类 3. 固定方式		按设计图示尺寸以面积计算。带肋全玻幕墙按展开面积计算	1. 幕墙安装 2. 嵌缝、塞口 3. 清洗

14.1.10 隔断

隔断工程量清单项目的设置、项目特征描述的内容、计量单位、工程量计算规则应按表 14 - 10的规定执行。

表 14 - 10 **隔断（编码：011210）**

项目编码	项目名称	项目特征	计量单位	工程量计算规则	工作内容
011210001	木隔断	1. 骨架、边框材料种类、规格 2. 隔板材料品种、规格、颜色 3. 嵌缝、塞口材料品种 4. 压条材料种类	m^2	按设计图示框外围尺寸以面积计算。不扣除单个≤0.3m^2的孔洞所占面积；浴厕门的材质与隔断相同时，门的面积并入隔断面积内	1. 骨架及边框制作、运输、安装 2. 隔板制作、运输、安装 3. 嵌缝、塞口 4. 装钉压条
011210002	金属隔断	1. 骨架、边框材料种类、规格 2. 隔板材料品种、规格、颜色 3. 嵌缝、塞口材料品种			1. 骨架及边框制作、运输、安装 2. 隔板制作、运输、安装 3. 嵌缝、塞口

续表

项目编码	项目名称	项目特征	计量单位	工程量计算规则	工作内容
011210003	玻璃隔断	1. 边框材料种类、规格 2. 玻璃品种、规格、颜色 3. 嵌缝、塞口材料品种	m^2	按设计图示框外围尺寸以面积计算。不扣除单个≤0.3m^2的孔洞所占面积	1. 边框制作、运输、安装 2. 玻璃制作、运输、安装 3. 嵌缝、塞口
011210004	塑料隔断	1. 边框材料种类、规格 2. 隔板材料品种、规格、颜色 3. 嵌缝、塞口材料品种			1. 骨架及边框制作、运输、安装 2. 隔板制作、运输、安装 3. 嵌缝、塞口
011210005	成品隔断	1. 隔断材料品种、规格、颜色 2. 配件品种、规格	1. m^2 2. 间	1. 按设计图示框外围尺寸以面积计算。 2. 按设计间的数量以间计算	1. 隔断运输、安装 2. 嵌缝、塞口
011210006	其他隔断	1. 骨架、边框材料种类、规格 2. 隔板材料品种、规格、颜色 3. 嵌缝、塞口材料品种	m^2	按设计图示框外围尺寸以面积计算。不扣除单个≤0.3m^2的孔洞所占面积	1. 骨架及边框安装 2. 隔板安装 3. 嵌缝、塞口

14.2　墙、柱面装饰与隔断、幕墙工程清单工程量计算实例

【例 14-1】　某卫生间的一侧墙面如图 14-1 所示，墙面贴 2m 高的白色瓷砖，窗侧壁贴瓷砖宽 120mm，试计算贴瓷砖的工程量。

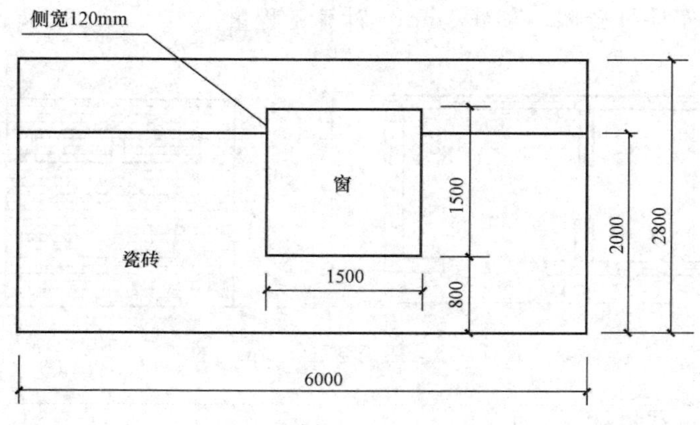

图 14-1　某卫生间墙面示意图

解：墙面贴瓷砖的工程量为：

$$工程量 = 6\times2-1.5\times(2-0.8)+[(2-0.8)\times2+1.5]\times0.12 = 10.67(m^2)$$

【例 14-2】 试计算图 14-2 所示墙面装饰工程量。

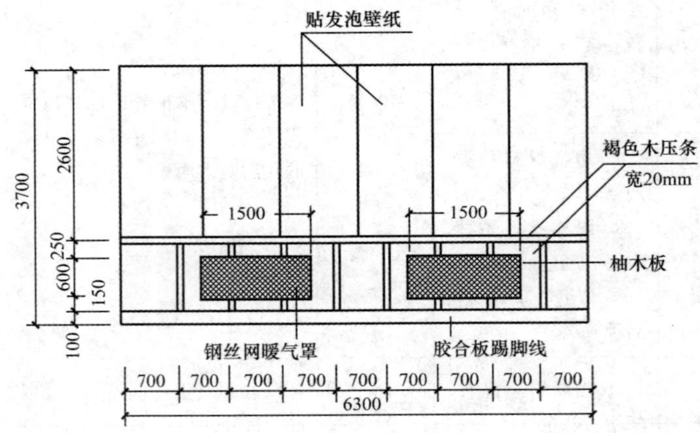

图 14-2 墙面装饰示意图

解：(1) 墙面贴壁纸的工程量为：

$$6.3\times2.6=16.38(m^2)$$

(2) 贴柚木板墙裙的工程量为：

$$6.3\times(0.15+0.6+0.25)-1.5\times0.6\times2=4.50(m^2)$$

(3) 铜丝网暖气罩的工程量为：

$$1.5\times0.6\times2=1.80(m^2)$$

(4) 木压条的工程量为：

$$1\times4+0.15\times4+0.25\times4=11.90(m)$$

(5) 踢脚板的工程量为 6.3m。

【例 14-3】 某变电室外墙面尺寸如图 14-3 所示，M：1500mm×2000mm；C1：1500mm×1500mm；C2：1200mm×800mm；门窗侧面宽度 100mm，外墙水泥砂浆粘贴规格 194mm×94mm 瓷质外砖墙，灰缝 5mm，计算工程量。

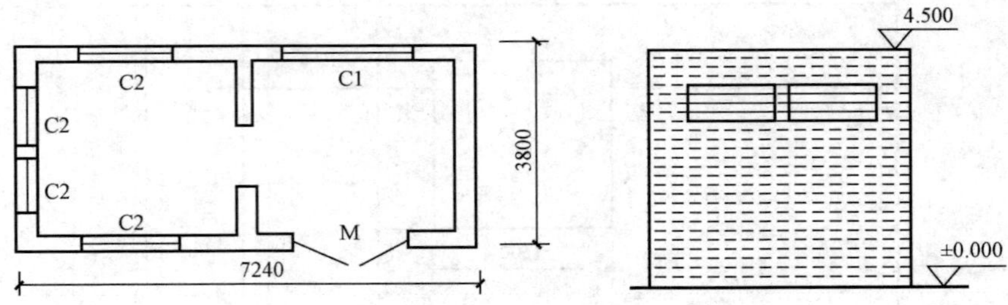

图 14-3 某变电室外墙面尺寸

解：块料墙面工程量计算如下：

块料墙面工程量 = 按设计图示尺寸展开面积计算

外墙砖工程量 $= (7.24+3.8)\times2\times4.5-(1.5\times2)-(1.5\times1.5)-(1.2\times0.8)\times4$
$+[2\times2+1.5+1.5\times4+(1.2\times2+0.8\times2)\times4]\times0.1$
$=93.02(\text{m}^2)$

【例 14-4】　某单位大门砖柱四根，砖柱块料面层设计尺寸如图 14-4 所示，面层水泥砂浆贴玻璃马赛克，计算工程量。

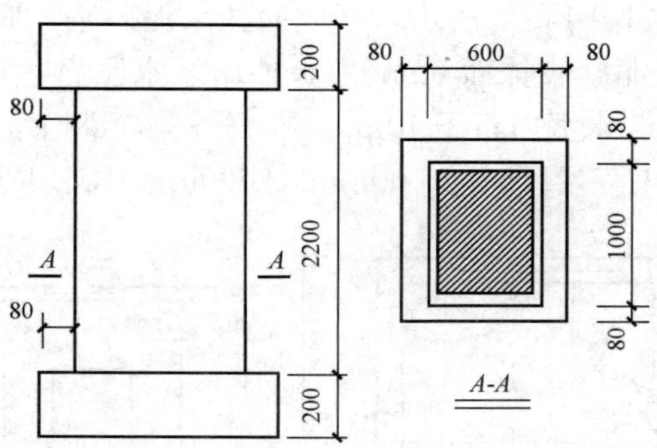

图 14-4　某大门砖柱块料面层尺寸

解：（1）块料柱面工程量计算如下：

柱面一般抹灰、装饰抹灰和勾缝工程量 = 柱结构断面周长 × 设计柱抹灰（勾缝）高度

柱面贴块料工程量 = 柱设计图示外围周长 × 装饰高度

柱面装饰板工程量 = 柱饰面外围周长 × 装饰高度 + 柱帽、柱墩面积

柱面工程量 $= (0.6+1)\times2\times2.2\times4=28.16(\text{m}^2)$

（2）块料零星项目工程量＝按设计图示尺寸展开面积计算：

压顶及柱角工程量 $= [(0.76+1.16)\times2\times0.2+(0.68+1.08)\times2\times0.08]\times2\times4$
$=8.40(\text{m}^2)$

【例 14-5】　如图 14-5 所示，龙骨截面为 40mm×35mm，间距为 500mm×1000mm 的玻璃木隔断，木压条镶嵌花玻璃，门尺寸为 900mm×2000mm，安装艺术门扇；钢筋混凝土柱面钉木龙骨，中密度板基层，三合板面层，刷调和漆三遍，装饰后断面为 400mm×400mm，计算工程量。

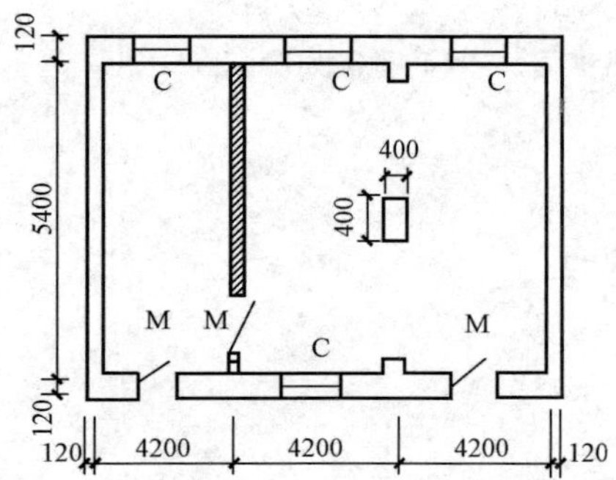

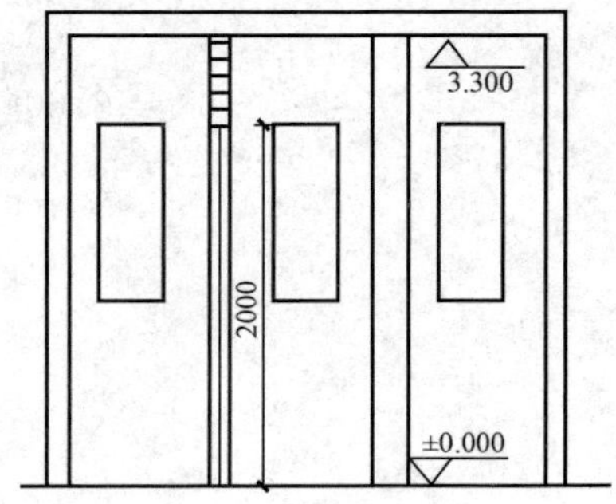

图 14-5　隔断、柱面装饰计算示意图

解：（1）隔断工程量为

木间壁、隔断工程量 = 图示长度、高度 - 不同材质门窗面积

间壁墙工程量 = $(5.4-0.24)\times 3.3-0.9\times 2=15.23(m^2)$

(2) 柱面装饰工程量为

柱面装饰板工程量 = 柱饰面外围周长 × 装饰高度 + 柱帽、柱墩面积

柱面工程量 = $0.4\times 4\times 3.3=5.28(m^2)$

【例 14-6】 某工程如图 14-6 所示，外墙面抹水泥砂浆，底层为 1∶3 水泥砂浆打底 14mm 厚，面层为 1∶2 水泥砂浆抹面 6mm 厚；外墙裙水刷石，1∶3 水泥砂浆打底 12mm 厚，素水泥浆两遍，1∶2.5 水泥白石子 10mm 厚（分格），挑檐水刷白石，计算外墙面抹灰和外墙裙及挑檐装饰抹灰工程量。M：1000mm×2500mm；C：1200mm×1500mm。

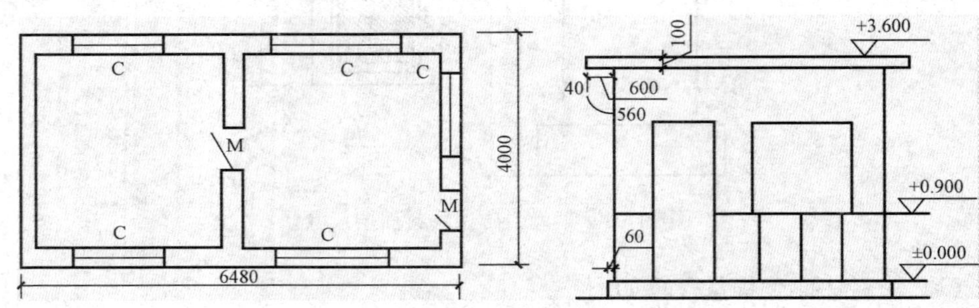

图 14-6 墙面抹灰

解：(1) 墙面一般抹灰工程量为：

外墙面抹灰工程量 = 外墙面长度 × 墙面高度 - 门窗洞口等面积 + 垛梁柱的侧面抹灰面积

$(6.48+4)\times 2\times(3.6-0.1-0.9)-1\times(2.5-0.9)-1.2\times 1.5\times 5=43.90(m^2)$

(2) 墙面装饰抹灰工程量为

外墙装饰抹灰工程量 = 外墙面长度 × 抹灰高度 - 门窗等面积 + 垛梁柱的侧面抹灰面积

外墙裙水刷白石子工程量 = $[(6.48+4)\times 2-1]\times 0.9=17.96(m^2)$

(3) 零星项目装饰抹灰工程量计算如下：

零星项目装饰抹灰工程量 = 按图示设计尺寸展开计算

$$\begin{aligned}挑檐水刷石工程 &= (6.48+0.6\times 2+4+0.6\times 2)\times 2\times 0.1\\&\quad+(6.48+0.6\times 2)(4+0.6\times 2)\\&\quad-(6.48+0.56\times 2)\times(4+0.56\times 2)\\&=3.60(m^2)\end{aligned}$$

第 15 章　天　棚　工　程

15.1　天棚工程清单工程量计算规则

15.1.1　天棚抹灰

天棚抹灰工程量清单项目的设置、项目特征描述的内容、计量单位、工程量计算规则应按表 15-1 的规定执行。

表 15-1　　天棚抹灰（编码：011301）

项目编码	项目名称	项目特征	计量单位	工程量计算规则	工作内容
011301001	天棚抹灰	1. 基层类型 2. 抹灰厚度、材料种类 3. 砂浆配合比	m^2	按设计图示尺寸以水平投影面积计算。不扣除间壁墙、垛、柱、附墙烟囱、检查口和管道所占的面积，带梁天棚、梁两侧抹灰面积并入天棚面积内，板式楼梯底面抹灰按斜面积计算，锯齿形楼梯底板抹灰按展开面积计算	1. 基层清理 2. 底层抹灰 3. 抹面层

15.1.2　天棚吊顶

天棚吊顶工程量清单项目的设置、项目特征描述的内容、计量单位、工程量计算规则应按表 15-2 的规定执行。

表 15-2　　天棚吊顶（编码：011302）

项目编码	项目名称	项目特征	计量单位	工程量计算规则	工作内容
011302001	吊顶天棚	1. 吊顶形式、吊杆规格、高度 2. 龙骨材料种类、规格、中距 3. 基层材料种类、规格 4. 面层材料品种、规格 5. 压条材料种类、规格 6. 嵌缝材料种类 7. 防护材料种类	m^2	按设计图示尺寸以水平投影面积计算。天棚面中的灯槽及跌级、锯齿形、吊挂式、藻井式天棚面积不展开计算。不扣除间壁墙、检查口、附墙烟囱、柱垛和管道所占面积，扣除单个＞0.3m^2 的孔洞、独立柱及与天棚相连的窗帘盒所占的面积	1. 基层清理、吊杆安装 2. 龙骨安装 3. 基层板铺贴 4. 面层铺贴 5. 嵌缝 6. 刷防护材料

续表

<table>
<tr><th>项目编码</th><th>项目名称</th><th>项目特征</th><th>计量单位</th><th>工程量计算规则</th><th>工作内容</th></tr>
<tr><td>011302002</td><td>格栅吊顶</td><td>1. 龙骨材料种类、规格、中距
2. 基层材料种类、规格
3. 面层材料品种、规格
4. 防护材料种类</td><td rowspan="5">m^2</td><td rowspan="5">按设计图示尺寸以水平投影面积计算</td><td>1. 基层清理
2. 安装龙骨
3. 基层板铺贴
4. 面层铺贴
5. 刷防护材料</td></tr>
<tr><td>011302003</td><td>吊筒吊顶</td><td>1. 吊筒形状、规格
2. 吊筒材料种类
3. 防护材料种类</td><td>1. 基层清理
2. 吊筒制作安装
3. 刷防护材料</td></tr>
<tr><td>011302004</td><td>藤条造型悬挂吊顶</td><td rowspan="2">1. 骨架材料种类、规格
2. 面层材料品种、规格</td><td rowspan="2">1. 基层清理
2. 龙骨安装
3. 铺贴面层</td></tr>
<tr><td>011302005</td><td>织物软雕吊顶</td></tr>
<tr><td>011302006</td><td>网架（装饰）吊顶</td><td>网架材料品种、规格</td><td>1. 基层清理
2. 网架制作安装</td></tr>
</table>

15.1.3 采光天棚工程

采光天棚工程工程量清单项目的设置、项目特征描述的内容、计量单位、工程量计算规则应按表 15-3 的规定执行。

表 15-3　　　　采光天棚工程（编码：011303）

项目编码	项目名称	项目特征	计量单位	工程量计算规则	工作内容
011303001	采光天棚	1. 骨架类型 2. 固定类型、固定材料品种、规格 3. 面层材料品种、规格 4. 嵌缝、塞口材料种类	m^2	按框外围展开面积计算	1. 清理基层 2. 面层制安 3. 嵌缝、塞口 4. 清洗

注：采光天棚骨架不包括在本节中，应单独按附录 F 相关项目编码列项。

15.1.4 天棚其他装饰

天棚其他装饰工程量清单项目的设置、项目特征描述的内容、计量单位、工程量计算规则应按表 15-4 的规定执行。

表 15-4 天棚其他装饰（编码：011304）

项目编码	项目名称	项目特征	计量单位	工程量计算规则	工作内容
011304001	灯带（槽）	1. 灯带型式、尺寸 2. 格栅片材料品种、规格 3. 安装固定方式	m^2	按设计图示尺寸以框外围面积计算	安装、固定
011304002	送风口、回风口	1. 风口材料品种、规格 2. 安装固定方式 3. 防护材料种类	个	按设计图示数量计算	1. 安装、固定 2. 刷防护材料

15.2 天棚工程清单工程量计算实例

【例 15-1】 某工程如图 15-1 所示，墙体厚度 240mm，采用钢筋混凝土楼板。浇筑混凝土时，横板条用竹胶板，拆摸后，直接刮耐水柔韧腻子二道。编制招标工程量清单。

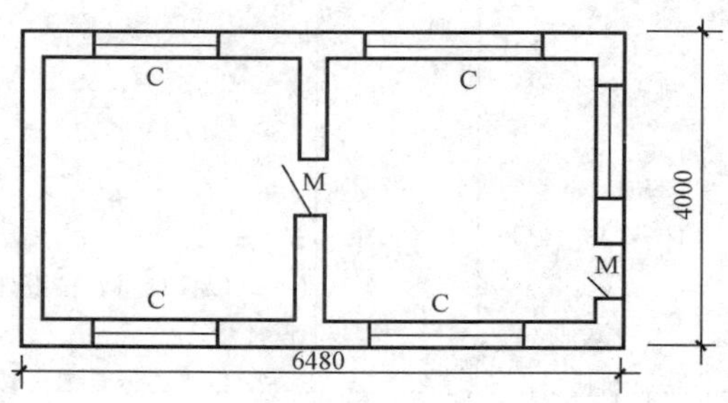

图 15-1 天棚涂料

解： $(6.48-0.24\times2)\times(4-0.24\times2)-(4-0.24\times2)\times0.24=20.28(m^2)$

工程量清单见表 15-5。

表 15-5 分部分项工程和单价措施项目清单与计价表

工程名称：某工程　　　　第 1 页　共 1 页

序号	项目编码	项目名称	项目特征描述	计量单位	工程量	金额/元		
						综合单价	合价	其中 暂估价
1	011407002001	刷喷涂料天棚	1. 钢筋砼板底面清理干净 2. 刮耐水柔韧腻子二道	m^2	20.28			

第 16 章　油漆、涂料、裱糊工程

16.1　油漆、涂料、裱糊工程清单工程量计算规则

16.1.1　门油漆

门油漆工程量清单项目设置、项目特征描述的内容、计量单位、工程量计算规则应按表 16-1 的规定执行。

表 16-1　　门油漆（编号：011401）

项目编码	项目名称	项目特征	计量单位	工程量计算规则	工作内容
011401001	木门油漆	1. 门类型 2. 门代号及洞口尺寸 3. 腻子种类 4. 刮腻子遍数 5. 防护材料种类 6. 油漆品种、刷漆遍数	1. 樘 2. m^2	1. 以樘计量，按设计图示数量计量 2. 以平方米计量，按设计图示洞口尺寸以面积计算	1. 基层清理 2. 刮腻子 3. 刷防护材料、油漆
011401002	金属门油漆				1. 除锈、基层清理 2. 刮腻子 3. 刷防护材料、油漆

注：1. 木门油漆应区分木大门、单层木门、双层（一玻一纱）木门、双层（单裁口）木门、全玻自由门、半玻自由门、装饰门及有框门或无框门等项目，分别编码列项。
2. 金属门油漆应区分平开门、推拉门、钢制防火门列项。
3. 以平方米计量，项目特征可不必描述洞口尺寸。

16.1.2　窗油漆

窗油漆工程量清单项目设置、项目特征描述的内容、计量单位、工程量计算规则应按表 16-2 的规定执行。

表 16-2　　窗油漆（编号：011402）

项目编码	项目名称	项目特征	计量单位	工程量计算规则	工作内容
011402001	木窗油漆	1. 窗类型 2. 窗代号及洞口尺寸 3. 腻子种类 4. 刮腻子遍数 5. 防护材料种类 6. 油漆品种、刷漆遍数	1. 樘 2. m^2	1. 以樘计量，按设计图示数量计量 2. 以平方米计量，按设计图示洞口尺寸以面积计算	1. 基层清理 2. 刮腻子 3. 刷防护材料、油漆
011402002	金属窗油漆				1. 除锈、基层清理 2. 刮腻子 3. 刷防护材料、油漆

注：1. 木窗油漆应区分单层木窗、双层（一玻一纱）木窗、双层框扇（单裁口）木窗、双层框三层（二玻一纱）木窗、单层组合窗、双层组合窗、木百叶窗、木推拉窗等项目，分别编码列项。
2. 金属窗油漆应区分平开窗、推拉窗、固定窗、组合窗、金属隔栅窗分别列项。
3. 以平方米计量，项目特征可不必描述洞口尺寸。

16.1.3　木扶手及其他板条、线条油漆

木扶手及其他板条、线条油漆工程量清单项目设置、项目特征描述的内容、计量单位、工程量计算规则应按表 16-3 的规定执行。

表 16-3　　木扶手及其他板条、线条油漆（编号：011403）

项目编码	项目名称	项目特征	计量单位	工程量计算规则	工作内容
011403001	木扶手油漆	1. 断面尺寸 2. 腻子种类 3. 刮腻子遍数 4. 防护材料种类 5. 油漆品种、刷漆遍数	m	按设计图示尺寸以长度计算	1. 基层清理 2. 刮腻子 3. 刷防护材料、油漆
011403002	窗帘盒油漆				
011403003	封檐板、顺水板油漆				
011403004	挂衣板、黑板框油漆				
011403005	挂镜线、窗帘棍、单独木线油漆				

注：木扶手应区分带托板与不带托板，分别编码列项，若是木栏杆代扶手，木扶手不应单独列项，应包含在木栏杆油漆中。

16.1.4　木材面油漆

木材面油漆工程量清单项目设置、项目特征描述的内容、计量单位、工程量计算规则应按表 16-4 的规定执行。

表 16-4　　木材面油漆（编号：011404）

项目编码	项目名称	项目特征	计量单位	工程量计算规则	工作内容
011404001	木护墙、木墙裙油漆	1. 腻子种类 2. 刮腻子遍数 3. 防护材料种类 4. 油漆品种、刷漆遍数	m^2	按设计图示尺寸以面积计算	1. 基层清理 2. 刮腻子 3. 刷防护材料、油漆
011404002	窗台板、筒子板、盖板、门窗套、踢脚线油漆				
011404003	清水板条天棚、檐口油漆				
011404004	木方格吊顶天棚油漆				
011404005	吸音板墙面、天棚面油漆				
011404006	暖气罩油漆				
011404007	其他木材面				
011404008	木间壁、木隔断油漆			按设计图示尺寸以单面外围面积计算	
011404009	玻璃间壁露明墙筋油漆				
011404010	木栅栏、木栏杆（带扶手）油漆				
011404011	衣柜、壁柜油漆			按设计图示尺寸以油漆部分展开面积计算	
011404012	梁柱饰面				
011404013	零星木装修油漆				
011404014	木地板油漆				
011404015	木地板烫硬蜡面	1. 硬蜡品种 2. 面层处理要求		按设计图示尺寸以面积计算。空洞、空圈、暖气包槽、壁龛的开口部分并入相应的工程量内	1. 基层清理 2. 烫蜡

16.1.5　金属面油漆

金属面油漆工程量清单项目设置、项目特征描述的内容、计量单位、工程量计算规则应按表 16-5 的规定执行。

表 16-5　　金属面油漆（编号：011405）

项目编码	项目名称	项目特征	计量单位	工程量计算规则	工作内容
011405001	金属面油漆	1. 构件名称 2. 腻子种类 3. 刮腻子要求 4. 防护材料种类 5. 油漆品种、刷漆遍数	1. t 2. m^2	1. 以吨计量，按设计图示尺寸以质量计算。 2. 以平方米计量，按设计展开面积计算	1. 基层清理 2. 刮腻子 3. 刷防护材料、油漆

16.1.6　抹灰面油漆

抹灰面油漆工程量清单项目设置、项目特征描述的内容、计量单位、工程量计算规则应按表 16-6 的规定执行。

表 16-6　　抹灰面油漆（编号：011406）

项目编码	项目名称	项目特征	计量单位	工程量计算规则	工作内容
011406001	抹灰面油漆	1. 基层类型 2. 腻子种类 3. 刮腻子遍数 4. 防护材料种类 5. 油漆品种、刷漆遍数 6. 部位	m^2	按设计图示尺寸以面积计算	1. 基层清理 2. 刮腻子 3. 刷防护材料、油漆
011406002	抹灰线条油漆	1. 线条宽度、道数 2. 腻子种类 3. 刮腻子遍数 4. 防护材料种类 5. 油漆品种、刷漆遍数	m	按设计图示尺寸以长度计算	
011406003	满刮腻子	1. 基层类型 2. 腻子种类 3. 刮腻子遍数	m^2	按设计图示尺寸以面积计算	1. 基层清理 2. 刮腻子

16.1.7　喷刷涂料

喷刷涂料工程量清单项目设置、项目特征描述的内容、计量单位、工程量计算规则应按表 16-7 的规定执行。

表 16-7 喷刷涂料（编号：011407）

项目编码	项目名称	项目特征	计量单位	工程量计算规则	工作内容
011407001	墙面喷刷涂料	1. 基层类型 2. 喷刷涂料部位 3. 腻子种类 4. 刮腻子要求 5. 涂料品种、喷刷遍数	m^2	按设计图示尺寸以面积计算	1. 基层清理 2. 刮腻子 3. 刷、喷涂料
011407002	天棚喷刷涂料				
011407003	空花格、栏杆刷涂料	1. 腻子种类 2. 刮腻子遍数 3. 涂料品种、刷喷遍数	m^2	按设计图示尺寸以单面外围面积计算	
011407004	线条刷涂料	1. 基层清理 2. 线条宽度 3. 刮腻子遍数 4. 刷防护材料、油漆	m	按设计图示尺寸以长度计算	
011407005	金属构件刷防火涂料	1. 喷刷防火涂料构件名称 2. 防火等级要求 3. 涂料品种、喷刷遍数	1. m^2 2. t	1. 以吨计量，按设计图示尺寸以质量计算 2. 以平方米计量，按设计展开面积计算	1. 基层清理 2. 刷防护材料、油漆
011407006	木材构件喷刷防火涂料		m^2	以平方米计量，按设计图示尺寸以面积计算	1. 基层清理 2. 刷防火材料

注：喷刷墙面涂料部位要注明内墙或外墙。

16.1.8 裱糊

裱糊工程量清单项目设置、项目特征描述的内容、计量单位、工程量计算规则应按表16-8的规定执行。

表 16-8 裱糊（编号：011408）

项目编码	项目名称	项目特征	计量单位	工程量计算规则	工作内容
011408001	墙纸裱糊	1. 基层类型 2. 裱糊部位 3. 腻子种类 4. 刮腻子遍数 5. 粘结材料种类 6. 防护材料种类 7. 面层材料品种、规格、颜色	m^2	按设计图示尺寸以面积计算	1. 基层清理 2. 刮腻子 3. 面层铺黏 4. 刷防护材料
011408002	织锦缎裱糊				

16.2　油漆、涂料、裱糊工程清单工程量计算实例

【例 16-1】　试计算下图 16-1 所示房间内墙裙油漆的工程量。已知墙裙高 1.5m，窗台高 1.0m，门窗洞侧油漆宽 100mm（有窗台板）。

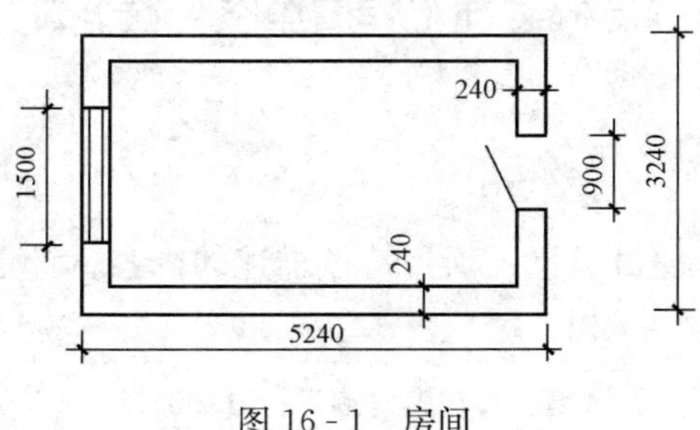

图 16-1　房间

解：墙裙油漆工程量为：

$$
\begin{aligned}
& 长 \times 高 - \sum 应扣除面积 + \sum 应增加面积 \\
&= [(5.24-0.24\times 2)\times 2+(3.24-0.24\times 2)\times 2]\times 1.5 \\
&\quad -[1.5\times(1.5-1)+0.9\times 1.5]+(1.5-1)\times 0.1\times 2 \\
&\quad +1.5\times 0.1\times 2+1.5\times 0.1 \\
&= 21.01(\mathrm{m}^2)
\end{aligned}
$$

第17章 其他装饰工程

17.1 其他装饰工程清单工程量计算规则

17.1.1 柜类、货架

柜类、货架工程量清单项目设置、项目特征描述的内容、计量单位、工程量计算规则应按表17-1的规定执行。

表17-1 柜类、货架（编号：011501）

项目编码	项目名称	项目特征	计量单位	工程量计算规则	工作内容
011501001	柜台	1. 台柜规格 2. 材料种类、规格 3. 五金种类、规格 4. 防护材料种类 5. 油漆品种、刷漆遍数	1. 个 2. m 3. m^3	1. 以个计量，按设计图示数量计量 2. 以米计量，按设计图示尺寸以延长米计算 3. 以立方米计量，按设计图示尺寸以体积计算	1. 台柜制作、运输、安装（安放） 2. 刷防护材料、油漆 3. 五金件安装
011501002	酒柜				
011501003	衣柜				
011501004	存包柜				
011501005	鞋柜				
011501006	书柜				
011501007	厨房壁柜				
011501008	木壁柜				
011501009	厨房低柜				
011501010	厨房吊柜				
011501011	矮柜				
011501012	吧台背柜				
011501013	酒吧吊柜				
011501014	酒吧台				
011501015	展台				
011501016	收银台				
011501017	试衣间				
011501018	货架				
011501019	书架				
011501020	服务台				

17.1.2 压条、装饰线

压条、装饰线工程量清单项目设置、项目特征描述的内容、计量单位、工程量计算规则应按表 17-2 的规定执行。

表 17-2　压条、装饰线（编号：011502）

项目编码	项目名称	项目特征	计量单位	工程量计算规则	工作内容
011502001	金属装饰线	1. 基层类型 2. 线条材料品种、规格、颜色 3. 防护材料种类	m	按设计图示尺寸以长度计算	1. 线条制作、安装 2. 刷防护材料
011502002	木质装饰线				
011502003	石材装饰线				
011502004	石膏装饰线				
011502005	镜面玻璃线				
011502006	铝塑装饰线				
011502007	塑料装饰线				
011502008	GRC 装饰线条	1. 基层类型 2. 线条规格 3. 线条安装部位 4. 填充材料种类			线条制作安装

17.1.3　扶手、栏杆、栏板装饰

扶手、栏杆、栏板装饰工程量清单项目的设置、项目特征描述的内容、计量单位、工程量计算规则应按表 17-3 执行。

表 17-3　扶手、栏杆、栏板装饰（编码：011503）

项目编码	项目名称	项目特征	计量单位	工程量计算规则	工作内容
011503001	金属扶手、栏杆、栏板	1. 扶手材料种类、规格、品牌 2. 栏杆材料种类、规格、品牌 3. 栏板材料种类、规格、品牌、颜色 4. 固定配件种类 5. 防护材料种类	m	按设计图示以扶手中心线长度（包括弯头长度）计算	1. 制作 2. 运输 3. 安装 4. 刷防护材料
011503002	硬木扶手、栏杆、栏板				
011503003	塑料扶手、栏杆、栏板				
011503004	GRC 栏杆、扶手	1. 栏杆的规格 2. 安装间距 3. 扶手类型规格 4. 填充材料种类			

续表

项目编码	项目名称	项目特征	计量单位	工程量计算规则	工作内容
011503005	金属靠墙扶手	1. 扶手材料种类、规格、品牌 2. 固定配件种类 3. 防护材料种类	m	按设计图示以扶手中心线长度（包括弯头长度）计算	1. 制作 2. 运输 3. 安装 4. 刷防护材料
011503006	硬木靠墙扶手				
011503007	塑料靠墙扶手				
011503008	玻璃栏板	1. 栏杆玻璃的种类、规格、颜色、品牌 2. 固定方式 3. 固定配件种类			

17.1.4 暖气罩

暖气罩工程量清单项目设置、项目特征描述的内容、计量单位、工程量计算规则、应按表17-4的规定执行。

表17-4　　暖气罩（编号：011504）

项目编码	项目名称	项目特征	计量单位	工程量计算规则	工作内容
011504001	饰面板暖气罩	1. 暖气罩材质 2. 防护材料种类	m^2	按设计图示尺寸以垂直投影面积（不展开）计算	1. 暖气罩制作、运输、安装 2. 刷防护材料、油漆
011504002	塑料板暖气罩				
011504003	金属暖气罩				

17.1.5 浴厕配件

浴厕配件工程量清单项目设置、项目特征描述的内容、计量单位、工程量计算规则应按表17-5的规定执行。

表17-5　　浴厕配件（编号：011505）

项目编码	项目名称	项目特征	计量单位	工程量计算规则	工作内容
011505001	洗漱台	1. 材料品种、规格、颜色 2. 支架、配件品种、品牌	1. m^2 2. 个	1. 按设计图示尺寸以台面外接矩形面积计算。不扣除孔洞、挖弯、削角所占面积，挡板、吊沿板面积并入台面面积内 2. 按设计图示数量计算	1. 台面及支架、运输、安装 2. 杆、环、盒、配件安装 3. 刷油漆

续表

项目编码	项目名称	项目特征	计量单位	工程量计算规则	工作内容
011505002	晒衣架	1. 材料品种、规格、颜色 2. 支架、配件品种、规格	个	按设计图示数量计算	1. 台面及支架、运输、安装 2. 杆、环、盒、配件安装 3. 刷油漆
011505003	帘子杆				
011505004	浴缸拉手、				
011505005	卫生间扶手				
011505006	毛巾杆（架）	1. 材料品种、规格、颜色 2. 支架、配件品种、规格	套	按设计图示数量计算	1. 台面及支架制作、运输、安装 2. 杆、环、盒、配件安装 3. 刷油漆
011505007	毛巾环		副		
011505008	卫生纸盒		个		
011505009	肥皂盒				
011505010	镜面玻璃	1. 镜面玻璃品种、规格 2. 框材质、断面尺寸 3. 基层材料种类 4. 防护材料种类	m^2	按设计图示尺寸以边框外围面积计算	1. 基层安装 2. 玻璃及框制作、运输、安装
011505011	镜箱	1. 箱材质、规格 2. 玻璃品种、规格 3. 基层材料种类 4. 防护材料种类 5. 油漆品种、刷漆遍数	个	按设计图示数量计算	1. 基层安装 2. 箱体制作、运输、安装 3. 玻璃安装 4. 刷防护材料、油漆

17.1.6　雨篷、旗杆

雨篷、旗杆工程量清单项目设置、项目特征描述的内容、计量单位、工程量计算规则应按表 17-6 的规定执行。

表 17-6　　**雨篷、旗杆（编号：011506）**

项目编码	项目名称	项目特征	计量单位	工程量计算规则	工作内容
011506001	雨篷吊挂饰面	1. 基层类型 2. 龙骨材料种类、规格、中距 3. 面层材料品种、规格、品牌 4. 吊顶（天棚）材料品种、规格、品牌 5. 嵌缝材料种类 6. 防护材料种类	m^2	按设计图示尺寸以水平投影面积计算	1. 底层抹灰 2. 龙骨基层安装 3. 面层安装 4. 刷防护材料、油漆

续表

项目编码	项目名称	项目特征	计量单位	工程量计算规则	工作内容
011506002	金属旗杆	1. 旗杆材料、种类、规格 2. 旗杆高度 3. 基础材料种类 4. 基座材料种类 5. 基座面层材料、种类、规格	根	按设计图示数量计算	1. 土石挖、填、运 2. 基础混凝土浇注 3. 旗杆制作、安装 4. 旗杆台座制作、饰面
011506003	玻璃雨篷	1. 玻璃雨篷固定方式 2. 龙骨材料种类、规格、中距 3. 玻璃材料品种、规格 4. 嵌缝材料种类 5. 防护材料种类	m^2	按设计图示尺寸以水平投影面积计算	1. 龙骨基层安装 2. 面层安装 3. 刷防护材料、油漆

17.1.7 招牌、灯箱

招牌、灯箱工程量清单项目设置、项目特征描述的内容、计量单位、应按表 17-7 的规定执行。

表 17-7　　招牌、灯箱（编号：011507）

项目编码	项目名称	项目特征	计量单位	工程量计算规则	工作内容
011507001	平面、箱式招牌	1. 箱体规格 2. 基层材料种类 3. 面层材料种类 4. 防护材料种类	m^2	按设计图示尺寸以正立面边框外围面积计算。复杂形的凸凹造型部分不增加面积	1. 基层安装 2. 箱体及支架制作、运输、安装 3. 面层制作、安装 4. 刷防护材料、油漆
011507002	竖式标箱		个	按设计图示数量计算	
011507003	灯箱				
011507004	信报箱	1. 箱体规格 2. 基层材料种类 3. 面层材料种类 4. 保护材料种类 5. 户数			

17.1.8 美术字

美术字工程量清单项目设置、项目特征描述的内容、计量单位，应按表 17-8 的规定执行。

表 17-8　　美术字（编号：011508）

项目编码	项目名称	项目特征	计量单位	工程量计算规则	工作内容
011508001	泡沫塑料字	1. 基层类型 2. 镌字材料品种、颜色 3. 字体规格 4. 固定方式 5. 油漆品种、刷漆遍数	个	按设计图示数量计算	1. 字制作、运输、安装 2. 刷油漆
011508002	有机玻璃字				
011508003	木质字				
011508004	金属字				
011508005	吸塑字				

17.2　其他装饰工程清单工程量计算实例

【例 17-1】　某厂厂区旗杆，现浇混凝土 C10 基础 3000mm×800mm×300mm，砖基座 3500mm×1000mm×300mm，基座面层贴芝麻白 20mm 厚花岗岩石板，3 根不锈钢管（OCr18Ni19），每根长 12.192m，ϕ63.5、壁厚 1.2mm。试编制招标工程量清单。

解：清单工程量：3 根

工程量清单见表 17-9。

表 17-9　　分部分项工程清单与计价表

工程名称：某厂厂区旗杆　　　　第 1 页　共 1 页

序号	项目编码	项目名称	项目特征描述	计量单位	工程量	金额/元		
						综合单价	合价	其中 暂估价
1	011506002001	金属旗杆	1. 旗杆材料、种类、规格：不锈钢管（OCr18Ni19）ϕ63.5、壁厚 1.2mm 2. 旗杆高度：12.192m 3. 基础材料种类：现浇混凝土 C10 3000mm×800mm×300mm 4. 基座材料种类：砖基座 3500mm×1000mm×300mm 5. 基座面层材料、种类、规格：芝麻白 20mm 厚花岗岩石板	根	3			
本页小计								
合计								

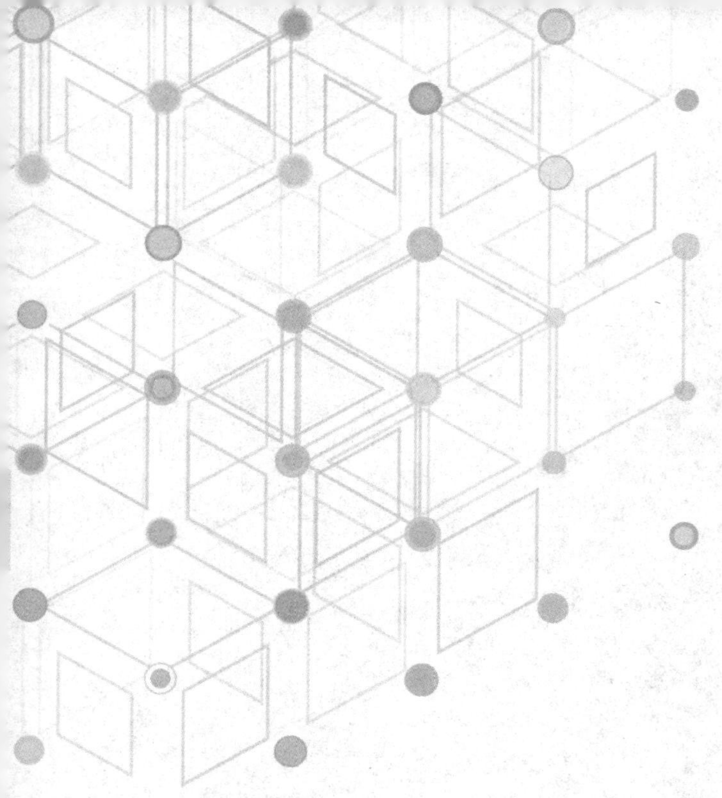

第4篇

措施清单项目及计算规则

第18章 措施清单项目及计算规则

18.1 措施清单项目工程量计算规则

18.1.1 脚手架工程

脚手架工程工程量清单项目设置、项目特征描述的内容、计量单位及工程量计算规则，应按表18-1的规定执行。

表18-1 **脚手架工程（编码：011701）**

<table>
<tr><th>项目编码</th><th>项目名称</th><th>项目特征</th><th>计量单位</th><th>工程量计算规则</th><th>工作内容</th></tr>
<tr><td>011701001</td><td>综合脚手架</td><td>1. 建筑结构形式
2. 檐口高度</td><td rowspan="4">m²</td><td>按建筑面积计算</td><td>1. 场内、场外材料搬运
2. 搭、拆脚手架、斜道、上料平台
3. 安全网的铺设
4. 选择附墙点与主体连接
5. 测试电动装置、安全锁等
6. 拆除脚手架后材料的堆放</td></tr>
<tr><td>011701002</td><td>外脚手架</td><td rowspan="2">1. 搭设方式
2. 搭设高度
3. 脚手架材质</td><td rowspan="2">按所服务对象的垂直投影面积计算</td><td rowspan="5">1. 场内、场外材料搬运
2. 搭、拆脚手架、斜道、上料平台
3. 安全网的铺设
4. 拆除脚手架后材料的堆放</td></tr>
<tr><td>011701003</td><td>里脚手架</td></tr>
<tr><td>011701004</td><td>悬空脚手架</td><td rowspan="2">1. 搭设方式
2. 悬挑宽度
3. 脚手架材质</td><td>按搭设的水平投影面积计算</td></tr>
<tr><td>011701005</td><td>挑脚手架</td><td>m</td><td>按搭设长度乘以搭设层数以延长米计算</td></tr>
<tr><td>011701006</td><td>满堂脚手架</td><td>1. 搭设方式
2. 搭设高度
3. 脚手架材质</td><td>m²</td><td>按搭设的水平投影面积计算</td></tr>
</table>

续表

项目编码	项目名称	项目特征	计量单位	工程量计算规则	工作内容
011701007	整体提升架	1. 搭设方式及启动装置 2. 搭设高度	m^2	按所服务对象的垂直投影面积计算	1. 场内、场外材料搬运 2. 选择附墙点与主体连接 3. 搭、拆脚手架、斜道、上料平台 4. 安全网的铺设 5. 测试电动装置、安全锁等 6. 拆除脚手架后材料的堆放
011701008	外装饰吊篮	1. 升降方式及启动装置 2. 搭设高度及吊篮型号	m^2	按所服务对象的垂直投影面积计算	1. 场内、场外材料搬运 2. 吊篮的安装 3. 测试电动装置、安全锁、平衡控制器等 4. 吊篮的拆卸

注：1. 使用综合脚手架时，不再使用外脚手架、里脚手架等单项脚手架；综合脚手架适用于能够按“建筑面积计算规则”计算建筑面积的建筑工程脚手架，不适用于房屋加层、构筑物及附属工程脚手架。

2. 同一建筑物有不同檐高时，按建筑物竖向切面分别按不同檐高编列清单项目。

3. 整体提升架已包括 2m 高的防护架体设施。

4. 脚手架材质可以不描述，但应注明由投标人根据工程实际情况按照《建筑施工扣件式钢管脚手架安全技术规范》(JGJ 130—2011)、《建筑施工附着升降脚手架管理规定》(建建〔2000〕230 号) 等规范自行确定。

18.1.2 混凝土模板及支架（撑）

混凝土模板及支架（撑）工程量清单项目设置、项目特征描述的内容、计量单位、工程量计算规则及工作内容，应按表 18 - 2 的规定执行。

表 18-2　　混凝土模板及支架（撑）（编号：011702）

项目编码	项目名称	项目特征	计量单位	工程量计算规则	工作内容
011702001	基础	基础类型	m^2	按模板与现浇混凝土构件的接触面积计算 1. 现浇钢筋混凝土墙、板单孔面积≤0.3m^2 的孔洞不予扣除，洞侧壁模板亦不增加；单孔面积＞0.3m^2 时应予扣除，洞侧壁模板面积并入墙、板工程量内计算 2. 现浇框架分别按梁、板、柱有关规定计算；附墙柱、暗梁、暗柱并入墙内工程量内计算 3. 柱、梁、墙、板相互连接的重叠部分，均不计算模板面积 4. 构造柱按图示外露部分计算模板面积	1. 模板制作 2. 模板安装、拆除、整理堆放及场内外运输 3. 清理模板粘结物及模内杂物、刷隔离剂等
011702002	矩形柱				
011702003	构造柱				
011702004	异形柱	柱截面形状			
011702005	基础梁	梁截面形状			
011702006	矩形梁	支撑高度			
011702007	异形梁	1. 梁截面形状 2. 支撑高度			
011702008	圈梁				
011702009	过梁				
011702010	弧形、拱形梁	1. 梁截面形状 2. 支撑高度			
011702011	直形墙				
011702012	弧形墙				
011702013	短肢剪力墙、电梯井壁				
011702014	有梁板	支撑高度			
011702015	无梁板				
011702016	平板				
011702017	拱板				
011702018	薄壳板				
011702019	空心板				
011702020	其他板				
011702021	栏板				

续表

项目编码	项目名称	项目特征	计量单位	工程量计算规则	工作内容
011702022	天沟、檐沟	构件类型	m^2	按模板与现浇混凝土构件的接触面积计算	1. 模板制作 2. 模板安装、拆除、整理堆放及场内外运输 3. 清理模板粘结物及模内杂物、刷隔离剂等
011702023	雨篷、悬挑板、阳台板	1. 构件类型 2. 板厚度		按图示外挑部分尺寸的水平投影面积计算，挑出墙外的悬臂梁及板边不另计算	
011702024	楼梯	类型		按楼梯（包括休息平台、平台梁、斜梁和楼层板的连接梁）的水平投影面积计算，不扣除宽度≤500mm的楼梯井所占面积，楼梯踏步、踏步板、平台梁等侧面模板不另计算，伸入墙内部分亦不增加	
011702025	其他现浇构件	构件类型		按模板与现浇混凝土构件的接触面积计算	
011702026	电缆沟、地沟	1. 沟类型 2. 沟截面		按模板与电缆沟、地沟接触的面积计算	
011702027	台阶	台阶踏步宽		按图示台阶水平投影面积计算，台阶端头两侧不另计算模板面积。架空式混凝土台阶，按现浇楼梯计算	
011702028	扶手	扶手断面尺寸		按模板与扶手的接触面积计算	
011702029	散水			按模板与散水的接触面积计算	
011702030	后浇带	后浇带部位		按模板与后浇带的接触面积计算	
011702031	化粪池	1. 化粪池部位 2. 化粪池规格		按模板与混凝土的接触面积计算	
011702032	检查井	1. 检查井部位 2. 检查井规格			

注：1. 原槽浇灌的混凝土基础、不计算模板。

2. 混凝土模板及支撑（架）项目，只适用于以平方米计量，按模板与混凝土构件的接触面积计算；以“立方米”计量的模板及支撑（支架），按混凝土及钢筋混凝土实体项目执行，其综合单价中应包含模板及支撑（支架）。

3. 采用清水模板时，应在特征中注明。

4. 若现浇混凝土梁、板支撑高度超过3.6m时，项目特征应描述支撑高度。

18.1.3　垂直运输

垂直运输工程量清单项目设置、项目特征描述的内容、计量单位、工程量计算规则应按表 18-3 的规定执行。

表 18-3　　垂直运输（011703）

项目编码	项目名称	项目特征	计量单位	工程量计算规则	工作内容
011703001	垂直运输	1. 建筑物建筑类型及结构形式 2. 地下室建筑面积 3. 建筑物檐口高度、层数	1. m^2 2. 天	1. 按建筑面积计算 2. 按施工工期日历天数计算	1. 垂直运输机械的固定装置、基础制作、安装 2. 行走式垂直运输机械轨道的铺设、拆除、摊销

注：1. 建筑物的檐口高度是指设计室外地坪至檐口滴水的高度（平屋顶系指屋面板底高度），突出主体建筑物屋顶的电梯机房、楼梯出口间、水箱间、瞭望塔、排烟机房等不计入檐口高度。
2. 垂直运输指施工工程在合理工期内所需垂直运输机械。
3. 同一建筑物有不同檐高时，按建筑物的不同檐高做纵向分割，分别计算建筑面积，以不同檐高分别编码列项。

18.1.4　超高施工增加

超高施工增加工程量清单项目设置、项目特征描述的内容、计量单位、工程量计算规则应按表 18-4 的规定执行。

表 18-4　　超高施工增加（011704）

项目编码	项目名称	项目特征	计量单位	工程量计算规则	工作内容
011704001	超高施工增加	1. 建筑物建筑类型及结构形式 2. 建筑物檐口高度、层数 3. 单层建筑物檐口高度超过 20m，多层建筑物超过 6 层部分的建筑面积	m^2	按建筑物超高部分的建筑面积计算	1. 建筑物超高引起的人工工效降低以及由于人工工效降低引起的机械降效 2. 高层施工用水加压水泵的安装、拆除及工作台班 3. 通信联络设备的使用及摊销

注：1. 单层建筑物檐口高度超过 20m，多层建筑物超过 6 层时，可按超高部分的建筑面积计算超高施工增加。计算层数时，地下室不计入层数。
2. 同一建筑物有不同檐高时，可按不同高度的建筑面积分别计算建筑面积，以不同檐高分别编码列项。

18.1.5　大型机械设备进出场及安拆

大型机械设备进出场及安拆工程量清单项目设置、项目特征描述的内容及计量单位及工程量计算规则应按表 18-5 的规定执行。

表 18-5　　大型机械设备进出场及安拆（编码：011705）

项目编码	项目名称	项目特征	计量单位	工程量计算规则	工作内容
011705001	大型机械设备进出场及安拆	1. 机械设备名称 2. 机械设备规格型号	台次	按使用机械设备的数量计算	1. 安拆费包括施工机械、设备在现场进行安装拆卸所需人工、材料、机械和试运转费用以及机械辅助设施的折旧、搭设、拆除等费用 2. 进出场费包括施工机械、设备整体或分体自停放地点运至施工现场或由一施工地点运至另一施工地点所发生的运输、装卸、辅助材料等费用

18.1.6 施工排水、降水

施工排水、降水工程量清单项目设置、项目特征描述的内容、计量单位及工程量计算规则应按表 18-6 的规定执行。

表 18-6　　施工排水、降水（编码：011706）

项目编码	项目名称	项目特征	计量单位	工程量计算规则	工作内容
011706001	成井	1. 成井方式 2. 地层情况 3. 成井直径 4. 井（滤）管类型、直径	m	按设计图示尺寸以钻孔深度计算	1. 准备钻孔机械、埋设护筒、钻机就位；泥浆制作、固壁；成孔、出渣、清孔等 2. 对接上、下井管（滤管），焊接，安放，下滤料，洗井，连接试抽等
011706002	排水、降水	1. 机械规格型号 2. 降排水管规格	昼夜	按排、降水日历天数计算	1. 管道安装、拆除，场内搬运等 2. 抽水、值班、降水设备维修等

注：相应专项设计不具备时，可按暂估量计算。

18.1.7 安全文明施工及其他措施项目

安全文明施工及其他措施项目工程量清单项目设置、计量单位、工作内容及包含范围应按表 18-7 的规定执行。

表 18 - 7　　　　安全文明施工及其他措施项目（编码：011707）

项目编码	项目名称	工作内容及包含范围
011707001	安全文明施工	1. 环境保护：现场施工机械设备降低噪声、防扰民措施；水泥和其他易飞扬细颗粒建筑材料密闭存放或采取覆盖措施等；工程防扬尘洒水；土石方、建渣外运车辆防护措施等；现场污染源的控制、生活垃圾清理外运、场地排水排污措施；其他环境保护措施 2. 文明施工："五牌一图"；现场围挡的墙面美化（包括内外粉刷、刷白、标语等）、压顶装饰；现场厕所便槽刷白、贴面砖，水泥砂浆地面或地砖，建筑物内临时便溺设施；其他施工现场临时设施的装饰装修、美化措施；现场生活卫生设施；符合卫生要求的饮水设备、淋浴、消毒等设施；生活用洁净燃料；防煤气中毒、防蚊虫叮咬等措施；施工现场操作场地的硬化；现场绿化、治安综合治理；现场配备医药保健器材、物品和急救人员培训；现场工人的防暑降温、电风扇、空调等设备及用电；其他文明施工措施 3. 安全施工：安全资料、特殊作业专项方案的编制，安全施工标志的购置及安全宣传；"三宝"（安全帽、安全带、安全网）、"四口"（楼梯口、电梯井口、通道口、预留洞口）、"五临边"（阳台围边、楼板围边、屋面围边、槽坑围边、卸料平台两侧），水平防护架、垂直防护架、外架封闭等防护；施工安全用电，包括配电箱三级配电、两级保护装置要求、外电防护措施；起重机、塔吊等起重设备（含井架、门架）及外用电梯的安全防护措施（含警示标志）及卸料平台的临边防护、层间安全门、防护棚等设施；建筑工地起重机械的检验检测；施工机具防护棚及其围栏的安全保护设施；施工安全防护通道；工人的安全防护用品、用具购置；消防设施与消防器材的配置；电气保护、安全照明设施；其他安全防护措施 4. 临时设施：施工现场采用彩色、定型钢板，砖、混凝土砌块等围挡的安砌、维修、拆除；施工现场临时建筑物、构筑物的搭设、维修、拆除，如临时宿舍、办公室，食堂、厨房、厕所、诊疗所、临时文化福利用房、临时仓库、加工场、搅拌台、临时简易水塔、水池等；施工现场工临时设施的搭设、维修、拆除，如临时供水管道、临时供电管线、小型临时设施等；施工现场规定范围内临时简易道路铺设，临时排水沟、排水设施安砌、维修、拆除；其他临时设施搭设、维修、拆除
011707002	夜间施工	1. 夜间固定照明灯具和临时可移动照明灯具的设置、拆除 2. 夜间施工时，施工现场交通标志、安全标牌、警示灯等的设置、移动、拆除 3. 包括夜间照明设备及照明用电、施工人员夜班补助、夜间施工劳动效率降低等
011707003	非夜间施工照明	为保证工程施工正常进行，在地下室等特殊施工部位施工时所采用的照明设备的安拆、维护及照明用电等
011707004	二次搬运	由于施工场地条件限制而发生的材料、成品、半成品等一次运输不能到达堆放地点，必须进行的二次或多次搬运
011707005	冬雨季施工	1. 冬雨（风）季施工时增加的临时设施（防寒保温、防雨、防风设施）的搭设、拆除 2. 冬雨（风）季施工时，对砌体、混凝土等采用的特殊加温、保温和养护措施 3. 冬雨（风）季施工时，施工现场的防滑处理、对影响施工的雨雪的清除 4. 包括冬雨（风）季施工时增加的临时设施、施工人员的劳动保护用品、冬雨（风）季施工劳动效率降低等
011707006	地上、地下设施、建筑物的临时保护设施	在工程施工过程中，对已建成的地上、地下设施和建筑物进行的遮盖、封闭、隔离等必要保护措施

续表

项目编码	项目名称	工作内容及包含范围
011707007	已完工程及设备保护	对已完工程及设备采取的覆盖、包裹、封闭、隔离等必要保护措施

注：本表所列项目应根据工程实际情况计算措施项目费用，需分摊的应合理计算摊销费用。

18.2 措施清单项目工程量计算实例

【例 18-1】 某工程梁、柱、板截面尺寸如图 18-1 所示，一层板顶标高为 4.47m，柱基础上表面标高为−0.8m，设计室外地坪为−0.6m，试计算梁、柱、板的模板工程量，并编制措施项目工程量清单。

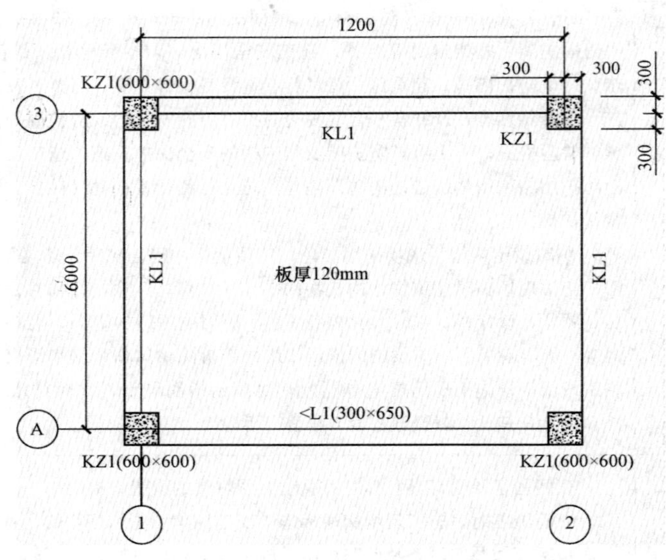

图 18-1 某工程梁、柱、板截面尺寸

解：(1) 梁模板工程量

$$S=[(7.2-0.6)\times2+(6-0.6)\times2]\times(0.65+0.30+0.53)=35.52\text{m}^2$$

梁支撑高度

$$4.47+0.6-0.65=4.42\text{m}$$

梁支撑超高工程量

$$S=[(7.2-0.6)\times2+(6-0.6)\times2]\times(0.65+0.30+0.53)=35.52\text{m}^2$$

(2) 柱模板工程量

$$S=0.6\times4\times(4.47+0.8)\times4-0.3\times0.65\times8-0.3\times2\times0.12\times4=48.74\text{m}^2$$

柱支撑高度

$$4.47+0.8=5.27\text{m}$$

(3) 板模板工程量

$$S=7.2\times6-0.3\times0.3\times4=42.84\text{m}^2$$

板模板支撑高度

$$4.47+0.6-0.12=4.95\text{m}$$

板支撑超高工程量

$$S=7.2\times 6-0.3\times 0.3\times 4=42.84\text{m}^2$$

工程量清单见表 18 - 8。

表 18 - 8　　分部分项工程和单价措施项目清单与计价表

工程名称：某建筑物

序号	项目编码	项目名称	项目特征描述	计量单位	工程量	金额/元		
						综合单价	合价	其中
								暂估价
1	011702006001	矩形梁	支撑高度：4.42m	m^2	35.52			
2	011702002001	矩形柱	支撑高度：5.27m	m^2	48.74			
3	011702016001	平板	支撑高度：4.95m	m^2	42.84			
本　页　小　计								
合　　计								

第5篇

建设工程工程量清单计价

第19章 工程量清单计价报价编制方法

19.1 工程量清单报价编制依据

采用工程量清单计价的工程，建设工程造价应由分部分项工程费、措施项目费、其他项目费、规费、税金组成，并按表19-1所示程序计算。

表19-1 建设工程造价计算程序

序号	项 目 名 称	计 算 办 法
1	分部分项工程费	$\sum$（分部分项工程量×综合单价）
2	措施项目费	$\sum$ 各项措施项目费
3	其他项目费	$\sum$ 各项其他项目费
4	规费	（1+2+3）×费率
5	税金	（1+2+3+4）×税率
6	工程造价	1+2+3+4+5

编制工程量清单报价的依据主要有清单工程量、施工图、《建设工程工程量清单计价规范》、消耗量定额、施工方案、工料机市场价格。

19.1.1 清单工程量

清单工程量是由招标人发布的拟建工程的招标工程量。清单工程量是投标人投标报价的重要依据，投标人应根据清单工程量和施工图计算工程量。

19.1.2 施工图

由于采用的施工图方案不同，清单工程量只是分部分项工程量清单项目的主要工程量，不能反映报价的全部内容，所以投标人在投标报价时，需要根据施工图和施工方案计算报价工程量。因而，施工图也是编制工程量清单报价的重要依据。

19.1.3 消耗量

消耗量定额一般指企业定额，建设行政主管部门发布的预算定额等，它是分析拟建工程工料机消耗量的依据。

19.1.4 工料机市场价格

工料机市场价格是确定分部分项工程量清单综合单价的重要依据。

19.2 综合单价的编制

19.2.1 综合单价的概念

完成一个规定清单项目所需的人工费、材料和工程设备费、施工机具使用费和企业管理费、利润以及一定范围内的风险费用。

该定义仍是一种狭义上的综合单价，规费和税金费用并不包括在项目单价中。国际上所谓的综合单价，一般是指包括全部费用的综合单价，在我国目前建筑市场存在过度竞争的情况下，保障税金和规费等不可竞争的费用仍是很有必要的。随着我国社会主义市场经济体制的进一步完善，社会保障机制的进一步健全，实行全费用的综合单价也将只是时间问题。

19.2.2 综合单价的确定原则

1. 工程量清单特征描述

确定分部分项工程和措施项目的综合单价的最重要依据之一是该清单项目的特征描述，投标人投标报价时应依据招标工程量清单项目的特征描述确定清单项目的综合单价。

在招投标过程中，当出现招标工程量清单特征描述与设计图纸不符时，投标人应以招标工程量清单的项目特征描述为准，确定投标报价的综合单价。当施工中施工图纸或设计变更与招标工程量清单项目特征描述不一致时，发、承包双方应按实际施工的项目特征，依据合同约定重新确定综合单价。

2. 材料、工程设备暂估价

招标工程量清单中提供了暂估单价的材料、工程设备，按暂估的单价进入综合单价。

3. 风险费用

招标文件中要求投标人承担的风险内容和范围，投标人应考虑进入综合单价。在施工过程中，当出现的风险内容及其范围（幅度）在招标文件规定的范围内时，综合单价不得变动，工程价款不作调整。

综合单价＝人工费＋材料费＋机械费＋管理费＋利润＋由投标人承担的风险费用
＋其他项目清单中的材料暂估价

由投标人承担的风险费用：根据我国工程建设特点，投标人应完全承担的风险是技术风险和管理风险，如管理费和利润；应有限度承担的是市场风险，如材料价格、施工机械使用费等的风险，应完全不承担的是法律、法规、规章和政策变化的风险。所以综合单价中不包含规费和税金。

其他项目清单中的材料暂估价：材料价格的风险宜控制在5%以内，施工机械使用费的风险可控制在10%以内，超过者予以调整。

为方便合同管理，需要纳入分部分项工程量清单项目综合单价中的暂估价应只是材料费，以方便投标人组价。

19.2.3　综合单价确定的意义

是工程量清单计价的核心内容，是投标人能否中标的航向标，是投标人中标后的盈亏的分水岭，是投标企业整体实力的真实反映。

19.2.4　综合单价的确定依据

综合单价的确定依据有招标工程量清单、消耗量定额、工料单价、费用及利润标准、施工组织设计、招标文件、施工图纸及图纸答疑、现场踏勘情况、计价规范等。

1. 招标工程量清单

招标工程量清单是由招标人提供的工程量清单，综合单价应根据招标工程量清单中提供的项目特征描述来确定。清单中提供相应清单项目所包含的施工过程，它是组价的内容。

2. 定额

定额是指消耗量定额或企业定额。消耗量定额是由建设行政主管部门根据合理的施工组织技术，按照正常施工条件下制定的，生产一个规定计量单位工程合格产品所需人工、材料、机械台班的社会平均消耗量的定额。消耗量定额是确定综合单价的依据。

企业定额是根据本企业的施工技术和管理水平，以及有关工程造价资料制定的，供本企业使用的人工、材料、机械台班消耗量的定额。企业定额是在编制投标报价时确定综合单价的依据。若投标企业没有企业定额时可参照消耗量定额确定综合单价。定额的人工、材料、机械消耗量是计算综合单价中人工费、材料费、机械费的基础。

3. 工料单价

工料单价是指人工单价、材料单价、(即材料预算价格)、机械台班价格。综合单价中的人工费、材料费、机械费，是由定额中工料消耗量乘以相应的工料单价计算得到。

4. 管理费费率、利润率

除人工费、材料费、机械费外的管理费及利润，是根据管理费费率和利润率乘以其基础计算的。

5. 计价规范

分部分项工程费的综合单价所包括的范围，应符合计价规范中项目特征及工程内容中规定的要求。

6. 招标文件

综合单价包括的内容应满足招标文件的要求，如工程招标范围、甲方供应材料的方式等。例如，某工程招标文件中要求钢材、水泥实行政府采购，由招标方组织供应到工程现场。在综合单价中就必须包括钢材、水泥的价。否则综合单价无实际意义。

7. 施工图纸及图纸答疑

在确定综合单价时，分部分项工程包括的内容除满足工程量清单中给出的内容外，还应注意施工图纸及图纸答疑的具体内容，才能有效地确定综合单价。

8. 现场踏勘情况、施工组织设计及施工方案

现场踏勘情况及施工组织设计，是计算措施费的资料。

19.2.5 综合单价编制时应注意的问题

须非常熟悉定额的编制原理，为准确计算人工、材料、机械消耗量奠定基础。必须熟悉施工工艺，准确确定工程量清单表中的工程内容，以便准确报价。经常进行市场询价和商情调查，以便合理确定人工、材料、机械的市场单价。广泛积累各类基础性资料及其以往的报价经验，为准确而迅速地做好报价提供依据。经常与企业及项目决策领导者进行沟通明确投标策略，以便合理报出管理费率及利润率。增强风险意识，熟悉风险管理有关内容，将风险因素合理的考虑在报价中。必须结合施工组织设计和施工方案将工程量增减的因素及施工过程中的各类合理损耗都应考虑在综合单价中。

19.2.6 综合单价的确定中相关规定

若施工中出现施工图纸（含设计变更）与工程量清单项目特征描述不符的，发、承包双方应按新的项目特征确定相应工程量清单项目的综合单价。因分部分项工程量清单漏项或非承包人原因的工程变更，造成增加新的工程量清单项目，其对应的综合单价按下列方法确定：

（1）合同中已有适用的综合单价，按合同中已有的综合价确定；（前提：其采用的材料、施工工艺和方法相同）

（2）合同中有类似的综合单价，参照类似的综合单价确定；（前提：其采用的材料、施工工艺和方法基本相似，不增加关键线路上工程的施工时间，可仅就其变更后的差异部分调整。）

（3）合同中没有适用或类似的综合单价，由承包人提出综合单价，经发包人确认后执行。（前提：无法找到适用和类似的项目单价时，应采用招投标时的基础资料，按成本加利润的原则，双方协商新的综合单价）

因分部分项工程量清单漏项或非承包人原因的工程变更，引起措施项目发生变化，造成施工组织设计或施工方案变更，原措施费中已有的措施项目，按原措施费的组价方法调整；原措施费中没有的措施项目，由承包人根据措施项目变更情况，提出适当的措施费变更，经发包人确认后调整。

19.3 综合单价编制实例

19.3.1 案例1

某办公用房，共三层，工程平面、剖面如图19-1（a）、（b）所示。砖混结构，多孔砖砖墙，采用混合砂浆M7.5砌筑烧结多孔砖，双面抹灰。内墙厚240mm。每层内墙上圈、过梁混凝土工程量为1.15m^3，M-1洞口尺寸1500×2400，M-2洞口尺寸900×2100，市区施工。管理费率为20%，利润率为20%。试编制该工程内墙分部分项工程量清单综合单价（见表19-2～表19-7）。

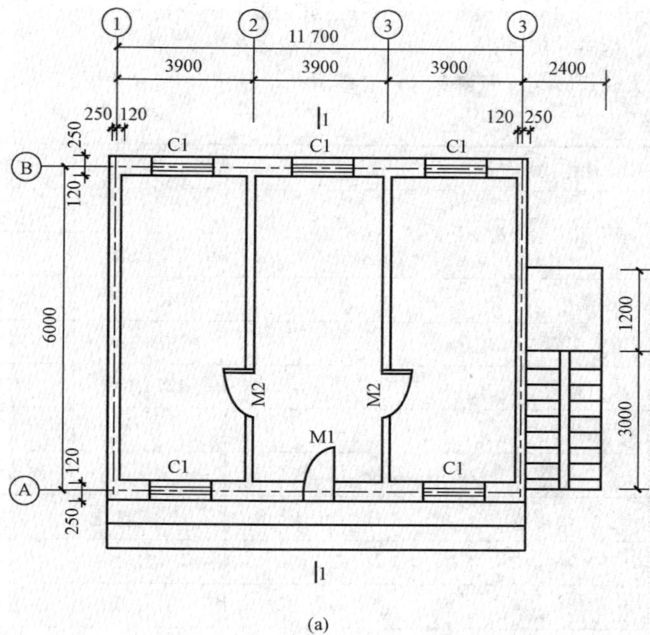

(a)

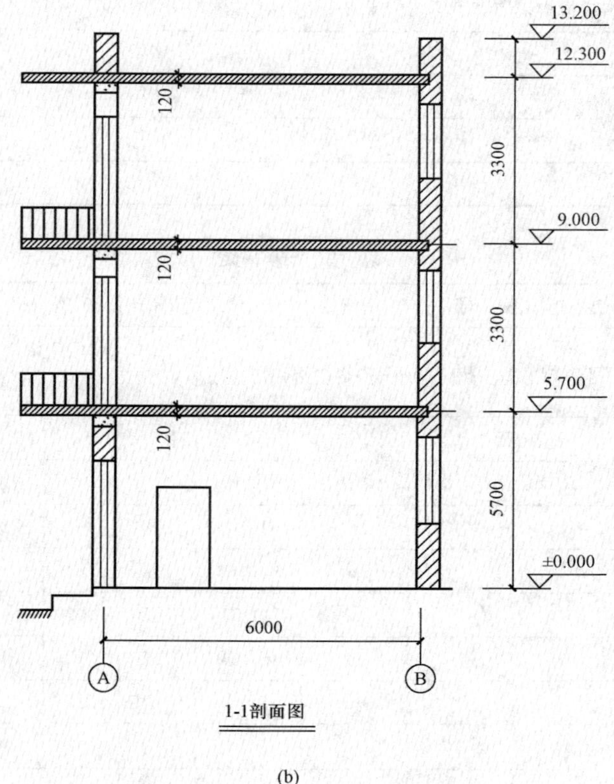

(b)

图 19 - 1　办公用房平面及剖面图

（a）平面图；（b）剖面图

表 19-2　　多孔砖墙

工作内容：1. 调运砂浆、运砖、砌砖；
2. 砌窗台虎头砖、腰线、门窗套等，窗槽洞；
3. 安放垫块、木砖、铁件。

单位：$10m^3$

定额编号				350	351	352
项目名称				砖墙（双面混水）		
				1/2 砖墙	1 砖墙	$1\frac{1}{2}$砖墙
基价/元				2454.35	2329.52	2315.13
人工费/元				658.67	550.04	540.86
材料费/元				1774.54	1752.64	1747.43
机械费/元				21.14	26.84	26.84
编码	名称	单位	单价/元	数量		
AZ0020	综合工日	工日	45.00	14.637	12.223	12.019
AC0020	多孔砖 240×115×90	千块	450.00	3.550	3.400	3.350
AV0010	水	m^3	5.70	1.130	1.040	1.040
PK0030	混合砂浆 M5-H-3	m^3	115.27	1.480	1.880	2.030
XF0050	双锥反转出料砼搅拌机 200L	台班	81.32	0.260	0.330	0.330

表 19-3　　砌筑砂浆

单位：m^3

定额编号				pk0010	pk0020	pk0030	pk0040	pk0050	pk0060
项目名称				混合砂浆					
				M2.5		M5		M7.5	
价格/元				110.19	108.72	115.27	112.66	117.92	115.92
编码	名称	单位	单价/元	数量					
AA0010	水泥 32.5	t	310.00	0.182	—	0.210	—	0.229	—
AA0012	水泥 42.5	t	350.00	—	0.139	—	0.159	—	0.175
AC0530	中粗砂	m^3	30.00	1.020	1.020	1.020	1.020	1.020	1.020
AC0730	石灰膏	m^3	180.00	0.120	0.155	0.100	0.138	0.082	0.125
AV0010	水	m^3	5.70	0.275	0.275	0.275	0.275	0.275	0.275

表 19 - 4　　**混凝土及砂浆机械**　　单位：台班

定额编号				xf0010	xf0020	xf0030	xf0040	xf0050	xf0060
项目名称				涡浆式				双锥反转出料	
				混凝土搅拌机					
				出料容量/L					
				250	350	500	1000	200	350
基价/元				100.18	132.86	176.23	291.98	81.32	98.91
人工费/元				52.00	52.00	52.00	52.00	52.00	52.00
燃料费/元				16.81	37.86	53.10	87.24	11.49	21.46
其他费/元				31.37	43.00	71.13	152.74	17.83	25.45
编码	名称	单位	单价/元	数量					
JX0001	人工	工日	52.00	1.00	1.00	1.00	1.00	1.00	1.00
AV0020	电	kW·h	0.493	34.10	76.80	107.71	176.95	23.30	43.52
AW1001	折旧费	元	—	16.90	24.34	42.36	85.84	8.02	12.76
AW1002	大修理费	元	—	2.81	4.05	7.04	14.28	1.33	2.12
AW1003	经常修理费	元	—	6.69	9.64	16.76	33.99	3.51	5.60
AW1004	安拆费及场外运费	元	—	4.97	4.97	4.97	18.63	4.97	4.97

表 19 - 5　　**分部分项工程量清单费用组成分析表**

（包括风险费）

工程名称：某办公用房　　第 1 页　共 1 页

项目编码	项目名称	单位	工程量	费用组成/元					价格/元	
				人工费	材料费	机械使用费	管理费利润	风险费	综合单价	合价
010401004001	多孔砖墙	m^3	27.84	82.72	205.88	3.65	22.25		314.51	8756
t-351 换	砌筑多孔砖墙（双面混水）1 砖墙 m7.5-h-3	$10m^3$	2.68	858.06	2135.52	37.91	230.75			

表 19 - 6　　**其他项目清单计价汇总表**

工程名称：某办公用房　　第 1 页　共 1 页

序号	项目名称	金额	备注
	其他或辅助材料调整	75	柒拾伍元整

注：材料暂估单价进入清单项目综合单价中，此处只列金额，不汇总。

表 19-7　　**主要材料价格表**

工程名称：某办公用房　　制表：2014 年 1 月 4 日

序号	材料编码	材料名称	单位	数量	价格/元	
					单价	合价
1	az0020	综合工日	工日	32.807	70.2	2303
2	aa0010	水泥 32.5	t	1.156	285	329
3	ac0020	多孔砖 240×115×90	千块	9.126	550	5019
4	ac0730	石灰膏	m^3	0.414	120	50
5	av0010	水	m^3	4.179	5.95	25
6	ac0530s	中粗砂（砂浆用）	m^3	5.147	60	309
7	av0020j	电	kW·h	20.637	0.68	14
8	jx0010j	人工（机上）	工日	0.886	81.12	72
		合计				8121

建设单位：　　页号：1/1

编制单位：

解：

$$清单工程量V= 2\times(6.0-0.24)\times 12.3\times 0.24-0.9\times 2.1\times 2\times 3\times 0.24-1.15\times 3=27.84(m^3)$$

$$定额工程量V= 2\times(6.0-0.24)\times(12.3-0.12\times 3)\times 0.24-0.9\times 2.1\times 2\times 3\times 0.24-1.15\times 3=26.84(m^3)$$

$$t\text{-}351\ 人工费=550.04/10\times 26.84=1476.31(元)$$

$$人工费调整=1476.31\times 56\%=826.73\ 元$$

$$t\text{-}351\ 换材料费换算=1752.64+1.88\times(117.92-115.27)=1757.62(元/10m^3)$$

$$材料费=1757.62/10\times 26.84=4717.45(元)$$

材差：

$$多孔砖=3.4/10\times 26.84\times(550-450)=912.56(元)$$

$$水=1.04/10\times 26.84\times(5.95-5.70)=0.70(元)$$

混合砂浆中材料：

$$水泥=1.88/10\times 26.84\times 0.229\times(285-310)=-28.89(元)$$

$$中粗砂=1.88/10\times 26.84\times 1.020\times(60-30)=154.41(元)$$

$$石灰膏=1.88/10\times 26.84\times 0.082\times(120-180)=-24.83(元)$$

$$水=1.88/10\times 26.84\times 0.275\times(5.95-5.70)=0.35(元)$$

$$t\text{-}351\ 机械费=26.84/10\times 26.84=72.04(元)$$

$$机上人工费调整=0.330/10\times 26.84\times 52\times 56\%=25.79(元)$$

$$电(材差)=0.330/10\times 26.84\times 23.30\times(0.684-0.493)=3.94(元)$$

$$换算后基价=550.04+1757.62+26.84=2334.50(元/10m^3)$$

$$辅材、周转性材料调整 = 2334.50/10 \times 26.84 \times 1.2\% = 75.19(元)$$

$$管理费 = (1476.31 + 72.04) \times 20\% = 309.67(元)$$

$$利润 = (1476.31 + 72.04) \times 20\% = 309.67(元)$$

$$风险费 = 0$$

$$\begin{aligned}综合单价 &= (1476.31 + 826.73 + 4717.45 + 912.56 + 0.70 - 28.89 + 154.41 - 24.83 \\ &\quad + 0.35 + 72.04 + 25.79 + 3.94 + 309.67 + 309.67 + 0)/27.84 \\ &= 314.51(元/m^3)\end{aligned}$$

19.3.2　案例 2

根据例 7-2 某厂房的招标工程量清单编制其综合单价，见表 19-8～表 19-13。本项目工程类别为四类。

表 19-8　　梁

工作内容：1. 混凝土水平运输；

2. 混凝土搅拌、浇捣、养护等。　　单位：10m³

定额编号				550	551
项目名称				基础梁	单梁、连续梁框架梁
基价/元				2474.90	2589.63
人工费/元				539.33	662.90
材料费/元				1738.69	1729.85
机械费/元				196.88	196.88
编码	名称	单位	单价/元	数量	
AZ0020	综合工日	工日	45.00	11.985	14.731
AP0320	塑料薄膜	m²	0.80	24.120	23.830
AV0010	水	m³	5.70	7.340	5.830
AV0020	电	kW·h	0.493	14.750	14.750
PB0300	现浇碎石混凝土 C25-31.5-4	m³	164.56	10.150	10.150
XD0300	机动翻斗车 1t	台班	110.07	0.780	0.780
XF0030	涡浆式混凝土搅拌机 500L	台班	176.23	0.630	0.630

表 19-9　　混凝土配合比　　单位：m^3

定额编号				pb0290	pb0300	pb0310	pb0320	pb0330	pb0340
项目名称				粗集料最大粒径 5～40mm					
				C25		C30		C35	
价格/元				166.27	164.56	177.83	174.22	189.13	185.88
编码	名称	单位	单价/元	数量					
AA0010	水泥 32.5	t	310.00	0.370	—	0.411	—	0.451	—
AA0012	水泥 42.5	t	350.00	—	0.319	—	0.349	—	0.385
AC0530	中粗砂	m^3	30.00	0.452	0.465	0.442	0.457	0.432	0.449
AC0730	碎石 31.5mm	m^3	50.00	0.739	0.758	0.722	0.746	0.706	0.732
AV0010	水	m^3	5.70	0.185	0.185	0.185	0.185	0.185	0.185

表 19-10　　混凝土及砂浆机械　　单位：台班

定额编号				xd0270	xd0280	xd0290	xd0300	xd0310
项目名称				长材运输车 装载质量/t			机动翻斗车 装载质量/t	
				9	12	15	1	1.5
基价/元				408.19	501.43	574.61	110.07	130.21
人工费/元				52.00	62.40	62.40	52.00	52.00
燃料费/元				199.03	214.59	246.00	28.80	46.63
其他费/元				157.16	224.44	266.21	29.27	31.58
编码	名称	单位	单价/元	数量				
JX0001	人工	工日	52.00	1.00	1.20	1.20	1.00	1.00
JA0360	柴油	kg	5.68	35.04	37.78	43.31	5.07	8.21
AW1001	折旧费	元	—	95.54	137.64	166.87	8.09	9.32
AW1002	大修理费	元	—	6.06	8.73	10.58	1.47	1.69
AW1003	经常修理费	元	—	34.97	50.37	61.05	5.78	6.64
AW1004	安拆费及场外运费	元	—	—	—	—	3.58	3.58
AW1005	其他费用	元	—	20.59	27.70	27.71	10.35	10.35

表19-11　分部分项工程量清单费用组成分析表

（包括风险费）

工程名称：某厂房　第1页　共1页

项目编码	项　目　名　称	单位	工程量	费用组成/元					价格/元	
				人工费	材料费	机械使用费	管理费利润	风险费	综合单价	合价
010503002001	矩形梁	m^3	8.39	103.41	221.67	26.34	34.39		385.81	3237
t-551换	现浇混凝土单梁、连续梁框架梁c30-31.5-4（xs）	$10m^3$	0.84	1034.12	2216.66	263.43	343.91			
010503002002	矩形梁	m^3	8.39	103.41	212.32	26.34	34.39		376.46	3159
t-551	现浇混凝土单梁、连续梁框架梁c25-31.5-4（xs）	$10m^3$	0.84	1034.12	2123.18	263.43	343.91			

表19-12　主要材料价格表

工程名称：某厂房　制表：2014年1月5日

序号	材料编码	材　料　名　称	单位	数量	价格/元	
					单价	合价
1	az0020	综合工日	工日	24.719	70.2	1735
2	aa0012	水泥42.5	t	5.689	355	2019
3	ac1262	碎石31.5	m^3	12.808	80	1025
4	av0010	水	m^3	12.934	5.95	77
5	av0020	电	kW·h	24.751	0.684	17
6	ac0530h	中粗砂（混凝土用）	m^3	7.852	60	471
7	av0020j	电	kW·h	113.865	0.684	78
8	ja0360j	柴油	kg	6.636	8.85	59
9	jx0010j	人工（机上）	工日	2.366	81.12	192
合　计						5673

建设单位：　页号：1/1

编制单位：

表19-13　其他项目清单计价汇总表

工程名称：某厂房　第1页　共1页

序号	项　目　名　称	金额	备注
	其他或辅助材料调整	89	捌拾玖元整

注：材料暂估单价进入清单项目综合单价中，此处只列金额，不汇总。

解：

$$清单工程量 V = 8.39(m^3)$$

$$定额工程量 V = 8.39(m^3)$$

1. C30-31.5-4

$$t\text{-}551 人工费 = 662.90/10 \times 8.39 = 556.17(元)$$

$$人工费调整 = 556.17 \times 56\% = 311.46(元)$$

$$t\text{-}551 换材料费换算 = 1729.85 + 10.150 \times (174.22 - 164.56) = 1827.90(元/10m^3)$$

$$材料费 = 1827.90/10 \times 8.39 = 1533.61(元)$$

材差：

$$水 = 5.830/10 \times 8.39 \times (5.95 - 5.70) = 1.22(元)$$

$$电 = 14.750/10 \times 8.39 \times (0.684 - 0.493) = 2.36(元)$$

混凝土中材料：

$$水泥 42.5 = 10.150/10 \times 8.39 \times 0.349 \times (355 - 350) = 14.86(元)$$

$$中粗砂 = 10.150/10 \times 8.39 \times 0.457 \times (60 - 30) = 116.75(元)$$

$$碎石 = 10.150/10 \times 8.39 \times 0.746 \times (80 - 50) = 190.58(元)$$

$$水 = 10.150/10 \times 8.39 \times 0.185 \times (5.95 - 5.70) = 0.39(元)$$

$$t\text{-}551 机械费 = 196.88/10 \times 8.39 = 165.18(元)$$

$$机上人工费调整(机动翻斗车) = 0.780/10 \times 8.39 \times 52 \times 56\% = 19.06(元)$$

$$柴油 = 0.780/10 \times 8.39 \times 5.07 \times (8.85 - 5.68) = 10.52(元)$$

$$机上人工费调整(搅拌机) = 0.630/10 \times 8.39 \times 52 \times 56\% = 15.39(元)$$

$$电 = 0.630/10 \times 8.39 \times 107.71 \times (0.684 - 0.493) = 10.87(元)$$

$$换算后基价 = 2589.63 + 10.15 \times (174.22 - 164.56) = 2687.68(元/10m^3)$$

$$辅材、周转性材料调整 = 2687.68/10 \times 8.39 \times 2\% = 45.10(元)$$

$$管理费 = (556.17 + 165.18) \times 20\% = 144.27(元)$$

$$利润 = (556.17 + 165.18) \times 20\% = 144.27(元)$$

$$风险费 = 0$$

$$\begin{aligned}综合单价 = & (556.17 + 311.46 + 1533.61 + 1.22 + 2.36 + 14.86 + 116.75 + 190.58 + 0.39 \\ & + 165.18 + 19.06 + 10.52 + 15.39 + 10.87 + 144.27 + 144.27 + 0)/8.39 \\ = & 385.81(元/m^3)\end{aligned}$$

2. C25-31.5-4

$$t\text{-}551 人工费 = 556.17(元)$$

$$人工费调整 = 311.46(元)$$

$$材料费 = 1729.85/10 \times 8.39 = 1451.34(元)$$

材差：

$$水 = 1.22(元)$$

$$电 = 2.36(元)$$

混凝土中材料：

$$水泥 42.5 = 10.150/10 \times 8.39 \times 0.319 \times (355 - 350) = 13.58(元)$$

$$中粗砂 = 10.150/10 \times 8.39 \times 0.465 \times (60 - 30) = 118.80(元)$$

$$碎石 = 10.150/10 \times 8.39 \times 0.758 \times (80 - 50) = 193.65(元)$$

$$水 = 10.150/10 \times 8.39 \times 0.185 \times (5.95 - 5.70) = 0.39(元)$$

$$机械费 = 165.18(元)$$

$$机上人工费调整(机动翻斗车) = 19.06(元)$$

$$柴油 = 10.52(元)$$

$$机上人工费调整(搅拌机) = 15.39(元)$$

$$电 = 10.87(元)$$

$$辅材、周转性材料调整 = 2589.63/10 \times 8.39 \times 2\% = 43.45(元)$$

$$管理费 = 144.27(元)$$

$$利润 = 144.27(元)$$

$$风险费 = 0$$

$$\begin{aligned}综合单价 = &(556.17 + 311.46 + 1451.34 + 1.22 + 2.36 + 13.58 + 118.80 + 193.65 + 0.39 \\ &+ 165.18 + 19.06 + 10.52 + 15.39 + 10.87 + 144.27 + 144.27 + 0)/8.39 \\ = &376.46(元/m^3)\end{aligned}$$

19.3.3 案例 3

根据例 11-1、例 11-2 某工程屋面的招标工程量清单编制本实例屋面砂浆找平层、保温隔热屋面（焦渣）的综合单价表 19-14～表 19-22。本项目工程类别为四类。

表 19-14　　　　找　平　层

工作内容：清理基层、调制砂浆、铺设、找平及压实　　　　单位：m²

定额编号				1	2	3
项目名称				软基层面上	硬基层面上	水泥砂浆
				水泥砂浆厚度 2cm		每增加 0.5mm
基价/元				7.81	7.25	1.44
人工费/元				3.41	3.25	0.54
材料费/元				4.13	3.80	0.83
机械费/元				0.27	0.20	0.07
编码	名　称	单位	单价/元	数　量		
AZ0020	综合工日	工日	45.00	0.0757	0.0723	0.0119
AV0010	水	m³	5.70	—	0.0060	—
PL0250	素水泥浆	m³	468.47	—	0.0010	—
PL0320	水泥砂浆 1∶3	m³	164.99	0.0250	0.0200	0.0050
XF0160	灰浆搅拌机 200 升	台班	68.16	0.0040	0.0030	0.0010

表 19 - 15 砂浆配合比（一） 单位：m^3

定额编号				pl0250	pl0260	pl0270
项目名称				素水泥浆	膨胀水泥砂浆 1∶1	白水泥砂浆 1∶1.5
价格/元				468.47	311.95	380.51
编码	名称	单位	单价/元	数量		
AA0010	水泥 32.5	t	310.00	1.502	—	—
AA0051	白水泥	t	550.00	—	—	0.638
AA0100	膨胀水泥	t	380.00	—	0.758	—
AC0530	中粗砂	m^3	30.00	—	0.740	0.930
AV0010	水	m^3	5.70	0.500	0.300	0.300

表 19 - 16 砂浆配合比（二） 单位：m^3

定额编号				pl0320	pl0330	pl0340	pl0350
项目名称				水泥砂浆			
				1∶3		1∶4	
价格/元				164.99	182.11	141.74	155.86
编码	名称	单位	单价/元	数量			
AA0010	水泥 32.5	t	310.00	0.428	—	0.353	—
AA0012	水泥 42.5	t	350.00	—	0.428	—	0.353
AC0530	中粗砂	m^3	30.00	1.020	1.020	1.020	1.020
AV0010	水	m^3	5.70	0.300	0.300	0.300	0.300

表 19-17　　混凝土及砂浆机械　　单位：台班

定额编号				xf0120	xf0130	xf0140	xf0150	xf0160	xf0170
项目名称				双卧轴式混凝土搅拌机				灰浆搅拌机	
				出料容量/L				拌筒容量/L	
				350	500	1000	1500	200	400
基价/元				149.34	175.11	291.15	348.87	68.16	70.48
人工费/元				52.00	52.00	52.00	52.00	52.00	52.00
燃料费/元				49.58	55.63	74.71	91.63	4.25	7.48
其他费/元				47.76	67.48	164.44	205.24	11.91	11.00
编码	名称	单位	单价/元	数量					
JX0001	人工	工日	52.00	1.00	1.00	1.00	1.00	1.00	1.00
AV0020	电	kW·h	0.493	100.56	112.84	151.55	185.86	8.61	15.17
AW1001	折旧费	元	—	21.90	31.97	88.80	113.66	3.29	4.08
AW1002	大修理费	元	—	3.64	5.32	14.77	18.90	0.73	0.39
AW1003	经常修理费	元	—	17.25	25.22	42.24	54.05	2.92	1.56
AW1004	安拆费及场外运费	元	—	4.97	4.97	18.63	18.63	4.97	4.97

表 19-18 **保温、隔热**

屋面保温层

工作内容：清理基层、调制石灰炉渣或炉渣混凝土等混合料，铺保温层。 单位：$10m^3$

定额编号				1872	1873	1874	1875
项目名称				加气混凝土块	炉（矿）渣混凝土	石灰炉（矿）渣	水泥炉（矿）渣
基价/元				1732.09	1895.97	1176.01	1753.27
人工费/元				234.09	447.93	394.88	369.77
材料费/元				1498.00	1448.04	781.13	1383.50
机械费/元				—	—	—	—
编码	名称	单位	单价/元	数量			
AZ0020	综合工日	工日	45.00	5.202	9.954	8.775	8.217
AB0120	加气混凝土块	m^3	140.00	10.700	—	—	—
PN0030	石灰炉渣 1∶6	m^3	77.34	—	—	10.100	—
PN0050	水泥炉渣 1∶6	m^3	136.98	—	—	—	10.100
PN0190	炉渣混凝土 75 号	m^3	143.37	—	10.100	—	—

表 19-19 **垫层、保温材料配合比** 单位：m^3

定额编号				pn0050	pn0060	pn0070	pn0080	pn0090	pn0100
项目名称				水泥炉渣			水泥石灰炉渣		
				1∶6	1∶8	1∶10	1∶1∶6	1∶1∶8	1∶1∶10
价格/元				136.98	121.42	111.61	136.34	122.66	113.41
编码	名称	单位	单价/元	数量					
AA0010	水泥 32.5	t	310.00	0.252	0.196	0.160	0.221	0.117	0.147
AC0700	石灰粉	kg	0.11	—	—	—	147.000	118.000	98.000
AC0870	炉渣	m^3	45.00	1.270	1.310	1.340	1.110	1.180	1.230
AV0010	水	m^3	5.70	0.300	0.300	0.300	0.300	0.300	0.300

表 19-20 分部分项工程量清单费用组成分析表

（包括风险费）

工程名称：某工程屋面 第1页 共1页

项目编码	项目名称	单位	工程量	费用组成/元					价格/元	
				人工费	材料费	机械使用费	管理费利润	风险费	综合单价	合价
01110100600	屋面砂浆找平层	m^2	369.62	5.76	4.62	0.42	1.36		12.16	4495
z-1	水泥砂浆（软基层面上）找平层厚度 2cm	m^2	369.62	5.76	4.62	0.42	1.36			
011001001002	保温隔热屋面	m^2	348.35	5.05	11.57		1.3		17.92	6243
t-1875	屋面铺水泥炉（矿）渣保温层	$10m^3$	3.05	576.83	1320.68		147.91			

表 19-21 主要材料价格表

工程名称：某工程屋面 制表：2014年1月5日

序号	材料编码	材料名称	单位	数量	价格/元	
					单价	合价
1	az0020	综合工日	工日	25.078	70.2	1760
2	az0020z	综合工日（装）	工日	27.980	76.05	2128
3	aa0010	水泥 32.5	t	11.723	285	3341
4	av0010	水	m^3	12.020	5.95	72
5	ac0530s	中粗砂（砂浆用）	m^3	9.425	60	566
6	av0020j	电	kW·h	12.730	0.68	9
7	jx0010z	人工（机上）装	工日	1.479	87.88	130
		合计				8006

建设单位： 页号：1/1

编制单位：

表 19-22 其他项目清单计价汇总表

工程名称：某工程屋面 第1页 共1页

序号	项目名称	金额	备注
	其他或辅助材料调整	104	壹佰零肆元整

注：材料暂估单价进入清单项目综合单价中，此处只列金额，不汇总。

解： 1. 屋面砂浆找平层

$$清单工程量 = 369.62(m^2)$$

$$定额工程量 = 369.62(m^2)$$

$$人工费 = 3.41 \times 369.62 = 1260.40(元)$$

$$人工费调整 = 1260.40 \times 69\% = 869.68(元)$$

$$材料费 = 4.13 \times 369.62 = 1526.53(元)$$

材差：

水泥砂浆 1∶3 中材差：

$$水泥 32.5 = 0.0250 \times 369.62 \times 0.428 \times (285 - 310) = -98.87(元)$$

$$中粗砂 = 0.0250 \times 369.62 \times 1.020 \times (60 - 30) = 282.76(元)$$

$$水 = 0.0250 \times 369.62 \times 0.300 \times (5.95 - 5.70) = 0.69(元)$$

$$机械费 = 0.27 \times 369.62 = 99.80(元)$$

$$机上人工费调整 = 0.0040 \times 369.62 \times 52 \times 69\% = 53.05(元)$$

$$电 = 0.0040 \times 369.62 \times 8.61 \times (0.684 - 0.493) = 2.43(元)$$

$$辅材、周转材料调整 = 7.81 \times 369.62 \times 1.5\% = 43.30(元)$$

$$管理费 = (1260.40 + 99.80) \times 20\% = 272.04(元)$$

$$利润 = (1260.40 + 99.80) \times 17\% = 231.23(元)$$

$$风险费 = 0$$

$$\begin{aligned}综合单价 &= (1260.40 + 869.68 + 1526.53 - 98.87 + 282.76 + 0.69 + 99.80 + 53.05 \\ &\quad + 2.43 + 272.04 + 231.23 + 0)/369.62 \\ &= 12.17(元/m^2)\end{aligned}$$

2. 保温隔热屋面

（1∶6 水泥焦渣找坡、最薄处 30mm）

$$清单工程量 = 348.35(m^2)$$

$$定额工程量 = 平均厚度 = \frac{(12 - 0.24 \times 2)}{2} \times 2\% \times \frac{1}{2} + 0.030 = 0.0876(m)$$

$$1∶6 水泥焦渣工程量 V = 348.35 \times 0.0876 = 30.52(m^3)$$

$$人工费 = 369.77/10 \times 30.52 = 1128.54(元)$$

$$人工费调整 = 1128.54 \times 56\% = 631.98(元)$$

$$材料费 = 1383.50/10 \times 30.52 = 4222.44(元)$$

1∶6 水泥焦渣中材料

$$水泥 32.5 = 10.100/10 \times 30.52 \times 0.252 \times (285 - 310) = -194.20(元)$$

$$水 = 10.100/10 \times 30.52 \times 0.300 \times (5.95 - 5.70) = 2.31(元)$$

$$机械费 = 0$$

$$辅材周转材料调整 = 1753.27/10 \times 30.52 \times 1.2\% = 64.21(元)$$

$$管理费 = (1128.54 + 0) \times 20\% = 225.71(元)$$

$$利润 = (1128.54 + 0) \times 20\% = 225.71(元)$$

$$风险费 = 0$$

$$\begin{aligned}综合单价 &= (1128.54 + 631.98 + 4222.44 - 194.20 + 2.31 + 0 + 225.71 \\ &\quad + 225.71 + 0)/348.35 \\ &= 17.92(元/m^2)\end{aligned}$$

19.3.4　案例 4

根据某厂厂区旗杆的招标工程量清单表 19 - 23～表 19 - 25，编制其综合单价见表 19 - 26。(四类工程)

表 19 - 23　　旗　杆

工作内容：包括下料、焊接、材料搬运、预埋铁件、安装、抛光、清理等全部操作过程　　单位：见表

定额编号				1678	1679
项目名称				不锈钢旗杆/m	晒衣架安装/套
基价/元				288.22	166.48
人工费/元				34.63	6.48
材料费/元				243.65	160.00
机械费/元				9.94	—
编码	名称	单位	单价/元	数量	
AZ0020	综合工日	工日	45.00	0.7695	0.1440
EB0871	不锈钢无缝钢管	kg	22.50	10.2600	—
AN6701	成品晒衣架	根	160.00	—	1.0000
AM4606	螺栓	个	0.50	0.2720	—
AN1320	铁件	kg	5.50	1.5671	—
AN2994	旗杆球珠	只	12.00	0.0680	—
AN3401	定滑轮	个	3.50	0.0680	—
AR0211	电焊条	kg	6.90	0.4331	—
XI0030	交流弧焊机 42kV・A	台班	82.81	0.1200	—

表 19-24　　分部分项工程量清单费用组成分析表

（带计算式）

工程名称：某厂厂区旗杆　　第1页　共1页

项目编码	项目名称	单位	计算公式	工程量	费用组成/元					价格/元
					人工费	材料费	机械使用费	管理费利润	综合价格	合价
011506002001	金属旗杆	根	3	3	2613.24	12 433.21	514.62	724.60	5428.67	16 286.00
t-25	人工挖基坑（深度 2m 内）一二类土	$100m^3$	1.51/100	0.02	28.36			7.28		36.00
t-67	人工原土夯实	$100m^3$	5.04/100	0.05	5.00			1.28		6.00
t-529 换	现浇混凝土独立基础 c10-31.5-3（xs）	$10m^3$	0.72/10	0.07	41.76	144.47	15.06	15.16		186.00
t-390	红砖零星砌体 M5-H-3	$10m^3$	1.05/10	0.11	144.10	250.51	4.22	38.14		437.00
t-63	回填土　夯填	$100m^3$	0.79/100	0.01	9.91		1.18	2.94		14.00
t-163	自卸汽车运土　10km 以内	$1000m^3$	0.72/1000		0.21	0.05	9.05	2.76		12.00
z-68	花岗岩零星项目（水泥砂浆）	m^2	6.24	6.24	243.24	1091.25	2.25	53.80		1391.00
z-1678	不锈钢旗杆	m	36.58	36.58	2140.66	10 976.93	482.86	603.24		14 204.00
	合　计				2613.24	12 433.21	514.62	724.60		16 286.00

表19-25　　主要材料价格表

工程名称：某厂厂区旗杆　　制表：2014年1月5日

序号	材料编码	材料名称	单位	数量	价格/元	
					单价	合价
1	az0010	综合工日	工日	0.734	59.28	43
2	az0020	综合工日	工日	2.648	70.20	186
3	az0020z	综合工日（装）	工日	31.347	76.05	2384
4	aa0010	水泥32.5	t	0.27	285	77
5	aa0050	白水泥	kg	0.705	0.70	
6	ac0010	红（青）砖240×115×53	千块	0.579	380	220
7	ac0730	石灰膏	m^3	0.022	120	3
8	ac1262	碎石31.5mm	m^3	0.58	70	41
9	ag0291	花岗石板（综合）	m^2	6.614	160	1058
10	av0010	水	m^3	0.946	5.95	6
11	av0020	电	kW·h	3.56	0.68	2
12	eb0871	不锈钢无缝钢管	kg	375.311	28	10 509
13	ac0530h	中粗砂（混凝土用）	m^3	0.355	60	21
14	ac0530s	中粗砂（砂浆用）	m^3	0.355	60	21
15	av0020j	电	kW·h	629.75	0.68	431
16	ja0360j	柴油	kg	0.839	8.85	7
17	jx0010j	人工（机上）	工日	0.139	81.12	11
18	jx0010z	人工（机上）装	工日	0.021	87.88	2
合计						15 022

建设单位：　　页号：1/1

编制单位：

表19-26　　其他项目清单计价汇总表

工程名称：某厂厂区旗杆　　第1页　共1页

序号	项目名称	金额	备注
	其他或辅助材料调整	176	壹佰柒拾陆元整

注：材料暂估单价进入清单项目综合单价中，此处只列金额，不汇总。

解： 清单工程量：3 根不锈钢旗杆

定额工程量：

$$人工挖基坑 = (3 + 0.6) \times (0.8 + 0.6) \times 0.3 = 1.51(m^3)$$

$$人工原土夯实 = (3 + 0.6) \times (0.8 + 0.6) = 5.04(m^2)$$

$$C10 独立基础 = 3.0 \times 0.8 \times 0.3 = 0.72(m^3)$$

$$砖基座砌体 = 3.5 \times 1.0 \times 0.3 = 1.05(m^3)$$

$$外运土 = 0.72(m^3)$$

$$回填土 = 1.51 - 0.72 = 0.79(m^3)$$

$$芝麻白花岗岩台座面层 = 6.24(m^2)$$

$$不锈钢旗杆 = 12.192 \times 3 = 36.58(m)$$

第6篇

实例

第 20 章　工程量清单编制实例

某大学学生公寓 工程

招标人：__________________
（单位盖章）

工程造价咨询人：____________
（单位盖章）

法定代表人或其授权人：________
（签字或盖章）

法定代表人或其授权人：________
（签字或盖章）

编制人：__________________
（造价工程师签字盖专用章）

复核人：__________________
（造价工程师签字盖专用章）

编制时间：________________
（签字或盖章）

复核时间：________________
（签字或盖章）

单位工程投标报价汇总表

工程名称：某大学学生公寓

汇总内容	金额/元	其中：暂估价/元
一、实体项目		
1. 砌筑工程		
2. 屋面及防水工程		
3. 外墙保温工程		
4. 内装修工程		
5. 门窗工程		
二、措施项目		
1. 通用及费率措施项目		
2. 技术及其他措施项目		
3. 计日工		
三、其他项目费		
四、规费		
五、税金		
合计		

分部分项工程量清单与计价表

工程名称：某大学学生公寓

序号	项目编码	项目名称	项目特征描述	计量	工程	金额/元		
						综合单价	合价	其中：暂估价
1	010101001001	平整场地	1. 平整场地	m^2	1461.86			
2	010101001002	基础钎探	1. 基础钎探	m^2	1461.86			
3	010101002001	挖一般土方	1. 土壤类别：一、二类土	m^3	3187.73			
4	010103002001	余方弃置	1. 弃土运距：10km	m^3	1278.59			
5	010103001001	回填方	1. 土质要求：原土 2. 夯填	m^3	1913.86			
6	010501001001	垫层	1. 混凝土强度等级：C15 2. 材料种类：商品混凝土	m^3	85.03			
7	010404001001	垫层	1. 外墙地梁下做 300 厚防冻砂	m^3	14.99			
8	010501003001	独立基础	1. 混凝土强度等级：C35 2. 材料种类：商品混凝土	m^3	437.43			
9	010503001001	基础梁	1. 混凝土强度等级：C35 2. 材料种类：商品混凝土	m^3	101.19			
10	010502001001	矩形柱	1. 混凝土强度等级：C30 2. 材料种类：商品混凝土	m^3	368.41			
11	010505003001	平板	1. 混凝土强度等级：C30 2. 材料种类：商品混凝土	m^3	705.1			
12	010503002001	矩形梁	1. 混凝土强度等级：C30 2. 材料种类：商品混凝土	m^3	636.44			
13	010505008001	现浇混凝土雨篷	1. 混凝土强度等级：C30 2. 材料种类：商品混凝土	m^3	1.82			
14	010505008002	现浇混凝土悬挑板	1. 混凝土强度等级：C30 2. 材料种类：商品混凝土	m^3	3.05			
15	010505007001	现浇混凝土挑檐	1. 混凝土强度等级：C30 2. 材料种类：商品混凝土	m^3	19.14			
16	010505006001	现浇混凝土栏板	1. 混凝土强度等级：C30 2. 材料种类：商品混凝土	m^3	5.18			
17	010504001001	现浇混凝土女儿墙	1. 混凝土强度等级：C25 2. 材料种类：商品混凝土	m^3	41.29			

续表

序号	项目编码	项目名称	项目特征描述	计量	工程	金额/元		
						综合单价	合价	其中：暂估价
18	010506001001	现浇混凝土直形楼梯	1. 混凝土强度等级：C30 2. 材料种类：商品混凝土	m^2	163.52			
19	010508001001	后浇带 梁	1. 混凝土强度等级：C35 2. 材料种类：商品混凝土	m^3	4.62			
20	010508001002	后浇带 板	1. 混凝土强度等级：C35 2. 材料种类：商品混凝土	m^3	8.7			
21	010503005001	过梁	1. 混凝土强度等级：C25 2. 材料种类：商品混凝土	m^3	6.58			
22	010507005001	现浇混凝土压顶	1. 混凝土强度等级：C25 2. 材料种类：商品混凝土	m^3	16.67			
23	010502002001	现浇混凝土构造柱	1. 混凝土强度等级：C25 2. 材料种类：商品混凝土	m^3	131.03			
24	010507007001	现浇商品混凝土 上翻边（管道井）	1. 混凝土强度等级：C20 2. 材料种类：商品混凝土	m^3	1.44			
25	010507007002	现浇商品混凝土 上翻边（卫生间）	1. 混凝土强度等级：C20 2. 材料种类：商品混凝土	m^3	12.67			
26	010515001001	现浇混凝土圆钢筋 ϕ6	1. 钢筋种类、规格：一级钢筋 ϕ6	t	14.51			
27	010515001002	现浇混凝土圆钢筋 ϕ8	1. 钢筋种类、规格：一级钢筋 ϕ8	t	2.7			
28	010515001003	现浇混凝土圆钢筋 ϕ12	1. 钢筋种类、规格：一级钢筋 ϕ12	t	11.29			
29	010515001004	现浇混凝土圆钢筋 ϕ14	1. 钢筋种类、规格：一级钢筋 ϕ14	t	2.3			
30	010515001005	现浇混凝土螺纹钢筋 IIIϕ8	1. 钢筋种类、规格：三级钢筋 IIIϕ8	t	33.18			
31	010515001006	现浇混凝土螺纹钢筋 IIIϕ10	1. 钢筋种类、规格：三级钢筋 IIIϕ10	t	32.31			

续表

序号	项目编码	项目名称	项目特征描述	计量	工程	金额/元		
						综合单价	合价	其中：暂估价
32	010515001007	现浇混凝土螺纹钢筋 IIIϕ12	1. 钢筋种类、规格：三级钢筋 IIIϕ12	t	21.64			
33	010515001008	现浇混凝土螺纹钢筋 IIIϕ14	1. 钢筋种类、规格：三级钢筋 IIIϕ14	t	6.41			
34	010515001009	现浇混凝土螺纹钢筋 IIIϕ16	1. 钢筋种类、规格：三级钢筋 IIIϕ16	t	16.3			
35	0105150010010	现浇混凝土螺纹钢筋 IIIϕ18	1. 钢筋种类、规格：三级钢筋 IIIϕ18	t	17.41			
36	0105150010011	现浇混凝土螺纹钢筋 IIIϕ20	1. 钢筋种类、规格：三级钢筋 IIIϕ20	t	21.08			
37	0105150010012	现浇混凝土螺纹钢筋 IIIϕ22	1. 钢筋种类、规格：三级钢筋 IIIϕ22	t	62.57			
38	0105150010013	现浇混凝土螺纹钢筋 IIIϕ25	1. 钢筋种类、规格：三级钢筋 IIIϕ25	t	65.01			
39	0105150010014	现浇混凝土圆钢箍筋 ϕ6	1. 钢筋种类、规格：一级钢筋 ϕ6	t	7			
40	0105150010015	现浇混凝土螺纹箍筋 ϕ8	1. 钢筋种类、规格：三级钢筋 ϕ8	t	31.41			
41	0105150010016	现浇混凝土螺纹箍筋 ϕ10	1. 钢筋种类、规格：三级钢筋 ϕ10	t	16.88			
42	0105150010017	现浇混凝土螺纹箍筋 ϕ12	1. 钢筋种类、规格：三级钢筋 ϕ10	t	10.26			
43	0105150010018	接头	1. 套筒锥形螺纹钢筋接头 ϕ32 以内	个	4044			
44	0105150010019	植筋 ϕ6.5	1. 植筋 ϕ6.5	根	7978			
45	0105150010020	植筋 ϕ8	1. 植筋 ϕ8	根	36			
46	0105150010021	植筋 ϕ12	1. 植筋 ϕ12	根	5288			
47	0105150010022	植筋 ϕ16	1. 植筋 ϕ16	根	752			

续表

序号	项目编码	项目名称	项目特征描述	计量	工程	金额/元		
						综合单价	合价	其中：暂估价
			砌筑工程					
48	010401008001	填充墙 100mm	1. 砖品种等级：陶粒混凝土砌块 2. 墙体厚度：100mm	m^3	4.48			
49	010401008002	填充墙 200mm	1. 砖品种等级：陶粒混凝土砌块 2. 墙体厚度：200mm	m^3	1137.96			
50	010401008003	填充墙 300m	1. 砖品种等级：陶粒混凝土砌块 2. 墙体厚度：300mm	m^3	450.43			
51	010515003001	金属网	1. 两种材料交界处钉 300 宽金属网	m^2	3980.21			
52	010401014001	砖地沟（主沟）	1. 地沟详见《02G04》图集，地沟选用 1400×1400	m	183.71			
53	010401014002	砖地沟（次沟）	1. 地沟详见《02G04》图集，地沟选用 1000×1000	m	91.35			
		分部小计						
			屋面及防水工程					
54	010902001001	屋面卷材防水	1.40 厚 C20 细石混凝土保护层 2.（3＋4）SBS 改性沥青防水卷材 3.20 厚 1∶3 水泥砂浆找平层，砂浆中掺聚丙烯 4.1.2 厚聚氨酯隔气层	m^2	1437.6			
55	011001001001	保温隔热屋面	1.100 厚阻燃型挤塑聚苯板（$30kg/m^3$） 2. 火山灰找 3%，最薄处 30 厚 3.20 厚 1∶3 水泥砂浆找平层，砂浆中掺聚丙烯	m^2	1437.6			

续表

序号	项目编码	项目名称	项目特征描述	计量	工程	金额/元		
						综合单价	合价	其中：暂估价
56	010902001002	雨篷屋面卷材防水	1. 40 厚 C20 细石混凝土保护层 2.（3+4）SBS 改性沥青防水卷材 3. 20 厚 1∶3 水泥砂浆找平层，砂浆中掺聚丙烯 4. 1.2 厚聚氨酯隔气层	m²	47.59			
57	010401012001	排风道出屋面	1. 详见图集：05J5-1-26-3	个	4			
58	010401012002	排烟道出屋面	1. 详见图集：05J5-1-26-3	个	2			
		分部小计						
外墙保温工程								
59	011001003001	保温隔热墙外墙	1. 保温隔热部位：外墙（±0.00 以上） 2. 保温隔热方式：外保温 3. 保温隔热厚度：60mm 保温	m²	3131.78			
60	011001003002	保温隔热墙女儿墙	1. 保温隔热部位：女儿墙内侧 2. 保温隔热材质：挤塑板 3. 保温隔热厚度：60mm 保温	m²	289.46			
61	011001003003	保温隔热墙	1. 保温隔热部位：外墙（±0.00 以下）伸入 900mm 2. 保温隔热材质：挤塑板 3. 保温隔热厚度：90mm 保温	m²	286.2			
62	011001003004	门窗洞口两侧抹聚苯颗粒保温砂浆	1. 保温隔热部位：门窗洞口两侧 2. 保温隔热材质：聚苯颗粒保温砂浆 3. 厚度：30mm	m²	326.7			
63	011201001001	墙面一般抹灰	1. 外墙面抹灰	m²	3042.85			
64	011407001001	刷喷涂料	1. 外墙涂料：真石漆	m²	3369.55			
65	020204003001	块料墙面（勒脚）	1. 花岗岩蘑菇石块勒脚	m²	101.11			

续表

序号	项目编码	项目名称	项目特征描述	计量	工程	金额/元		
						综合单价	合价	其中：暂估价
66	020204003002	块料墙面	1. 块料墙面	m^2	45.6			
67	011210005001	厕浴成品隔断	1. 详见图集：05J12-16-2	m^2	320.8			
68	011505001001	洗漱台	1. 详见图集：05J12-118-A	m^2	10			
		分部小计						
内装修工程								
69	011102003001	块料地面　地 1	1. 10 厚地砖铺实拍平，稀水泥浆擦缝 2. 撒素水泥面（洒适量清水） 3. 20 厚 1∶4 干硬性水泥砂浆结合层 4. 40 厚 C20 细石混凝土（随打随抹） 5. 70 厚挤塑聚苯板保温（密度：30kg/m^2） 6. 100 厚 C15 细石混凝土（随打随抹） 7. 素土夯实	m^2	1144.11			
70	011102003002	块料地面　地 2	1. 10 厚地砖铺实拍平，稀水泥浆擦缝 2. 撒素水泥面（洒适量清水） 3. 20 厚 1∶4 干硬性水泥砂浆结合层 4. 1.5h 厚聚氨酯防水涂膜，四周沿墙上翻 150 高 5. 20 厚 1∶3 水泥砂浆找平层 6. 细石混凝土找坡最薄处 30 厚 7. 70 厚挤塑聚苯板保温（密度：30kg/m^2） 8. 100 厚 C15 细石混凝土（随打随抹） 9. 素土夯实	m^2	138.04			

续表

序号	项目编码	项目名称	项目特征描述	计量	工程	金额/元		
						综合单价	合价	其中：暂估价
71	011102003003	块料楼面　楼1	1.10厚铺地砖地面，干水泥擦缝 2.撒素水泥面（洒适量清水） 3.20厚1∶4干硬性水泥砂浆结合层 4.20厚1∶3水泥砂浆找平层 5.现浇钢筋混凝土楼板	m^2	3959			
72	011102003004	块料楼面　楼2	1.10厚铺地砖地面，干水泥擦缝 2.撒素水泥面（洒适量清水） 3.20厚1∶4干硬性水泥砂浆结合层 4.1.5h厚聚氨酯防水涂膜，四周沿墙上翻150高 5.刷基层处理剂 6.20厚1∶3水泥砂浆找平层 7.细石混凝土找坡最薄处30厚 8.现浇钢筋混凝土基板	m^2	440.98			
73	011102001001	石材楼面　楼3（楼梯间）	1.素水泥浆结合层一遍 2.30厚1∶4干硬性水泥砂浆结合层 3.楼梯间：20厚花岗岩 4.石材磨半圆边 5.踏步开槽	m^2				
74	011102001002	石材楼面　楼3	1.20厚花岗岩 2.30厚1∶4干硬性水泥砂浆结合层 3.素水泥砂浆结合层一遍 4.钢筋混凝土楼板	m^2	549.73			
75	011105003001	块料踢脚线　踢1	1.4～5厚面砖。水泥擦缝 2.4厚1∶1水泥砂浆加水重20%，建筑胶镶贴 3.17厚1∶3水泥砂浆	m^2	468.18			

续表

序号	项目编码	项目名称	项目特征描述	计量	工程	金额/元		
						综合单价	合价	其中：暂估价
76	011105002001	石材踢脚线踢 2	1.10厚石质板材，水泥浆擦缝 2.5厚1∶1水泥砂浆加水重20%，建筑胶镶贴 3.15厚1∶3水泥砂浆	m²	88.49			
77	011407001001	刷喷涂料内墙 1	1. 刮耐水柔韧腻子二道 2.5厚1∶0.3∶2.5水泥石膏砂浆抹面压实抹光 3.12厚1∶1∶6水泥石膏砂浆打底扫毛 4. 刷混凝土界面剂一道(随刷随抹底灰)	m²	13874.87			
78	011407001002	块料墙面内墙 2	1.10厚釉面瓷砖贴面，白水泥擦缝 2.5厚聚合物水泥砂浆(或专用胶)粘结层 3. 聚合物水泥基防水涂膜1.0厚 4.8厚1∶2.5水泥砂浆找平 5.12厚1∶3水泥砂浆打底	m²	1476.22			
79	011407001002	刷喷涂料内墙 3	1. 柔性腻子 2.6厚抗裂砂浆复合耐碱网格布 3.30厚胶粉聚苯颗粒保温砂浆 4. 清理墙面，满涂专用界面处理砂浆	m²	824.72			
80	011201001001	墙面一般抹灰内墙 4	1.5厚1∶2水泥砂浆抹面压光 2.25厚1∶2.5水泥砂浆掺入水泥用量3%的硅质密实剂分三次抹灰，收水时压实 3. 墙面刮防水腻子	m²	836.39			

续表

序号	项目编码	项目名称	项目特征描述	计量	工程	金额/元		
						综合单价	合价	其中：暂估价
81	011407002001	天棚刷喷涂料	1. 钢筋混凝土板底面清理干净 2. 刮耐水柔韧腻子二道	m^2	4853.19			
82	011302001001	天棚吊顶　棚 2	1. 配套金属龙骨 2. 铝合金条型板	m^2	579.02			
83	011302001002	天棚吊顶　棚 3	1. 刷乳胶漆 2. BDB 耐水柔韧腻子找平 3. 9 厚纸面石膏板自供螺丝拧牢 4. 轻钢龙骨 5. ϕ8 钢筋吊杆，双向吊点中距 1100，与角钢焊牢 6. ϕ12 膨胀螺栓固定∟36×4 角钢长 40	m^2	1031.4			
84	011201001002	墙面一般抹灰（电井）	1. 轻质墙墙面、墙裙抹水泥砂浆 水泥砂浆 1∶3	m^2	109.23			
85	011101001001	水泥砂浆楼地面（电井）	1. 水泥砂浆（整体）地面 水泥砂浆 1∶3	m^2	8			
		分部小计						
门窗工程								
86	010802003001	钢质防火门安装（乙）	1. 乙级钢质防火门（成品）	m^2	36.54			
87	010802003002	钢质防火门安装（丙）	1. 丙级钢质防火门（成品）	m^2	16.8			
88	010802003003	钢质防火门安装（宿舍门）	1. 丙级钢质防火门（成品）	m^2	471.6			
89	020406007001	塑钢窗	1. 塑钢窗	m^2	1003.08			
90	011209002001	全玻（无框）幕墙	1. 全玻璃幕墙	m^2	68.88			
91	010809004001	大理石窗台板	1. 花岗岩窗台板	m^2	84.34			

续表

序号	项目编码	项目名称	项目特征描述	计量	工程	金额/元		
						综合单价	合价	其中：暂估价
92	040309001001	金属栏杆（楼梯）	1. 详见图集：06J403-1-24-B14	m	86.3			
93	040309001002	护窗栏杆	1. 详见图集：06J403-1-25-A16	m	224.1			
94	040309001003	护窗栏杆	1. 详见图集：06J403-1-25-A16	m	16.8			
95	040309001004	无障碍坡道栏杆	1. 详见图集：05J13-17-7	m	18.6			
96	011505006001	洗手盆抓杆	1. 无障碍卫生间参照05J13-31图集	副	2			
97	011505006002	小便器抓杆	1. 无障碍卫生间参照05J13-31图集	副	2			
98	011107001001	石材台阶	1.300厚防冻砂 2. 详见图集：05J9-1-67-1E	m^2	55.88			
99	040303015001	挡墙墙身	1. 参照05J9-1-69-3图集 2. 挡土墙面：花岗岩石材 3. 运距10kg	m	21.1			
100	010507001001	现浇混凝土散水	1. 详见图集：05J9-1-57-2	m^2	158.12			
101	010507001002	现浇混凝土坡道	1. 详见图集：05J13-15-2	m^2	12.9			
102	010507004001	砖台阶	1. 砖台阶	m^2	0.84			
103	010514001001	排烟道	1. 参照05J5-1-26-3图集	m	71.8			
104	010401012001	零星砌砖（卫生间蹲台）	1. 零星砌砖（卫生间蹲台）	m^3	11.4			
		分部小计						
		合计						

措施项目清单汇总表

工程名称：某大学学生公寓

序号	项目名称	金额/元
1. 通用及费率措施项目		
1	安全文明施工（建筑）	
2	安全文明施工（装饰）	
3	临时设施费（建筑）	
4	临时设施费（装饰）	
5	冬雨季施工增加费（建筑）	
6	冬雨季施工增加费（装饰）	
7	已完及未完工程保护（建筑）	
8	已完及未完工程保护（装饰）	
	分部小计	
2. 技术及其他措施项目		
9	二次搬运及完工清理费（装饰）	
10	二次搬运及完工清理费（建筑）	
11	材料及产品质量检测费（房屋建筑）	
12	材料及产品质量检测费（房屋装饰）	
13	大型机械设备进出场及安拆	
14	垂直运输	
15	垂直运输	
16	民用建筑综合脚手架	
17	现浇混凝土基础垫层　木模板	
18	现浇混凝土独立基础　竹胶模板木支撑	
19	现浇混凝土土基础梁　竹胶模板钢支撑	

续表

序号	项目名称	金额/元
20	现浇混凝土矩形柱　竹胶模板钢支撑	
21	现浇混凝土平板　竹胶模板钢支撑	
22	现浇混凝土单梁、连续梁　竹胶模板钢支撑	
23	现浇混凝土雨篷　木模板木支撑	
24	现浇混凝土直形悬挑板　木模板木支撑	
25	现浇混凝土挑檐　木模板木支撑	
26	现浇混凝土栏板　木模板木支撑	
27	现浇混凝土女儿墙　竹胶模板钢支撑	
28	现浇混凝土直形楼梯　木模板木支撑	
29	现浇混凝土过梁　竹胶模板木支撑	
30	现浇混凝土压顶　竹胶模板木支撑	
31	现浇混凝土构造柱　竹胶模板钢支撑	
32	现浇混凝土上翻台　竹胶模板木支撑	
33	地沟模板（主沟）	
34	地沟模板（次沟）	
35	风道模板	
36	排烟道模板	
37	洗漱台模板	
38	现浇混凝土模板（后浇带梁）	
39	现浇混凝土模板（后浇带板）	
	分部小计	
	合　计	

通用措施项目计价表

工程名称：某大学学生公寓

序号	项目名称	计费基础	费率（%）	金额/元
1	安全文明施工（建筑）			
2	安全文明施工（装饰）			
3	临时设施费（建筑）			
4	临时设施费（装饰）			
5	冬雨季施工增加费（建筑）			
6	冬雨季施工增加费（装饰）			
7	已完及未完工程保护（建筑）			
8	已完及未完工程保护（装饰）			
	合　　计			

技术措施项目计价表

工程名称：某大学学生公寓

编码	项目名称	项目特征描述	单位	工程量	金额/元	
					综合单价	合价
011707004001	二次搬运及完工清理费(装饰)		项	1		
011707004002	二次搬运及完工清理费(建筑)		m^2	7272.16		
011707010001	材料及产品质量检测费(房屋建筑)		m^2	7272.16		
011707010002	材料及产品质量检测费(房屋装饰)		m^2	7272.16		
011705001001	大型机械设备进出场及安拆		项	1		
011703001001	垂直运输		m^2	7272.16		
011703001002	垂直运输		项	1		
011701001001	民用建筑综合脚手架		m^2	7272.16		
011702025001	现浇混凝土基础垫层木模板		m^2	60.8		
011702001001	现浇混凝土独立基础竹胶模板木支撑		m^2	380.47		
011702005001	现浇混凝土基础梁 竹胶模板钢支撑		m^2	902.08		
011702002001	现浇混凝土矩形柱 竹胶模板钢支撑		m^2	2160.02		
011702016001	现浇混凝土平板 竹胶模板钢支撑		m^2	5798.45		
011702006001	现浇混凝土单梁、连续梁 竹胶模板钢支撑		m^2	4595.62		
011702023001	现浇混凝土雨篷 木模板木支撑		m^2	15.27		
011702023002	现浇混凝土直形悬挑板木模板木支撑		m^2	25.45		

续表

编码	项目名称	项目特征描述	单位	工程量	金额/元	
					综合单价	合价
011702020001	现浇混凝土挑檐　木模板木支撑		m^2	191.38		
011702021001	现浇混凝土栏板　木模板木支撑		m^2	104.65		
011702011001	现浇混凝土女儿墙　竹胶模板钢支撑		m^2	275.25		
011702024001	现浇混凝土直形楼梯木模板木支撑		m^2	163.52		
011702009001	现浇混凝土过梁　竹胶模板木支撑		m^2	105.52		
011702025002	现浇混凝土压顶　竹胶模板木支撑		m^2	111.16		
011702003001	现浇混凝土构造柱　竹胶模板钢支撑		m^2	1363.28		
011702025003	现浇混凝土上翻台　竹胶模板木支撑		m^2	227.3		
011702026001	地沟模板（主沟）		项	1		
011702026002	地沟模板（次沟）		项	1		
011702025004	风道模板		项	1		
011702025005	排烟道模板		项	1		
011702025006	洗漱台模板		m^3	5.9		
011702025007	现浇混凝土模板（后浇带梁）		m^2	35.25		
011702025007	现浇混凝土模板（后浇带板）		m^2	72.54		
	合　　计					

规费、税金项目清单与计价表

工程名称：某大学学生公寓

序号	项目名称	计算基础	费率（%）	金额/元
1	规费			
1.1	其中：养老失业保险			
1.2	基本医疗保险			
1.3	住房公积金			
1.4	工伤保险			
1.5	意外伤害保险			
1.6	生育保险			
1.7	水利建议基金			
2	税金			
	合　　计			

第 21 章　招标控制价编制实例

某大学学生公寓　工程

招　标　控　制　价

招标控制价（小写）：11056185 元整
（大写）：壹仟壹佰零伍万陆仟壹佰捌拾伍元整

招标人：
（单位盖章）

工程造价咨询人：
（单位盖章）

法定代表人或其授权人：
（签字或盖章）

法定代表人或其授权人：
（签字或盖章）

编制人：
（造价工程师签字盖专用章）

复核人：
（造价工程师签字盖专用章）

编制时间：
（签字或盖章）

复核时间：
（签字或盖章）

单位工程费汇总表

工程名称：某大学学生公寓

序号	项目名称	计算公式或说明	费率（%）	金额/元
1	分部分项工程量清单项目费	$\sum$(分部分项工程清单×综合单价)		8 118 330
2	措施项目清单费	$\sum$(措施项目清单×综合单价)		2 002 318
3	其他项目清单费	按招标文件计算		
4	小计	1+2+3		10 120 648
5	规费	以下分项规费累计	5.57	563 721
5.1	其中：养老失业保险	4×费率	3.5	354 223
5.2	基本医疗保险	4×费率	0.68	68 820
5.3	住房公积金	4×费率	0.9	91 086
5.4	工伤保险	4×费率	0.12	12 145
5.5	意外伤害保险	4×费率	0.19	19 229
5.6	生育保险	4×费率	0.08	8 097
5.7	水利建议基金	4×费率	0.1	10 121
6	合计	4+5		10 684 369
7	税金	6×税率	3.48	371 816
8	含税工程造价（小写）	6+7		11 056 185
9	含税工程造价（大写）	壹仟壹佰零伍万陆仟壹佰捌拾伍元整		11 056 185

分部分项工程量清单与计价表

工程名称：某大学学生公寓

序号	项目编码	项目名称	项目特征描述	计量	工程	金额/元		
						综合单价	合价	其中：暂估价
1	010101001001	平整场地	1. 平整场地	m^2	1461.86	2.05	2990	
2	010101001002	基础钎探	1. 基础钎探	m^2	1461.86	3.97	5809	
3	010101002001	挖一般土方	1. 土壤类别：一、二类土	m^3	3187.73	8.47	26 987	
4	010103002001	余方弃置	1. 弃土运距：10km	m^3	1278.59	15.45	19 753	
5	010103001001	回填方	1. 土质要求：原土 2. 夯填	m^3	1913.86	20.88	39 963	
6	010501001001	垫层	1. 混凝土强度等级：C15 2. 材料种类：商品混凝土	m^3	85.03	330.77	28 125	
7	010404001001	垫层	1. 外墙地梁下做 300 厚防冻砂	m^3	14.99	112.28	1683	
8	010501003001	独立基础	1. 混凝土强度等级：C35 2. 材料种类：商品混凝土	m^3	437.43	407.84	178 402	
9	010503001001	基础梁	1. 混凝土强度等级：C35 2. 材料种类：商品混凝土	m^3	101.19	418.43	42 341	
10	010502001001	矩形柱	1. 混凝土强度等级：C30 2. 材料种类：商品混凝土	m^3	368.41	419.29	154 469	
11	010505003001	平板	1. 混凝土强度等级：C30 2. 材料种类：商品混凝土	m^3	705.1	412.52	290 868	
12	010503002001	矩形梁	1. 混凝土强度等级：C30 2. 材料种类：商品混凝土	m^3	636.44	404.19	257 243	
13	010505008001	现浇混凝土雨篷	1. 混凝土强度等级：C30 2. 材料种类：商品混凝土	m^3	1.82	427.47	778	
14	010505008002	现浇混凝土悬挑板	1. 混凝土强度等级：C30 2. 材料种类：商品混凝土	m^3	3.05	411.8	1256	
15	010505007001	现浇混凝土挑檐	1. 混凝土强度等级：C30 2. 材料种类：商品混凝土	m^3	19.14	439.97	8421	
16	010505006001	现浇混凝土栏板	1. 混凝土强度等级：C30 2. 材料种类：商品混凝土	m^3	5.18	427.03	2212	
17	010504001001	现浇混凝土女儿墙	1. 混凝土强度等级：C25 2. 材料种类：商品混凝土	m^3	41.29	407.24	16 815	

续表

序号	项目编码	项目名称	项目特征描述	计量	工程	金额/元		
						综合单价	合价	其中：暂估价
18	010506001001	现浇混凝土直形楼梯	1. 混凝土强度等级：C30 2. 材料种类：商品混凝土	m^2	163.52	154.43	25 253	
19	010508001001	后浇带　梁	1. 混凝土强度等级：C35 2. 材料种类：商品混凝土	m^3	4.62	433.55	2003	
20	010508001002	后浇带　板	1. 混凝土强度等级：C35 2. 材料种类：商品混凝土	m^3	8.7	432.18	3760	
21	010503005001	过梁	1. 混凝土强度等级：C25 2. 材料种类：商品混凝土	m^3	6.58	386.93	2546	
22	010507005001	现浇混凝土压顶	1. 混凝土强度等级：C25 2. 材料种类：商品混凝土	m^3	16.67	420.1	7003	
23	010502002001	现浇混凝土构造柱	1. 混凝土强度等级：C25 2. 材料种类：商品混凝土	m^3	131.03	403.47	52 867	
24	010507007001	现浇商品混凝土上翻边（管道井）	1. 混凝土强度等级：C20 2. 材料种类：商品混凝土	m^3	1.44	371.53	535	
25	010507007002	现浇商品混凝土上翻边（卫生间）	1. 混凝土强度等级：C20 2. 材料种类：商品混凝土	m^3	12.67	371.43	4706	
26	010515001001	现浇混凝土圆钢筋 $\phi6$	1. 钢筋种类、规格：一级钢筋 $\phi6$	t	14.51	5754.95	83 487	
27	010515001002	现浇混凝土圆钢筋 $\phi8$	1. 钢筋种类、规格：一级钢筋 $\phi8$	t	2.7	5085.89	13 737	
28	010515001003	现浇混凝土圆钢筋 $\phi12$	1. 钢筋种类、规格：一级钢筋 $\phi12$	t	11.29	4773.36	53 896	
29	010515001004	现浇混凝土圆钢筋 $\phi14$	1. 钢筋种类、规格：一级钢筋 $\phi14$	t	2.3	4660.16	10 737	
30	010515001005	现浇混凝土螺纹钢筋 IIIΦ8	1. 钢筋种类、规格：三级钢筋 IIIΦ8	t	33.18	5035.9	167 071	
31	010515001006	现浇混凝土螺纹钢筋 IIIΦ10	1. 钢筋种类、规格：三级钢筋 IIIΦ10	t	32.31	5040.08	162 865	

续表

序号	项目编码	项目名称	项目特征描述	计量	工程	金额/元		
						综合单价	合价	其中：暂估价
32	010515001007	现浇混凝土螺纹钢筋 IIIϕ12	1. 钢筋种类、规格：三级钢筋 IIIϕ12	t	21.64	5042.01	109 094	
33	010515001008	现浇混凝土螺纹钢筋 IIIϕ14	1. 钢筋种类、规格：三级钢筋 IIIϕ14	t	6.41	4892.5	31 356	
34	010515001009	现浇混凝土螺纹钢筋 IIIϕ16	1. 钢筋种类、规格：三级钢筋 IIIϕ16	t	16.3	4688.87	76 438	
35	0105150010010	现浇混凝土螺纹钢筋 IIIϕ18	1. 钢筋种类、规格：三级钢筋 IIIϕ18	t	17.41	4600.15	80 084	
36	0105150010011	现浇混凝土螺纹钢筋 IIIϕ20	1. 钢筋种类、规格：三级钢筋 IIIϕ20	t	21.08	4547.12	95 867	
37	0105150010012	现浇混凝土螺纹钢筋 IIIϕ22	1. 钢筋种类、规格：三级钢筋 IIIϕ22	t	62.57	4489.86	280 944	
38	0105150010013	现浇混凝土螺纹钢筋 IIIϕ25	1. 钢筋种类、规格：三级钢筋 IIIϕ25	t	65.01	4436.42	288 407	
39	0105150010014	现浇混凝土圆钢箍筋 ϕ6	1. 钢筋种类、规格：一级钢筋 ϕ6	t	7	6267.33	43 840	
40	0105150010015	现浇混凝土螺纹箍筋 ϕ8	1. 钢筋种类、规格：三级钢筋 ϕ8	t	31.41	5282.07	165 894	
41	0105150010016	现浇混凝土螺纹箍筋 ϕ10	1. 钢筋种类、规格：三级钢筋 ϕ10	t	16.88	5282.08	89 172	
42	0105150010017	现浇混凝土螺纹箍筋 ϕ12	1. 钢筋种类、规格：三级钢筋 ϕ10	t	10.26	4970.95	50 992	
43	0105150010018	接头	1. 套筒锥形螺纹钢筋接头 Φ32 以内	个	4044	25.33	102 451	
44	0105150010019	植筋 ϕ6.5	1. 植筋 ϕ6.5	根	7978	6.32	50 453	
45	0105150010020	植筋 ϕ8	1. 植筋 ϕ8	根	36	8.08	291	
46	0105150010021	植筋 ϕ12	1. 植筋 ϕ12	根	5288	11.39	60 236	
47	0105150010022	植筋 ϕ16	1. 植筋 ϕ16	根	752	22.15	16 659	

续表

序号	项目编码	项目名称	项目特征描述	计量	工程	金额/元		
						综合单价	合价	其中：暂估价
砌筑工程								
48	010401008001	填充墙 100mm	1. 砖品种等级：陶粒混凝土砌块 2. 墙体厚度：100mm	m^3	4.48	307.59	1378	
49	010401008002	填充墙 200mm	1. 砖品种等级：陶粒混凝土砌块 2. 墙体厚度：200mm	m^3	1137.96	307.69	350 133	
50	010401008003	填充墙 300m	1. 砖品种等级：陶粒混凝土砌块 2. 墙体厚度：300mm	m^3	450.43	307.68	138 590	
51	010515003001	金属网	1. 两种材料交界处钉 300 宽金属网	m^2	3980.21	19.76	78 641	
52	010401014001	砖地沟（主沟）	1. 地沟详见《02G04》图集，地沟选用 1400×1400	m	183.71	565.84	103 950	
53	010401014002	砖地沟（次沟）	1. 地沟详见《02G04》图集，地沟选用 1000×1000	m	91.35	430.61	39 336	
		分部小计					712 028	
屋面及防水工程								
54	010902001001	屋面卷材防水	1.40 厚 C20 细石混凝土保护层 2.（3+4）SBS 改性沥青防水卷材 3.20 厚 1：3 水泥砂浆找平层，砂浆中掺聚丙烯 4.1.2 厚聚氨酯隔气层	m^2	1437.6	167.92	241 405	
55	011001001001	保温隔热屋面	1.100 厚阻燃型挤塑聚苯板（30kg/m^3） 2. 火山灰找 3%，最薄处 30 厚 3.20 厚 1：3 水泥砂浆找平层，砂浆中掺聚丙烯	m^2	1437.6	104.29	149 920	

续表

序号	项目编码	项目名称	项目特征描述	计量	工程	金额/元		
						综合单价	合价	其中：暂估价
56	010902001002	雨篷屋面卷材防水	1. 40 厚 C20 细石混凝土保护层 2.（3＋4）SBS 改性沥青防水卷材 3. 20 厚 1：3 水泥砂浆找平层，砂浆中掺聚丙烯 4. 1.2 厚聚氨酯隔气层	m^2	47.59	175.37	8346	
57	010401012001	排风道出屋面	1. 详见图集：05J5-1-26-3	个	4	326.5	1306	
58	010401012002	排烟道出屋面	1. 详见图集：05J5-1-26-3	个	2	1206	2412	
		分部小计					403 389	
			外墙保温工程					
59	011001003001	保温隔热墙外墙	1. 保温隔热部位：外墙（±0.00 以上） 2. 保温隔热方式：外保温 3. 保温隔热厚度：60mm 保温	m^2	3131.78	94.46	295 828	
60	011001003002	保温隔热墙女儿墙	1. 保温隔热部位：女儿墙内侧 2. 保温隔热材质：挤塑板 3. 保温隔热厚度：60mm 保温	m^2	289.46	76.57	22 162	
61	011001003003	保温隔热墙	1. 保温隔热部位：外墙（±0.00 以下）伸入 900mm 2. 保温隔热材质：挤塑板 3. 保温隔热厚度：90mm 保温	m^2	286.2	111.88	32 020	
62	011001003004	门窗洞口两侧抹聚苯颗粒保温砂浆	1. 保温隔热部位：门窗洞口两侧 2. 保温隔热材质：聚苯颗粒保温砂浆 3. 厚度：30mm	m^2	326.7	60.81	19 867	
63	011201001001	墙面一般抹灰	1. 外墙面抹灰	m^2	3042.85	29.88	90 908	
64	011407001001	刷喷涂料	1. 外墙涂料：真石漆	m^2	3369.55	84.82	285 802	
65	020204003001	块料墙面（勒脚）	1. 花岗岩蘑菇石块勒脚	m^2	101.11	363.62	36 766	

续表

序号	项目编码	项目名称	项目特征描述	计量	工程	金额/元		
						综合单价	合价	其中：暂估价
66	020204003002	块料墙面	1. 块料墙面	m^2	45.6	110.94	5059	
67	011210005001	厕浴成品隔断	1. 详见图集：05J12-16-2	m^2	320.8	318.25	102 094	
68	011505001001	洗漱台	1. 详见图集：05J12-118-A	m^2	10	2705.5	27 055	
		分部小计					917 561	
内装修工程								
69	011102003001	块料地面　地 1	1. 10 厚地砖铺实拍平，稀水泥浆擦缝 2. 撒素水泥面（洒适量清水） 3. 20 厚 1∶4 干硬性水泥砂浆结合层 4. 40 厚 C20 细石混凝土（随打随抹） 5. 70 厚挤塑聚苯板保温（密度：$30kg/m^2$） 6. 100 厚 C15 细石混凝土（随打随抹） 7. 素土夯实	m^2	1144.11	269.86	308 745	
70	011102003002	块料地面　地 2	1. 10 厚地砖铺实拍平，稀水泥浆擦缝 2. 撒素水泥面（洒适量清水） 3. 20 厚 1∶4 干硬性水泥砂浆结合层 4. 1.5 厚聚氨酯防水涂膜，四周沿墙上翻 150 高 5. 20 厚 1∶3 水泥砂浆找平层 6. 细石混凝土找坡最薄处 30 厚 7. 70 厚挤塑聚苯板保温（密度：$30kg/m^2$） 8. 100 厚 C15 细石混凝土（随打随抹） 9. 素土夯实	m^2	138.04	318.21	43 926	

续表

序号	项目编码	项目名称	项目特征描述	计量	工程	金额/元		
						综合单价	合价	其中：暂估价
71	011102003003	块料楼面　楼 1	1. 10 厚铺地砖地面，干水泥擦缝 2. 撒素水泥面（洒适量清水） 3. 20 厚 1∶4 干硬性水泥砂浆结合层 4. 20 厚 1∶3 水泥砂浆找平层 5. 现浇钢筋混凝土楼板	m^2	3959	121.64	481 569	
72	011102003004	块料楼面　楼 2	1. 10 厚铺地砖地面，干水泥擦缝 2. 撒素水泥面（洒适量清水） 3. 20 厚 1∶4 干硬性水泥砂浆结合层 4. 1.5 厚聚氨酯防水涂膜，四周沿墙上翻 150 高 5. 刷基层处理剂 6. 20 厚 1∶3 水泥砂浆找平层 7. 细石混凝土找坡最薄处 30 厚 8. 现浇钢筋混凝土基板	m^2	440.98	179.51	79 162	
73	011102001001	石材楼面　楼 3（楼梯间）	1. 素水泥浆结合层一遍 2. 30 厚 1∶4 干硬性水泥砂浆结合层 3. 楼梯间：20 厚花岗岩 4. 石材磨半圆边 5. 踏步开槽	m^2	163.52	415.67	67 971	
74	011102001002	石材楼面　楼 3	1. 20 厚花岗岩 2. 30 厚 1∶4 干硬性水泥砂浆结合层 3. 素水泥砂浆结合层一遍 4. 钢筋混凝土板	m^2	549.73	151.35	83 201	
75	011105003001	块料踢脚线　踢 1	1. 4～5 厚面砖。水泥擦缝 2. 4 厚 1∶1 水泥砂浆加水重 20%，建筑胶镶贴 3. 17 厚 1∶3 水泥砂浆	m^2	468.18	117.33	54 930	

续表

序号	项目编码	项目名称	项目特征描述	计量	工程	金额/元		
						综合单价	合价	其中：暂估价
76	011105002001	石材踢脚线 踢 2	1.10 厚石质板材，水泥浆擦缝 2.5 厚 1∶1 水泥砂浆加水重 20%，建筑胶镶贴 3.15 厚 1∶3 水泥砂浆	m^2	88.49	154.14	13 640	
77	011407001001	刷喷涂料 内墙 1	1. 刮耐水柔韧腻子二道 2.5 厚 1∶0.3∶2.5 水泥石膏砂浆抹面压实抹光 3.12 厚 1∶1∶6 水泥石膏砂浆打底扫毛 4. 刷混凝土界面剂一道（随刷随抹底灰）	m^2	13874.87	45.29	628 351	
78	011407001002	块料墙面 内墙 2	1.10 厚釉面瓷砖贴面，白水泥擦缝 2.5 厚聚合物水泥砂浆（或专用胶）粘结层 3. 聚合物水泥基防水涂膜 1.0 厚 4.8 厚 1∶2.5 水泥砂浆找平 5.12 厚 1∶3 水泥砂浆打底	m^2	1476.22	116.78	172 389	
79	011407001002	刷喷涂料 内墙 3	1. 柔性腻子 2.6 厚抗裂砂浆复合耐碱网格布 3.30 厚胶粉聚苯颗粒保温砂浆 4. 清理墙面，满涂专用界面处理砂浆	m^2	824.72	76.06	62 725	
80	011201001001	墙面一般抹灰 内墙 4	1.5 厚 1∶2 水泥砂浆抹面压光 2.25 厚 1∶2.5 水泥砂浆掺入水泥用量 3%的硅质密实剂分三次抹灰，收水时压实 3. 墙面刮防水腻子	m^2	836.39	45.82	38 326	

续表

序号	项目编码	项目名称	项目特征描述	计量	工程	金额/元		
						综合单价	合价	其中：暂估价
81	011407002001	天棚刷喷涂料	1. 钢筋混凝土板底面清理干净 2. 刮耐水柔韧腻子二道	m²	4853.19	8.49	41 179	
82	011302001001	天棚吊顶　棚2	1. 配套金属龙骨 2. 铝合金条型板	m²	579.02	103.87	60 141	
83	011302001002	天棚吊顶　棚3	1. 刷乳胶漆 2. BDB耐水柔韧腻子找平 3. 9厚纸面石膏板自供螺丝拧牢 4. 轻钢龙骨 5. ϕ8钢筋吊杆，双向吊点中距1100，与角钢焊牢 6. ϕ12膨胀螺栓固定∟36×4角钢长40	m²	1031.4	88.92	91 715	
84	011201001002	墙面一般抹灰（电井）	1. 轻质墙墙面、墙裙抹水泥砂浆 水泥砂浆1∶3	m²	109.23	30.28	3307	
85	011101001001	水泥砂浆楼地面（电井）	1. 水泥砂浆（整体）地面水泥砂浆1∶3	m²	8	14.63	117	
		分部小计					2 231 394	
门窗工程								
86	010802003001	钢质防火门安装（乙）	1. 乙级钢质防火门（成品）	m²	36.54	624.8	22 830	
87	010802003002	钢质防火门安装（丙）	1. 丙级钢质防火门（成品）	m²	16.8	722.62	12 140	
88	010802003003	钢质防火门安装（宿舍门）	1. 丙级钢质防火门（成品）	m²	471.6	406	191 470	
89	020406007001	塑钢窗	1. 塑钢窗	m²	1003.08	243.6	244 350	
90	011209002001	全玻（无框）幕墙	1. 全玻璃幕墙	m²	68.88	630.98	43 462	
91	010809004001	大理石窗台板	1. 花岗岩窗台板	m²	84.34	268.99	22 686	

续表

序号	项目编码	项目名称	项目特征描述	计量	工程	金额/元		
						综合单价	合价	其中：暂估价
92	040309001001	金属栏杆（楼梯）	1. 详见图集：06J403-1-24-B14	m	86.3	152.25	13 139	
93	040309001002	护窗栏杆	1. 详见图集：06J403-1-25-A16	m	224.1	121.8	27 295	
94	040309001003	护窗栏杆	1. 详见图集：06J403-1-25-A16	m	16.8	121.49	2041	
95	040309001004	无障碍坡道栏杆	1. 详见图集：05J13-17-7	m	18.6	152.26	2832	
96	011505006001	洗手盆抓杆	1. 无障碍卫生间参照05J13-31图集	副	2	44	88	
97	011505006002	小便器抓杆	1. 无障碍卫生间参照05J13-31图集	副	2	44	88	
98	011107001001	石材台阶	1.300厚防冻砂 2. 详见图集：05J9-1-67-1E	m^2	55.88	311.99	17 434	
99	040303015001	挡墙墙身	1. 参照05J9-1-69-3图集 2. 挡土墙面：花岗岩石材 3. 运距10kg	m	21.1	525.64	11 091	
100	010507001001	现浇混凝土散水	1. 详见图集：05J9-1-57-2	m^2	158.12	118.51	18 738	
101	010507001002	现浇混凝土坡道	1. 详见图集：05J13-15-2	m^2	12.9	225.43	2908	
102	010507004001	砖台阶	1. 砖台阶	m^2	0.84	1053.57	885	
103	010514001001	排烟道	1. 参照05J5-1-26-3图集	m	71.8	69	4954	
104	010401012001	零星砌砖（卫生间蹲台）	1. 零星砌砖（卫生间蹲台）	m^3	11.4	418.25	4768	
		分部小计					643 199	
		合　计					8 118 330	

分部分项工程量清单费用组成分析表

工程名称：某大学学生公寓

项目编码	项目名称	单位	工程量	费用组成/元				价格/元	
				人工费	材料费	机械使用费	管理费利润	综合单价	合价
010101001001	平整场地	m^2	1461.86	1.59			0.44	2.045	2990
t-70	平整场地	$100m^2$	14.62	158.75			43.76		
010101001002	基础钎探	m^2	1461.86	3.08			0.85	3.974	5809
t-71	基础钎探	$100m^2$	14.62	308.37			85		
010101002001	挖一般土方	m^3	3187.73	2.31		3.86	2.2	8.466	26 987
t-1×j2 换	人工挖土方（深度 1.5m 内）一、二类土	$100m^3$	3.47	1819.07			501.41		
t-141	挖掘机挖土（不装车）一、二类土	$1000m^3$	2.19	302.33		2580.33	1125.98		
t-144	挖掘机挖土（装车）一、二类土	$1000m^3$	1.28	302.33		5186.79	2179.19		
010103002001	余方弃置	m^3	1278.59	0.3	0.07	10.64	4.24	15.449	19 753
t-163	自卸汽车运土 10km 以内	$1000m^3$	1.28	302.33	71.4	10 635.39	4236.21		
010103001001	回填方	m^3	1913.86	14.39		1.71	4.57	20.881	39 963
t-63	回填土　夯填	$100m^3$	21.94	1254.66		148.99	399.02		
010501001001	垫层	m^3	85.03	23.83	258.22	3.4	40.38	330.766	28 125
t-324 换	无筋混凝土（商品混凝土）垫层 C15（商）	$10m^3$	8.5	202.88	2582.24		380.03		
t-849	混凝土输送　输送泵车排出量 $75m^3/h$	$10m^3$	8.59	35.1		33.7	23.54		
010404001001	垫层	m^3	14.99	31.17	70.97	0.3	8.7	112.275	1683
t-313	砂垫层	$10m^3$	1.5	311.69	709.65	2.99	86.98		
010501003001	独立基础	m^3	437.43	21.52	336.55	3.4	39.91	407.841	178 402
t-596 换	现浇商品混凝土独立基础 C35（商）	$10m^3$	43.74	179.78	3365.47		375.28		
t-849	混凝土输送　输送泵车排出量 $75m^3/h$	$10m^3$	44.18	35.1		33.7	23.54		
010503001001	基础梁	m^3	101.19	27.95	338.82	3.4	41.68	418.431	42 341

续表

项目编码	项目名称	单位	工程量	费用组成/元				价格/元	
				人工费	材料费	机械使用费	管理费利润	综合单价	合价
t-616 换	现浇商品混凝土基础梁 C35（商）	$10m^3$	10.12	244.02	3388.21		392.99		
t-849	混凝土输送 输送泵车排出量 $75m^3/h$	$10m^3$	10.22	35.1		33.7	23.54		
010502001001	矩形柱	m^3	368.41	46.01	316.74	3.4	46.65	419.286	154 469
t-612 换	现浇商品混凝土矩形柱 C30（商）	$10m^3$	36.84	424.64	3167.38		442.78		
t-849	混凝土输送 输送泵车排出量 $75m^3/h$	$10m^3$	37.21	35.1		33.7	23.54		
010505003001	平板	m^3	705.1	31.09	328.96	3.4	42.54	412.52	290 868
t-632 换	现浇商品混凝土平板 C30（商）	$10m^3$	70.51	275.46	3289.59		401.65		
t-849	混凝土输送 输送泵车排出量 $75m^3/h$	$10m^3$	71.22	35.1		33.7	23.54		
010503002001	矩形梁	m^3	636.44	33.53	317.7	3.4	43.22	404.19	257 243
t-617 换	现浇商品混凝土单梁连续梁、框架梁 C30（商）	$10m^3$	63.64	299.89	3176.99		408.39		
t-849	混凝土输送 输送泵车排出量 $75m^3/h$	$10m^3$	64.28	35.1		33.7	23.54		
010505008001	现浇混凝土雨篷	m^3	1.82	44.89	326.37	3.41	46.35	427.473	778
t-635 换	现浇商品混凝土悬挑板、阳台、雨篷 C30（商）	$10m^3$	0.18	413.41	3263.68		439.67		
t-849	混凝土输送 输送泵车排出量 $75m^3/h$	$10m^3$	0.18	35.11		33.7	23.53		
010505008002	现浇混凝土悬挑板	m^3	3.05	44.89	311.22	3.4	46.34	411.803	1256
t-635	现浇商品混凝土悬挑板、阳台、雨篷	$10m^3$	0.31	413.41	3112.16		439.67		
t-849	混凝土输送 输送泵车排出量 $75m^3/h$	$10m^3$	0.31	35.1		33.7	23.54		

续表

项目编码	项目名称	单位	工程量	费用组成/元				价格/元	
				人工费	材料费	机械使用费	管理费利润	综合单价	合价
010505007001	现浇混凝土挑檐	m^3	19.14	48.71	333.64	3.4	47.4	439.969	8421
t-643 换	现浇商品混凝土挑檐天沟 C30（商）	$10m^3$	1.91	451.67	3336.42		450.22		
t-849	混凝土输送 输送泵车排出量 $75m^3/h$	$10m^3$	1.93	35.1		33.7	23.54		
010505006001	现浇混凝土栏板	m^3	5.18	48.87	320.62	3.4	47.44	427.027	2212
t-645 换	现浇商品混凝土栏板 C30（商）	$10m^3$	0.52	453.28	3206.24		450.68		
t-849	混凝土输送 输送泵车排出量 $75m^3/h$	$10m^3$	0.52	35.11		33.71	23.54		
010504001001	现浇混凝土女儿墙	m^3	41.29	38.78	314.18	3.4	44.66	407.241	16 815
t-626 换	现浇商品混凝土女儿墙 C25（商）	$10m^3$	4.13	352.33	3141.78		422.85		
t-849	混凝土输送 输送泵车排出量 $75m^3/h$	$10m^3$	4.17	35.1		33.7	23.54		
010506001001	现浇混凝土直形楼梯	m^2	163.52	45.29	85.01	0.82	21.15	154.434	25 253
t-640 换	现浇商品混凝土整体楼梯（普通）C30（商）	$10m^2$	16.35	444.37	850.06		205.79		
t-849	混凝土输送 输送泵车排出量 $75m^3/h$	$10m^3$	3.96	35.1		33.7	23.54		
010508001001	后浇带 梁	m^3	4.62	38.32	340.42	3.41	44.54	433.55	2003
t-636 换	现浇商品混凝土后浇带（梁）C35（商）	$10m^3$	0.46	347.71	3404.24		421.58		
t-849	混凝土输送 输送泵车排出量 $75m^3/h$	$10m^3$	0.47	35.1		33.7	23.53		
010508001002	后浇带 板	m^3	8.7	33.83	344.92	3.4	43.3	432.184	3760
t-637 换	现浇商品混凝土后浇带（板）C35（商）	$10m^3$	0.87	302.84	3449.16		409.2		
t-849	混凝土输送 输送泵车排出量 $75m^3/h$	$10m^3$	0.88	35.1		33.7	23.54		

续表

项目编码	项目名称	单位	工程量	费用组成/元				价格/元	
				人工费	材料费	机械使用费	管理费利润	综合单价	合价
010503005001	过梁	m^3	6.58	34.83	304.07		42.17	386.93	2546
t-620	现浇商品混凝土圈、过梁 普形	$10m^3$	0.66	348.33	3040.68		421.73		
010507005001	现浇混凝土压顶	m^3	16.67	49.03	318.6		46.09	420.096	7003
t-644 换	现浇商品混凝土压顶 C25（商）	$10m^3$	1.67	490.28	3185.95		460.86		
010502002001	现浇混凝土构造柱	m^3	131.03	49.49	301.71		46.21	403.472	52 867
t-614	现浇商品混凝土构造柱	$10m^3$	13.1	494.91	3017.12		462.14		
010507007001	现浇商品混凝土 上翻边（管道井）	m^3	1.44	34.83	288.92		42.17	371.528	535
t-620 换	现浇商品混凝土圈、过梁 普形 C20（商）	$10m^3$	0.14	348.33	2889.17		421.74		
010507007002	现浇商品混凝土 上翻边（卫生间）	m^3	12.67	34.83	288.92		42.17	371.429	4706
t-620 换	现浇商品混凝土圈、过梁 普形 C20（商）	$10m^3$	1.27	348.33	2889.18		421.74		
010515001001	现浇混凝土圆钢筋 $\phi6$	t	14.51	1432.78	3804.48	16.46	401.33	5754.946	83 487
t-856	现浇构件圆钢筋 $\phi6$	t	14.51	1432.78	3804.48	16.46	401.33		
010515001002	现浇混凝土圆钢筋 $\phi8$	t	2.7	934.92	3769.18	22.53	266.38	5085.894	13 737
t-857	现浇构件圆钢筋 $\phi8$	t	2.7	934.92	3769.18	22.53	266.38		
010515001003	现浇混凝土圆钢筋 $\phi12$	t	11.29	605.76	3834.1	57.44	186.8	4773.359	53 896
t-859	现浇构件圆钢筋 $\phi12$	t	11.29	605.76	3834.1	57.44	186.8		
010515001004	现浇混凝土圆钢筋 $\phi14$	t	2.3	524.25	3827.7	56.37	163.92	4660.156	10 737
t-860	现浇构件圆钢筋 $\phi14$	t	2.3	524.25	3827.7	56.37	163.92		

续表

项目编码	项目名称	单位	工程量	费用组成/元				价格/元	
				人工费	材料费	机械使用费	管理费利润	综合单价	合价
010515001005	现浇混凝土螺纹钢筋 IIIϕ8	t	33.18	752.33	3956.33	21.41	215.64	5035.899	167 071
t-869	现浇构件螺纹钢筋 IIIϕ8	t	33.18	752.33	3956.33	21.41	215.64		
010515001006	现浇混凝土螺纹钢筋 IIIϕ10	t	32.31	752.96	3959.64	21.43	215.83	5040.076	162 865
t-869	现浇构件螺纹钢筋 IIIϕ10	t	32.34	752.33	3956.33	21.41	215.64		
010515001007	现浇混凝土螺纹钢筋 IIIϕ12	t	21.64	683.47	3988.6	66.86	211.42	5042.011	109 094
t-870	现浇构件螺纹钢筋 IIIϕ12	t	21.64	683.47	3988.6	66.86	211.42		
010515001008	现浇混凝土螺纹钢筋 IIIϕ14	t	6.41	573.53	3982.2	65.79	180.71	4892.495	31 356
t-871	现浇构件螺纹钢筋 IIIϕ14	t	6.41	573.53	3982.2	65.79	180.71		
010515001009	现浇混凝土螺纹钢筋 IIIϕ16	t	16.3	518.57	3927.52	9.05	146.3	4688.873	76 438
t-872	现浇构件螺纹钢筋 ϕ16	t	16.3	518.57	3927.52	9.05	146.3		
0105150010010	现浇混凝土螺纹钢筋 IIIϕ18	t	17.41	449.07	3929.7	8.03	126.76	4600.149	80 084
t-873	现浇构件螺纹钢筋 ϕ18	t	17.41	449.07	3929.7	8.03	126.76		
0105150010011	现浇混凝土螺纹钢筋 IIIϕ20	t	21.08	413.06	3924.66	7.01	116.45	4547.123	95 867
t-874	现浇构件螺纹钢筋 ϕ20	t	21.08	413.06	3924.66	7.01	116.45		
0105150010012	现浇混凝土螺纹钢筋 IIIϕ22	t	62.57	369.46	3922.68	7.65	104.68	4489.86	280 944

续表

项目编码	项目名称	单位	工程量	费用组成/元				价格/元	
				人工费	材料费	机械使用费	管理费利润	综合单价	合价
t-875	现浇构件螺纹钢筋 ϕ22	t	62.57	369.46	3922.68	7.65	104.68		
0105150010013	现浇混凝土螺纹钢筋 IIIϕ25	t	65.01	330.92	3919.56	7.23	93.89	4436.416	288 407
t-876	现浇构件螺纹钢筋 ϕ25	t	65.01	330.92	3919.56	7.23	93.89		
0105150010014	现浇混凝土圆钢箍筋 ϕ6	t	7	1827.66	3804.48	19.09	511.12	6267.334	43 840
t-921	圆钢箍筋 ϕ6	t	7	1827.66	3804.48	19.09	511.12		
0105150010015	现浇混凝土螺纹箍筋 ϕ8	t	31.41	931.55	3956.33	32.35	269.18	5282.071	165 894
t-925	螺纹箍筋 ϕ8	t	31.41	931.55	3956.33	32.35	269.18		
0105150010016	现浇混凝土螺纹箍筋 ϕ10	t	16.88	931.55	3956.33	32.35	269.18	5282.076	89 172
t-925	螺纹箍筋 ϕ10	t	16.88	931.55	3956.33	32.35	269.18		
0105150010017	现浇混凝土螺纹箍筋 ϕ12	t	10.26	720.25	3938.02	17.26	205.03	4970.95	50 992
t-926	螺纹箍筋 ϕ12	t	10.26	720.25	3938.02	17.26	205.03		
0105150010018	接头	个	4044	8.51	10.55	2.68	3.24	25.334	102 451
t-954	套筒锥形螺纹钢筋接头 ϕ32 以内	10 个接头	404.4	85.08	105.46	26.77	32.41		
0105150010019	植筋 ϕ6.5	根	7978	1.29	4.58		0.35	6.324	50 453
t-958	植筋 ϕ6.5	10 根	797.8	12.85	45.77		3.54		
0105150010020	植筋 ϕ8	根	36	1.92	5.48		0.53	8.083	291
t-959	植筋 ϕ8	10 根	3.6	19.23	54.83		5.3		
0105150010021	植筋 ϕ12	根	5288	3.19	7.13		0.88	11.391	60 236
t-961	植筋 ϕ12	10 根	528.8	31.94	71.33		8.81		
0105150010022	植筋 ϕ16	根	752	6.11	14		1.69	22.153	16 659
t-963	植筋 ϕ16	10 根	75.2	61.14	139.96		16.86		
010401008001	填充墙 100mm	m^3	4.48	64.02	220.38	1.54	18.12	307.589	1378

续表

项目编码	项目名称	单位	工程量	费用组成/元				价格/元	
				人工费	材料费	机械使用费	管理费利润	综合单价	合价
t-380	砌筑陶粒混凝土墙 M5-H-3	$10m^3$	0.45	640.22	2203.79	15.4	181.16		
010401008002	填充墙 200mm	m^3	1137.96	64.02	220.38	1.54	18.12	307.685	350 133
t-380	砌筑陶粒混凝土墙 M5-H-3	$10m^3$	113.8	640.22	2203.79	15.4	181.16		
010401008003	填充墙 300m	m^3	450.43	64.02	220.38	1.54	18.12	307.684	138 590
t-380	砌筑陶粒混凝土墙 M5-H-3	$10m^3$	45.04	640.22	2203.79	15.4	181.16		
010515003001	金属网	m^2	3980.21	5.56	12.74		1.22	19.758	78 641
z-369	钉钢丝网	m^2	3980.21	5.56	12.74		1.22		
010401014001	砖地沟（主沟）	m	183.71	109.79	379.14	17.56	51.8	565.837	103 950
t-324	无筋混凝土（商品混凝土）垫层 C10	$10m^3$	4.29	202.88	2531.99		380.03		
t-384	砌筑红（青）砖地沟 M5-S-3	$10m^3$	16.58	694.56	2290.5	44.81	205.09		
t-1576	平面抹防水砂浆	$100m^2$	2.57	512.6	518.17	33.63	151.26		
t-1577	立面抹防水砂浆	$100m^2$	0.74	776.2	518.17	33.63	223.92		
t-717	预制商品混凝土地沟盖板	$10m^3$	3.45	248.02	3212.53		394.09		
t-1294	预制混凝土地沟盖板安装	$10m^3$	3.45	659.88	154.56	171.84	248.01		
t-1197	Ⅰ类预制混凝土构件运输（运距 1km 内）	$10m^3$	3.45	145.95	23.46	508.36	237.12		
t-644	现浇商品混凝土压顶	$10m^3$	0.82	490.28	3034.45		460.86		
t-856	现浇构件圆钢筋 $\phi6$	t	1.29	1432.78	3804.48	16.46	401.33		
010401014002	砖地沟（次沟）	m	91.35	87.31	282.43	15.06	40.05	430.608	39 336
t-324	无筋混凝土（商品混凝土）垫层 C10	$10m^3$	1.57	202.88	2531.99		380.04		
t-384	砌筑红（青）砖地沟 M5-S-3	$10m^3$	5.77	694.56	2290.5	44.81	205.09		

续表

项目编码	项目名称	单位	工程量	费用组成/元				价格/元	
				人工费	材料费	机械使用费	管理费利润	综合单价	合价
t-1576	平面抹防水砂浆	100m²	0.91	512.6	518.17	33.63	151.26		
t-1577	立面抹防水砂浆	100m²	0.45	776.2	518.17	33.62	223.93		
t-717	预制商品混凝土地沟盖板	10m³	1.14	248.02	3212.53		394.09		
t-1294	预制混凝土地沟盖板安装	10m³	1.14	659.88	154.56	171.84	248.01		
t-1197	Ⅰ类预制混凝土构件运输（运距1km内）	10m³	1.14	145.95	23.46	508.36	237.12		
t-644	现浇商品混凝土压顶	10m³	0.26	490.27	3034.45		460.87		
t-856	现浇构件圆钢筋 $\phi 6$	t	0.33	1432.78	3804.47	16.47	401.36		
t-1435	金属零星构件制作	t	0.5	2162.3	4326.72	592.5	802.34		
010902001001	屋面卷材防水	m²	1437.6	26.42	130.88	1.26	6.89	167.922	241 405
t-1545换	屋面聚氨酯涂膜防水1.5mm厚～厚度换为1.2mm	100m²	14.38	266.93	3077.48		73.58		
z-1	水泥砂浆（软基层面上）找平层 厚度2cm	m²	1437.6	5.76	4.62	0.42	1.36		
t-1534	屋面铺贴SBS改性沥青防水卷材 热熔一层	100m²	14.96	576.2	4525.53		158.82		
t-1535	屋面铺贴SBS改性沥青防水卷材 热熔每增一层	100m²	14.96	461.21	3792.4		127.13		
z-7换	细石混凝土找平层基本厚度3cmC20-20-3（xs）～换为4cm	m²	1437.6	6.98	7.87	0.84	1.76		
t-1554	铁皮排水天沟泛水制安	100m²	0.47	657.06	3234.11		181.11		
011001001001	保温隔热屋面	m²	1437.6	16.67	81.98	0.32	4.36	104.285	149 920

续表

项目编码	项目名称	单位	工程量	费用组成/元				价格/元	
				人工费	材料费	机械使用费	管理费利润	综合单价	合价
z-2	水泥砂浆（硬基层面上）找平层　厚度2cm	m^2	1437.6	5.5	4.17	0.32	1.28		
t-1887	屋面铺挤塑板保温层（100mm）	$10m^3$	14.38	529.45	5814		145.94		
t-1877	屋面干铺火山灰保温层	$10m^3$	24.44	345.59	1157.1		95.26		
010902001002	雨篷屋面卷材防水	m^2	47.59	26.44	137.24	1.13	7.99	175.373	8346
z-2	水泥砂浆（硬基层面上）找平层　厚度2cm	m^2	47.59	5.5	4.17	0.32	1.28		
t-1545换	屋面聚氨酯涂膜防水1.5mm厚～厚度换为1.2mm	$100m^2$	0.48	266.93	3077.48		73.57		
t-1534	屋面铺贴SBS改性沥青防水卷材　热熔一层	$100m^2$	0.52	576.2	4525.52		158.84		
t-1535	屋面铺贴SBS改性沥青防水卷材　热熔每增一层	$100m^2$	0.52	461.22	3792.39		127.12		
z-7换	细石混凝土找平层基本厚度3cm～换为4cmC20（商）	m^2	47.59	6.98	11.75	0.81	2.86		
010401012001	排风道出屋面	个	4	207.35	65.67	1.51	48.9	326.5	1306
t-334	砌筑直形1/2砖墙（双面混水）M5-H-3	$10m^3$	0.06	1201.83	2356.5	37.83	342.83		
t-644	现浇商品混凝土压顶	$10m^3$	0.01	490	3034.17		460.83		
t-711	预制商品混凝土平板	$10m^3$	0.01	260.83	3161.67		397.5		
z-328	零星项目抹水泥砂浆	m^2	9.68	77.3	4.85	0.39	17.02		
010401012002	排烟道出屋面	个	2	764.44	246.41	6	178.43	1206	2412
t-334	砌筑直形1/2砖墙（双面混水）M5-H-3	$10m^3$	0.14	1201.76	2356.54	37.94	342.79		

续表

项目编码	项目名称	单位	工程量	费用组成/元				价格/元	
				人工费	材料费	机械使用费	管理费利润	综合单价	合价
t-644	现浇商品混凝土压顶	$10m^3$	0.01	490	3034		461		
t-711	预制商品混凝土平板	$10m^3$	0.02	260.56	3161.67		397.78		
z-328	零星项目抹水泥砂浆	m^2	17.54	77.3	4.85	0.39	17.02		
011001003001	保温隔热墙　外墙	m^2	3131.78	21.38	65.76		5.89	94.46	295 828
t-1896	外墙粘贴挤塑板保温层 60	$100m^2$	31.32	2130.15	6566.77		587.16		
t-1896	外墙粘贴岩棉板保温层 60	$100m^2$	0.11	2130.19	2764.07		587.13		
011001003002	保温隔热墙　女儿墙	m^2	289.46	21.3	47.96		5.87	76.565	22 162
t-1896	外墙粘贴挤塑板保温层 30	$100m^2$	2.9	2130.15	4795.17		587.15		
011001003003	保温隔热墙	m^2	286.2	21.3	83.28		5.87	111.88	32 020
t-1896	外墙粘贴挤塑板保温层 90	$100m^2$	2.86	2130.15	8328.07		587.16		
011001003004	门窗洞口两侧抹聚苯颗粒保温砂浆	m^2	326.7	15.48	39.23	0.65	4.46	60.811	19 867
t-1899	墙体抹聚苯颗粒保温砂浆 30mm	$100m^2$	3.27	1547.91	3922.79	65.29	446.01		
011201001001	墙面一般抹灰	m^2	3042.85	20.02	4.72	0.41	4.48	29.876	90 908
z-323	砖墙墙面、墙裙抹水泥砂浆	m^2	3042.85	20.02	4.72	0.41	4.48		
011407001001	刷喷涂料	m^2	3369.55	5.54	75.24	1.31	1.54	84.819	285 802
z-1403	外墙刷真石漆　胶带条分格	m^2	3369.55	5.54	75.24	1.31	1.54		
020204003001	块料墙面（勒脚）	m^2	101.11	61.05	143.93	113.54	41.29	363.624	36 766
z-431	墙柱面挂贴花岗岩蘑菇石块	m^2	101.11	61.05	143.93	113.54	41.29		
020204003002	块料墙面	m^2	45.6	36.46	65.18	0.39	8.08	110.943	5059
z-533	水泥砂浆粘贴面砖周长在 1600mm 以内	m^2	45.6	36.46	65.18	0.39	8.08		

续表

项目编码	项目名称	单位	工程量	费用组成/元				价格/元	
				人工费	材料费	机械使用费	管理费利润	综合单价	合价
011210005001	厕浴成品隔断	m^2	320.8	26.02	280		5.7	318.248	102 094
z-643	厕浴成品隔断	m^2	320.8	26.02	280		5.7		
011505001001	洗漱台	m^2	10	1282.14	1029.18	54.66	313.13	2705.5	27 055
t-334	砌筑直形1/2砖墙（双面混水）M5-H-3	$10m^3$	0.33	1201.76	2356.55	37.91	342.82		
z-469	水泥砂浆粘贴陶瓷锦砖墙面	m^2	180.5	58.26	33.59	0.29	12.82		
t-689	预制混凝土小型构件C30-31.5-4（xs）	$10m^3$	0.59	1339.63	2310.51	176.66	428.63		
t-856	现浇构件圆钢筋ϕ6	t	0.5	1432.78	3804.48	16.46	401.32		
t-1297	预制混凝土小型构件安装	$10m^3$	0.59	535.63	291.24	117.59	186.32		
t-1197	Ⅰ类预制混凝土构件运输（运距1km内）	$10m^3$	0.59	145.95	23.46	508.36	237.12		
011102003001	块料地面　地1	m^2	1144.11	61.76	184.24	3.94	16.8	269.856	308 745
t-311	素土垫层360	$10m^3$	41.19	239.38	11.9	12.32	70.38		
t-323换	无筋混凝土垫层C15-20-3（xs）100	$10m^3$	11.44	676.73	1761.82	228.18	263.07		
t-1902	铺砌楼地面隔热层聚苯乙烯泡沫板70	$10m^3$	8.01	2949.24	10 357.76		812.93		
z-7换	细石混凝土找平层基本厚度3cmC20-20-3（xs）～换为4cm	m^2	1144.11	6.98	7.87	0.84	1.76		
z-108	陶瓷地砖楼地面　周长在（3200mm以内）	m^2	1144.11	18.75	85.82	0.37	4.19		
011102003002	块料地面　地2	m^2	138.04	69.35	222.25	4	18.68	318.212	43 926
t-311	素土垫层350	$10m^3$	4.83	239.38	11.9	12.32	70.38		
t-323换	无筋混凝土垫层C15-20-3（xs）100	$10m^3$	1.38	676.73	1761.82	228.18	263.07		
t-1902	铺砌楼地面隔热层挤塑板（70）	$10m^3$	0.97	2949.24	10 357.76		812.93		

续表

项目编码	项目名称	单位	工程量	费用组成/元				价格/元	
				人工费	材料费	机械使用费	管理费利润	综合单价	合价
z-7 换	细石混凝土找平层 基本厚度 3cmC20-20-3（xs）	m²	138.04	5.17	5.99	0.5	1.27		
z-1 换	水泥砂浆（软基层面上）找平层　厚度 2cm 水泥砂浆 1∶2	m²	138.04	5.76	5.44	0.42	1.36		
t-1599 换	平面聚氨酯涂膜防水 涂膜　2mm 厚换为 1.5mm（上翻 150）	100m²	1.58	339.77	3010.76		93.66		
z-108	陶瓷地砖楼地面　周长在（3200mm 以内）	m²	138.04	18.75	85.82	0.37	4.19		
011102003003	块料楼面　楼 1	m²	3959	24.25	89.99	0.69	5.47	121.639	481 569
z-2	水泥砂浆（硬基层面上）找平层　厚度 2cm	m²	3959	5.5	4.17	0.32	1.28		
z-108	陶瓷地砖楼地面　周长在（3200mm 以内）	m²	3959	18.75	85.82	0.37	4.19		
011102003004	块料楼面　楼 2	m²	440.98	33.85	134.21	1.29	7.97	179.514	79 162
z-7 换	细石混凝土找平层 基本厚度 3cmC20-20-3（xs）	m²	440.98	5.17	5.99	0.5	1.27		
z-1 换	水泥砂浆（软基层面上）找平层　厚度 2cm 水泥砂浆 1∶2	m²	440.98	5.76	5.44	0.42	1.36		
t-1599 换	平面聚氨酯涂膜防水 涂膜　2mm 厚换为 1.5mm（上 250）	100m²	5.41	339.77	3010.76		93.65		
z-108	陶瓷地砖楼地面　周长在（3200mm 以内）	m²	440.98	18.75	85.82	0.37	4.19		
011102001001	石材楼面　楼 3（楼梯间）	m²	163.52	118.46	265.97	0.63	26.09	415.674	67 971

续表

项目编码	项目名称	单位	工程量	费用组成/元				价格/元	
				人工费	材料费	机械使用费	管理费利润	综合单价	合价
z-57	花岗岩楼梯（水泥砂浆）	m²	163.52	47.68	213.15	0.63	10.59		
z-1603	石材装饰线　现场磨半圆边	m	378	20.28	1.81		4.44		
z-1573	金属装饰铜嵌条（2×15）	m	756	5.17	10.52		1.13		
011102001002	石材楼面　楼3	m²	549.73	16.36	128.96	0.55	3.71	151.349	83 201
z-32	单色花岗岩楼地面（水泥砂浆）周长小于3200mm	m²	549.73	16.36	128.96	0.55	3.71		
011105003001	块料踢脚线　踢1	m²	468.18	27.67	82.64	0.23	6.11	117.327	54 930
z-110	陶瓷地砖踢脚线（120）	m²	468.18	27.67	82.64	0.23	6.11		
011105002001	石材踢脚线　踢2	m²	88.49	29.8	115.98	0.23	6.58	154.142	13 640
z-45	花岗岩直线形踢脚线（水泥砂浆）	m²	88.49	29.8	115.98	0.23	6.58		
011407001001	刷喷涂料　内墙1	m²	13 874.87	30.5	7.22	0.41	6.78	45.287	628 351
z-327换	轻质墙墙面、墙裙抹水泥砂浆水泥石灰砂浆2∶1∶8	m²	13 874.87	20.34	4.49	0.41	4.55		
z-361	混凝土、加气混凝土面刷108胶一道	m²	13 874.87	4.58	1.12		1		
z-1476	刮柔性腻子二遍	m²	13 874.87	5.58	1.61		1.22		
011407001002	块料墙面　内墙2	m²	1476.22	48.73	55.41	0.39	10.99	116.777	172 389
z-531	水泥砂浆粘贴面砖周长在800mm以内	m²	1476.22	40.08	33.84	0.39	8.87		
t-1600换	立面聚氨酯涂膜防水涂膜　2mm厚换为1mm	100m²	14.76	407.16	2044.96		112.23		
z-361	混凝土、加气混凝土面刷108胶一道	m²	1476.22	4.58	1.12		1		

续表

项目编码	项目名称	单位	工程量	费用组成/元				价格/元	
				人工费	材料费	机械使用费	管理费利润	综合单价	合价
011407001002	刷喷涂料　内墙 3	m²	824.72	25.64	41.96	0.65	6.68	76.056	62 725
t-1899	墙体抹聚苯颗粒保温砂浆 30mm	100m²	8.25	1547.91	3922.79	65.29	446.01		
z-1476	刮柔性腻子二遍	m²	824.72	5.58	1.61		1.22		
z-361	混凝土、加气混凝土面刷 108 胶一道	m²	824.72	4.58	1.12		1		
011201001001	墙面一般抹灰　内墙 4	m²	836.39	30.5	7.75	0.41	6.78	45.823	38 326
z-1476	刮柔性腻子二遍	m²	836.39	5.58	1.61		1.22		
z-327 换	轻质墙墙面、墙裙抹水泥砂浆水泥砂浆 1：2.5	m²	836.39	20.34	5.02	0.41	4.55		
z-361	混凝土、加气混凝土面刷 108 胶一道	m²	836.39	4.58	1.12		1		
011407002001	天棚刷喷涂料	m²	4853.19	5.58	1.61		1.22	8.485	41179
z-1476	刮柔性腻子二遍	m²	4853.19	5.58	1.61		1.22		
011302001001	天棚吊顶　棚 2	m²	579.02	22.41	75.02	0.16	4.95	103.867	60 141
z-782	轻型铝合金条板天棚龙骨	m²	579.02	12.07	13.44	0.16	2.69		
z-834	安装铝板天棚（600×600）	m²	579.02	10.34	61.58		2.26		
011302001002	天棚吊顶　棚 3	m²	1031.4	36.01	43.95	0.08	7.91	88.923	91 715
z-738	装配式 U 形轻钢平面天棚龙骨（不上人型）面层规格 600×600（mm 以上）	m²	1031.4	15.51	27.27	0.08	3.42		
z-789	安装石膏板平面、跌级天棚基层	m²	1031.4	9.48	9.29		2.08		
z-1487	天棚刮防水腻子二遍	m²	1031.4	5.58	1.18		1.22		
z-1379	抹灰天棚刷涂乳胶漆二遍	m²	1031.4	3.76	2.23		0.83		

续表

项目编码	项目名称	单位	工程量	费用组成/元				价格/元	
				人工费	材料费	机械使用费	管理费利润	综合单价	合价
z-1000	石膏板缝贴绷带、刮腻子	m^2	1031.4	1.68	3.98		0.37		
011201001002	墙面一般抹灰（电井）	m^2	109.23	20.34	4.72	0.41	4.55	30.276	3307
z-327 换	轻质墙墙面、墙裙抹水泥砂浆水泥砂浆1：3	m^2	109.23	20.34	4.72	0.41	4.55		
011101001001	水泥砂浆楼地面（电井）	m^2	8	7.24	5.32	0.32	1.66	14.625	117
z-9 换	水泥砂浆（整体）地面水泥砂浆 1：3	m^2	8	7.24	5.32	0.32	1.66		
010802003001	钢质防火门安装（乙）	m^2	36.54	64.34	537.96		14.09	624.795	22 830
z-1099	钢质防火门安装（乙）	m^2	36.54	64.34	537.96		14.09		
010802003002	钢质防火门安装（丙）	m^2	16.8	64.34	635.77		14.09	722.619	12 140
z-1099	钢质防火门安装（丙）	m^2	16.8	64.34	635.77		14.09		
010802003003	钢质防火门安装（宿舍门）	m^2	471.6		400			406.001	191 470
价	钢质防火门安装（宿舍门）	1	471.6		400				
020406007001	塑钢窗	m^2	1003.08		240			243.6	244 350
价	带纱塑钢窗安装	m^2	1003.08		240				
011209002001	全玻（无框）幕墙	m^2	68.88	157.88	419.8	8.48	37.02	630.981	43 462
z-686	半隐框玻璃幕墙（玻璃规格 1.6×0.9）	m^2	68.88	157.88	419.8	8.48	37.02		
010809004001	大理石窗台板	m^2	84.34	87.04	160.19		19.06	268.986	22 686
z-1130	大理石窗台板　厚 25mm	m^2	84.34	45.86	157.45		10.04		

续表

项目编码	项目名称	单位	工程量	费用组成/元				价格/元	
				人工费	材料费	机械使用费	管理费利润	综合单价	合价
z-1601	石材装饰线 现场磨边	m	491.9	7.06	0.47		1.55		
040309001001	金属栏杆（楼梯）	m	86.3		150			152.248	13 139
价	直线形竖条式不锈钢管栏杆	m	86.3		150				
040309001002	护窗栏杆	m	224.1		120			121.798	27 295
价	直线形竖条式不锈钢管栏杆（900）	m	224.1		120				
040309001003	护窗栏杆	m	16.8		120			121.488	2041
价	直线形竖条式不锈钢管栏杆（600）	m	16.8		120				
040309001004	无障碍坡道栏杆	m	18.6		150			152.258	2832
价	直线形竖条式不锈钢管栏杆	m	18.6		150				
011505006001	洗手盆抓杆	副	2	1.97	41.18		0.44	44	88
z-1681	金属浴缸拉手	副	2	1.97	41.18		0.44		
011505006002	小便器抓杆	副	2	1.97	41.18		0.44	44	88
z-1681	金属浴缸拉手	副	2	1.97	41.18		0.44		
011107001001	石材台阶	m^2	55.88	66.67	210.87	10.08	20.76	311.99	17 434
t-1	人工挖土方（深度1.5m内）一、二类土	$100m^3$	0.34	909.52			250.69		
t-163	自卸汽车运土10km以内	$1000m^3$	0.03	302.35	71.47	10 635.29	4236.18		
t-319	砾（碎）石灌浆 M2.5-H-3 300	$10m^3$	1.68	855.04	1039.82	53.4	251.92		
t-313	砂垫层	$10m^3$	1.68	311.69	709.65	2.99	86.97		
t-323换	无筋混凝土垫层 C15-20-3（xs）60	$10m^3$	0.34	676.72	1761.82	228.18	263.07		
z-62	花岗岩台阶（水泥砂浆）	m^2	15.84	36.2	195.4	0.55	8.05		

续表

项目编码	项目名称	单位	工程量	费用组成/元				价格/元	
				人工费	材料费	机械使用费	管理费利润	综合单价	合价
z-32	单色花岗岩楼地面（水泥砂浆）周长小于3200mm	m^2	40.04	16.36	128.96	0.55	3.71		
040303015001	挡墙墙身	m	21.1	133.26	335.64	12.83	37.95	525.64	11 091
t-1	人工挖土方（深度1.5m内）一、二类土	$100m^3$	0.11	909.53			250.66		
t-163	自卸汽车运土10km以内	$1000m^3$	0.01	302.73	71.82	10 635.45	4236.36		
t-397换	砌筑挡土石墙m5-s-3	$10m^3$	1.69	784.06	1631.86	75.83	239.2		
t-390	红砖零星砌体M5-H-3	$10m^3$	0.12	1372.38	2330.66	40.25	390.49		
t-581换	现浇混凝土压顶C15-20-3（xs）	$10m^3$	0.03	1634.33	1957.33	335.67	563.33		
z-68	花岗岩零星项目（水泥砂浆）	m^2	30.07	38.98	132.48	0.36	8.62		
010507001001	现浇混凝土散水	m^2	158.12	41.52	56.86	5.84	13.01	118.505	18 738
t-1	人工挖土方（深度1.5m内）一、二类土	$100m^3$	0.71	909.54			250.7		
t-163	自卸汽车运土10km以内	$1000m^3$	0.07	302.39	71.41	10 635.35	4236.2		
t-313	砂垫层	$10m^3$	4.74	311.69	709.65	2.99	86.98		
t-319	砾（碎）石灌浆M2.5-H-3	$10m^3$	2.37	855.04	1039.82	53.4	251.93		
z-17换	混凝土散水并一次压光C15-31.5-3（xs）50	m^2	158.12	10.95	17.01	0.17	2.44		
t-1641	建筑油膏填缝	100m	1.77	370.8	260.99		102.2		
010507001002	现浇混凝土　坡道	m^2	12.9	36.26	167.89	7.04	11.6	225.426	2908
t-1	人工挖土方（深度1.5m内）一、二类土	$100m^3$	0.05	909.62			250.58		
t-163	自卸汽车运土10km以内	$1000m^3$	0.01	302	72	10 636	4236		

续表

项目编码	项目名称	单位	工程量	费用组成/元				价格/元	
				人工费	材料费	机械使用费	管理费利润	综合单价	合价
t-313	砂垫层	10m³	0.39	311.68	709.64	3	86.98		
t-323换	无筋混凝土垫层 C15-20-3（xs）（100）	10m³	0.13	676.74	1761.78	228.22	263.02		
z-32	单色花岗岩楼地面（水泥砂浆）周长小于3200mm	m²	12.9	16.36	128.96	0.55	3.71		
010507004001	砖台阶	m²	0.84	626.81	263.79	6.49	146.82	1053.571	885
t-390	红砖零星砌体 M5-H-3	10m³	0.08	1372.38	2330.71	40.24	390.6		
z-328	零星项目抹水泥砂浆	m²	5.32	77.3	4.85	0.39	17.02		
010514001001	排烟道	m	71.8	3.68	63		1.01	68.997	4954
t-691	预制混凝土烟道、通风道安装	10m	7.18	36.78	630		10.14		
010401012001	零星砌砖（卫生间蹲台）	m³	11.4	137.24	233.07	4.02	39.05	418.246	4768
t-390	红砖零星砌体 M5-H-3	10m³	1.14	1372.41	2330.68	40.21	390.53		

措施项目清单汇总表

工程名称：某大学学生公寓

序号	项目名称	金额/元
1. 通用及费率措施项目		
1	安全文明施工（建筑）	27 581
2	安全文明施工（装饰）	14 658
3	临时设施费（建筑）	41 371
4	临时设施费（装饰）	14 658
5	冬雨季施工增加费（建筑）	2758
6	冬雨季施工增加费（装饰）	2198
7	已完及未完工程保护（建筑）	4597
8	已完及未完工程保护（装饰）	5130
	分部小计	112 951
2. 技术及其他措施项目		
9	二次搬运及完工清理费（装饰）	71 624
10	二次搬运及完工清理费（建筑）	31 765
11	材料及产品质量检测费（房屋建筑）	14 835
12	材料及产品质量检测费（房屋装饰）	5905
13	大型机械设备进出场及安拆	49 036
14	垂直运输	145 981
15	垂直运输	77 484
16	民用建筑综合脚手架	430 548
17	现浇混凝土基础垫层　木模板	2360
18	现浇混凝土独立基础　竹胶模板木支撑	18 380
19	现浇混凝土土基础梁　竹胶模板钢支撑	76 466

续表

序号	项目名称	金额/元
20	现浇混凝土矩形柱　竹胶模板钢支撑	117 466
21	现浇混凝土平板　竹胶模板钢支撑	339 331
22	现浇混凝土单梁、连续梁　竹胶模板钢支撑	313 601
23	现浇混凝土雨篷　木模板木支撑	2049
24	现浇混凝土直形悬挑板　木模板木支撑	3414
25	现浇混凝土挑檐　木模板木支撑	13 519
26	现浇混凝土栏板　木模板木支撑	8946
27	现浇混凝土女儿墙　竹胶模板钢支撑	12 531
28	现浇混凝土直形楼梯　木模板木支撑	27 132
29	现浇混凝土过梁　竹胶模板木支撑	7694
30	现浇混凝土压顶　竹胶模板木支撑	9488
31	现浇混凝土构造柱　竹胶模板钢支撑	74 141
32	现浇混凝土上翻台　竹胶模板木支撑	12 229
33	地沟模板（主沟）	9581
34	地沟模板（次沟）	4408
35	风道模板	66
36	排烟道模板	312
37	洗漱台模板	2423
38	现浇混凝土模板（后浇带梁）	2409
39	现浇混凝土模板（后浇带板）	4243
	分部小计	1 889 367
	合　　计	2 002 318

通用措施项目计价表

工程名称：某大学学生公寓

序号	项目名称	计费基础	费率（%）	金额/元
1	安全文明施工费（建筑）	实体（人+机）加商折（人+机）	3	25 045
2	人工费调增	实体（人+机）加商折（人+机）	56	2536
3	安全文明施工费（装饰）	实体（人工费+机械费）	2	13 009
4	人工费调增		69	1649
5	临时设施费（建筑）	实体（人+机）加商折（人+机）	4.5	37 567
6	人工费调增	实体（人+机）加商折（人+机）	56	3804
7	临时设施费（装饰）	实体（人工费+机械费）	2	13 009
8	人工费调增		69	1649
9	雨季施工增加费（建筑）	实体（人+机）加商折（人+机）	0.3	2504
10	人工费调增	实体（人+机）加商折（人+机）	56	254
11	雨季施工增加费（装饰）	实体（人工费+机械费）	0.3	1951
12	人工费调增		69	247
13	已完、未完工程保护费（建筑）	实体（人+机）加商折（人+机）	0.5	4174
14	人工费调增	实体（人+机）加商折（人+机）	56	423
15	已完、未完工程保护费（装饰）	实体（人工费+机械费）	0.7	4553
16	人工费调增		69	577
	合　　计			112 951

技术措施项目计价表

工程名称：某大学学生公寓

编码	项目名称	项目特征描述	单位	工程量	金额/元	
					综合单价	合价
011707004001	二次搬运及完工清理费（装饰）		项	1	71 624	71 624
011707004002	二次搬运及完工清理费（建筑）		m^2	7272.16	4.37	31 765
011707010001	材料及产品质量检测费（房屋建筑）		m^2	7272.16	2.04	14 835
011707010002	材料及产品质量检测费（房屋装饰）		m^2	7272.16	0.81	5905
011705001001	大型机械设备进出场及安拆		项	1	49036	49 036
011703001001	垂直运输		m^2	7272.16	20.07	145 981
011703001002	垂直运输		项	1	77 484	77 484
011701001001	民用建筑综合脚手架		m^2	7272.16	59.21	430 548
011702025001	现浇混凝土基础垫层木模板		m^2	60.8	38.82	2360
011702001001	现浇混凝土独立基础竹胶模板木支撑		m^2	380.47	48.31	18 380
011702005001	现浇混凝土土基础梁竹胶模板钢支撑		m^2	902.08	84.77	76 466
011702002001	现浇混凝土矩形柱 竹胶模板钢支撑		m^2	2160.02	54.38	117 466
011702016001	现浇混凝土平板 竹胶模板钢支撑		m^2	5798.45	58.52	339 331
011702006001	现浇混凝土单梁、连续梁 竹胶模板钢支撑		m^2	4595.62	68.24	313 601
011702023001	现浇混凝土雨篷 木模板木支撑		m^2	15.27	134.19	2049
011702023002	现浇混凝土直形悬挑板木模板木支撑		m^2	25.45	134.15	3414

续表

编码	项目名称	项目特征描述	单位	工程量	金额/元	
					综合单价	合价
011702020001	现浇混凝土挑檐　木模板木支撑		m^2	191.38	70.64	13 519
011702021001	现浇混凝土栏板　木模板木支撑		m^2	104.65	85.49	8946
011702011001	现浇混凝土女儿墙　竹胶模板钢支撑		m^2	275.25	45.53	12 531
011702024001	现浇混凝土直形楼梯木模板木支撑		m^2	163.52	165.93	27 132
011702009001	现浇混凝土过梁　竹胶模板木支撑		m^2	105.52	72.92	7694
011702025002	现浇混凝土压顶　竹胶模板木支撑		m^2	111.16	85.35	9488
011702003001	现浇混凝土构造柱　竹胶模板钢支撑		m^2	1363.28	54.38	74 141
011702025003	现浇混凝土上翻台　竹胶模板木支撑		m^2	227.3	53.8	12 229
011702026001	地沟模板（主沟）		项	1	9581	9581
011702026002	地沟模板（次沟）		项	1	4408	4408
011702025004	风道模板		项	1	66	66
011702025005	排烟道模板		项	1	312	312
011702025006	洗漱台模板		m^3	5.9	410.68	2423
011702025007	现浇混凝土模板（后浇带梁）		m^2	35.25	68.34	2409
011702025007	现浇混凝土模板（后浇带板）		m^2	72.54	58.49	4243
	合　　计					1 889 367

通用措施项目费用组成分析表

工程名称：某大学学生公寓

编号	项目名称	单位	工程量	费用组成/元				合计
				人工费	材料费	机械使用费	管理费利润	
011707001001	安全文明施工（建筑）	项	1	7065.18	18 115.85		1947.45	27 581
011707001002	安全文明施工（装饰）	项	1	4037.63	9556.5		883.98	14 658
011707009001	临时设施费（建筑）	项	1	10 597.78	27 173.78		2921.18	41 371
011707009002	临时设施费（装饰）	项	1	4037.63	9556.5		883.98	14 658
011707005001	冬雨季施工增加费（建筑）	项	1	706.52	1811.59		194.75	2758
011707005002	冬雨季施工增加费（装饰）	项	1	605.64	1433.48		132.59	2198
011707007001	已完及未完工程保护（建筑）	项	1	1177.53	3019.31		324.58	4597
011707007002	已完及未完工程保护（装饰）	项	1	1413.16	3344.78		309.39	5130
	合　　计							112 951

技术措施项目费用组成分析表

工程名称：某大学学生公寓

项目编码	项目名称	单位	工程量	费用组成/元				价格/元	
				人工费	材料费	机械使用费	管理费利润	综合单价	合价
011707004001	二次搬运及完工清理费（装饰）	项	1	61 650.02			9584.48	71 624	71 624
z-1705	二次搬运及完工清理费	%	4.5	9728.06			2129.88		
z-1705b	人工费调增	%	69	259.04					
011707004002	二次搬运及完工清理费（建筑）	m^2	7272.16	3.12		0.24	0.96	4.37	31 765
t-2039	二次搬运及完工清理费　居住建筑	$100m^2$	72.72	311.99		24	96.32		
011707010001	材料及产品质量检测费（房屋建筑）	m^2	7272.16		2			2.04	14 835
jc-51	建筑材料及产品检测费（<10 000m^2）	m^2	7272.16		2				
011707010002	材料及产品质量检测费（房屋装饰）	m^2	7272.16		0.8			0.81	5905
zc-11	装饰材料及产品检测费（<10 000m^2）	m^2	7272.16		0.8				
011705001001	大型机械设备进出场及安拆	项	1	11 194.56	628.16	23 902.88	12 706.05	49 036	49 036
t-1922	履带式挖掘机场外运输　1m^3 以外	台次	1	811.2	153.65	1559.96	860.9		
t-1939	自升式塔式起重机场外运输	台次	1	2595.84	92.27	12 442.67	5651.34		
t-1911	自升式塔式起重机安拆	台次	1	7787.52	382.24	9900.25	6193.81		
011703001001	垂直运输	m^2	7272.16			14.81	5.03	20.07	145 981

续表

项目编码	项目名称	单位	工程量	费用组成/元				价格/元	
				人工费	材料费	机械使用费	管理费利润	综合单价	合价
t-1960×j0.9换	居住建筑（现浇框架结构）塔式起重机垂直运输 檐高20m内	100m²	72.72			1481.25	502.77		
011703001002	垂直运输	项	1			58 877.45	17 881.75	77 484	77 484
z-1687	多层建筑物垂直运输 檐高40m内	工日	10763.7			5.47	1.66		
011701001001	民用建筑综合脚手架	m²	7272.16	21.3	28.01	2.28	6.75	59.21	430 548
t-466	民用建筑综合脚手架（现浇框架工程）	100m²	72.72	2130.29	2800.85	227.72	674.97		
011702025001	现浇混凝土基础垫层木模板	m²	60.8	8.11	27.38	0.41	2.39	38.82	2360
t-993	现浇混凝土基础垫层木模板	100m²	0.61	811.23	2738.31	41.02	239		
011702001001	现浇混凝土独立基础竹胶模板木支撑	m²	380.47	14.48	27.77	1.05	4.39	48.31	18 380
t-982	现浇混凝土独立基础竹胶模板木支撑	100m²	3.81	1447.45	2776.49	104.55	439.1		
011702005001	现浇混凝土土基础梁竹胶模板钢支撑	m²	902.08	18.73	58.72	0.85	5.49	84.77	76 466
t-1026	现浇混凝土土基础梁竹胶模板钢支撑	100m²	9.02	1873.29	5872.15	84.85	548.95		
011702002001	现浇混凝土矩形柱竹胶模板钢支撑	m²	2160.02	21.99	24.48	0.84	6.38	54.38	117 466
t-1017	现浇混凝土矩形柱竹胶模板钢支撑	100m²	21.6	2198.66	2447.69	83.88	638.21		
011702016001	现浇混凝土平板 竹胶模板钢支撑	m²	5798.45	19.79	30.75	1.27	5.94	58.52	339 331

续表

项目编码	项目名称	单位	工程量	费用组成/元				价格/元	
				人工费	材料费	机械使用费	管理费利润	综合单价	合价
t-1070	现浇混凝土平板　竹胶模板钢支撑	100m²	57.99	1979.43	3075.45	127.25	594.42		
011702006001	现浇混凝土单梁、连续梁　竹胶模板钢支撑	m²	4595.62	27.25	30.95	1.21	7.98	68.24	313 601
t-1030	现浇混凝土单梁、连续梁　竹胶模板钢支撑	100m²	45.96	2724.95	3095.43	120.71	797.53		
011702023001	现浇混凝土雨篷　木模板木支撑	m²	15.27	47.01	67.54	3.79	14.33	134.19	2049
t-1082	现浇混凝土雨篷　木模板木支撑	10m²	1.53	470.06	675.36	37.91	143.26		
011702023002	现浇混凝土直形悬挑板　木模板木支撑	m²	25.45	47.01	67.54	3.79	14.33	134.15	3414
t-1082	现浇混凝土直形悬挑板　木模板木支撑	10m²	2.55	470.06	675.36	37.91	143.26		
011702020001	现浇混凝土挑檐　木模板木支撑	m²	191.38	33.85	25.7	0.7	9.59	70.64	13 519
t-1090	现浇混凝土挑檐、天沟　木模板木支撑	100m²	1.91	3384.55	2570.18	69.56	959.2		
011702021001	现浇混凝土栏板　木模板木支撑	m²	104.65	19.18	58.54	1.12	5.7	85.49	8946
t-1085	现浇混凝土栏板　木模板木支撑	100m²	1.05	1916.88	5851.47	112.36	569.25		
011702011001	现浇混凝土女儿墙竹胶模板钢支撑	m²	275.25	14.57	25.09	0.87	4.35	45.53	12 531
t-1044	现浇混凝土女儿墙竹胶模板钢支撑	100m²	2.75	1456.93	2508.37	86.66	434.97		
011702024001	现浇混凝土直形楼梯木模板木支撑	m²	163.52	67.16	72.44	4.39	20.07	165.93	27 132
t-1080	现浇混凝土直形楼梯木模板木支撑	10m²	16.35	671.6	724.4	43.9	200.73		

续表

项目编码	项目名称	单位	工程量	费用组成/元				价格/元	
				人工费	材料费	机械使用费	管理费利润	综合单价	合价
011702009001	现浇混凝土过梁　竹胶模板木支撑	m^2	105.52	27.45	34.98	1.48	8.12	72.92	7694
t-1033	现浇混凝土过梁　竹胶模板木支撑	$100m^2$	1.06	2745.31	3499.09	148.42	812.27		
011702025002	现浇混凝土压顶　竹胶模板木支撑	m^2	111.16	28.78	45.56	1.5	8.48	85.35	9488
t-1091	现浇混凝土小型构件木模板木支撑	$100m^2$	1.11	2876.59	4554.19	149.74	848.05		
011702003001	现浇混凝土构造柱竹胶模板钢支撑	m^2	1363.28	21.99	24.48	0.84	6.38	54.38	74 141
t-1017	现浇混凝土矩形柱竹胶模板钢支撑	$100m^2$	13.63	2198.66	2447.69	83.88	638.21		
011702025003	现浇混凝土上翻台竹胶模板木支撑	m^2	227.3	24.03	21.69	0.54	6.83	53.8	12 229
t-1038	现浇混凝土圈梁　竹胶模板木支撑	$100m^2$	2.27	2403.09	2169.14	54.38	683.33		
011702026001	地沟模板（主沟）	项	1	3306.11	5106.25	97.23	946.75	9581	9581
t-993	现浇混凝土基础垫层木模板	$100m^2$	0.36	811.24	2738.29	41.02	239.01		
t-1091	现浇混凝土小型构件木模板木支撑	$100m^2$	0.44	2876.6	4554.2	149.75	848.05		
t-1121	预制混凝土地沟盖板木模板	$10m^3$	3.45	504.88	609.9	4.73	140.78		
011702026002	地沟模板（次沟）	项	1	1430.65	2456.94	49.65	412.56	4408	4408
t-993	现浇混凝土基础垫层木模板	$100m^2$	0.28	811.21	2738.29	41.04	239		
t-1091	现浇混凝土小型构件木模板木支撑	$100m^2$	0.22	2876.58	4554.2	149.73	848.04		

续表

项目编码	项目名称	单位	工程量	费用组成/元				价格/元	
				人工费	材料费	机械使用费	管理费利润	综合单价	合价
t-1121	预制混凝土地沟盖板木模板	$10m^3$	1.14	504.88	609.9	4.73	140.77		
011702025004	风道模板	项	1	22.25	35.1	0.94	6.48	66	66
t-1091	现浇混凝土小型构件木模板木支撑	$100m^2$	0.01	2876.67	4555	150	848.33		
t-1117	预制混凝土平板　木模板	$10m^3$	0.01	415.83	647.5	3.33	115.83		
011702025005	排烟道模板	项	1	105.28	166.49	5.15	30.91	312	312
t-1091	现浇混凝土小型构件木模板木支撑	$100m^2$	0.03	2876.47	4554.12	149.71	847.94		
t-1117	预制混凝土平板　木模板	$10m^3$	0.02	415.56	647.22	3.33	115.56		
011702025006	洗漱台模板	m^3	5.9	131.38	235.14	2.01	36.9	410.68	2423
t-1140	预制混凝土池槽　木模板	$10m^3$	0.59	1313.8	2351.36	20.1	369		
011702025007	现浇混凝土模板（后浇带梁）	m^2	35.25	27.29	31	1.21	7.99	68.34	2409
t-1030	现浇混凝土单梁、连续梁　竹胶模板钢支撑	$100m^2$	0.35	2724.96	3095.44	120.71	797.54		
011702025007	现浇混凝土模板（后浇带板）	m^2	72.54	19.78	30.74	1.27	5.94	58.49	4243
t-1070	现浇混凝土平板　竹胶模板钢支撑	$100m^2$	0.73	1979.43	3075.45	127.26	594.41		

其他项目清单计价汇总表

工程名称：某大学学生公寓

序号	项目名称	金额/元	说明
1	暂列金额		
2	暂估价		
2.1	材料暂估价		详见材料暂估价表
2.2	专业工程暂估价		
3	计日工		详见计日工表
4	总包服务费		按合同约定计算
	其他或辅助材料调整	138 697	直接费×系数
5	人、材、机结算价格调整		按合同约定调整
6	索赔与现场签证		按合同约定调整
	合　　计		

注：材料暂估单价进入清单项目综合单价中，此处只列金额，不汇总。

规费、税金项目清单与计价表

工程名称：某大学学生公寓

序号	项目名称	计算基础	费率（%）	金额/元
1	规费	分部分项工程费＋措施项目费＋其他项目费	5.57	563 721
1.1	其中：养老失业保险	分部分项工程费＋措施项目费＋其他项目费	3.5	354 223
1.2	基本医疗保险	分部分项工程费＋措施项目费＋其他项目费	0.68	68 820
1.3	住房公积金	分部分项工程费＋措施项目费＋其他项目费	0.9	91 086
1.4	工伤保险	分部分项工程费＋措施项目费＋其他项目费	0.12	12 145
1.5	意外伤害保险	分部分项工程费＋措施项目费＋其他项目费	0.19	19 229
1.6	生育保险	分部分项工程费＋措施项目费＋其他项目费	0.08	8097
1.7	水利建议基金	分部分项工程费＋措施项目费＋其他项目费	0.1	10 121
2	税金	分部分项工程费＋措施项目费＋其他项目费＋规费	3.48	371 816
	合　　计	玖拾叁万伍仟伍佰叁拾柒元整		935 537

主要材料价格表

工程名称：某大学学生公寓

序号	材料编码	材料名称	单位	数量	价格/元	
					单价	合价
1	az0010	综合工日	工日	1112.27	59.28	65 935
2	az0020	综合工日	工日	18018.728	70.2	1 264 915
3	az0020	综合工日 z	工日	4.369	76.05	332
4	jx0010	机上人工	工日	138	81.12	11 195
5	az0020z	综合工日（装）	工日	4671.992	76.05	355 305
6	az0040z	综合工日（装）	工日	6087.342	101.4	617 256
7	aa0010	水泥 32.5	t	480.969	285	137 076
8	aa0012	水泥 42.5	t	3.406	355	1209
9	aa0050	白水泥	kg	2817.045	0.7	1972
10	ab0491	陶粒混凝土块	m^3	1506.218	210	316 306
11	ac0010	红（青）砖 240×115×53	千块	173.93	370	64 354
12	ac0530	中粗砂	m^3	95.768	60	5746
13	ac0530	中粗砂（混凝土用）	m^3	126.916	60	7615
14	ac0531	中粗砂（砂浆用）	m^3	971.425	60	58 286
15	ac0730	石灰膏	m^3	43.246	120	5190
16	ac0870	火山灰	m^3	297.667	95	28 278
17	ac1100	毛石	m^3	18.939	100	1894
18	ac1200	砾石 60mm	m^3	45.014	60	2701
19	ac1240	碎石 20mm	m^3	190.414	80	15 233
20	ac1262	碎石 31.5mm	m^3	13.19	80	1055
21	ae0061	钢质防火门（成品）（乙）	m^2	35.74	550	19 657
22	ae0061	钢质防火门安装（丙）	m^2	16.432	650	10 681
23	ae0611	厕浴隔断（成品）	m^2	320.8	280	89 824

续表

序号	材料编码	材料名称	单位	数量	价格/元	
					单价	合价
24	af1050	轻钢龙骨不上人型（平面）600×600 以上	m^2	1046.871	21.5	22 508
25	ag0201	大理石板（综合）	m^2	86.026	150	12 904
26	ag0287	花岗岩板 400×150（综合）	m^2	90.26	110	9929
27	ag0291	花岗岩板（综合）	m^2	331.441	120	39 773
28	ag0292	花岗岩板 500×500（综合）	m^2	614.723	120	73 767
29	ag1711	岩棉	m^2	6.268	12.6	79
30	ah0524	全瓷墙面砖 400×400	m^2	47.424	58	2751
31	ah0529	全瓷墙面砖 200×150	m^2	1527.888	28	42 781
32	ah0535	陶瓷砖	m^2	477.544	78	37 248
33	ah0640	陶瓷锦砖（马赛克）	m^2	183.208	28	5130
34	ah0995	陶瓷地面砖 800×800	m^2	5909.415	78	460 934
35	ap0060	B 挤塑板材 100mm	m^3	146.635	570	83 582
36	ap0060	挤塑板（70）	m^3	91.545	570	52 181
37	ap6010	挤塑板（容重 30kg/m^3）30mm	m^2	298.185	17	5069
38	ap6010	挤塑板（容重 30kg/m^3）60mm	m^2	3225.754	34.2	110 321
39	ap6010	挤塑板（容重 30kg/m^3）90mm	m^2	294.786	51.3	15 123
40	ap6010	岩棉 60mm	m^2	11.124	12.6	140
41	av0010	水	m^3	3065.148	5.95	18 238
42	av0020	电	kW·h	8665.099	0.68	5927
43	av0020	电	kW·h	8665.099	0.68	5927
44	ca0330	模板木材	m^3	12.616	1780	22 456
45	cb0020	松木锯材	m^3	1.796	1780	3197
46	da0970	钢板 6～30mm	t	0.203	3850	782
47	da1201	角钢	kg	58.105	3.65	212

续表

序号	材料编码	材料名称	单位	数量	价格/元	
					单价	合价
48	da1790	角钢　金结	t	0.225	3650	821
49	da1882	圆钢　Ⅰ级 ϕ10 以内	t	19.716	3650	71 963
50	da1882	圆钢　Ⅰ级 ϕ10 以内	t	19.716	3650	71 963
51	da1890	圆钢　Ⅰ级 ϕ10 以上	t	14.003	3650	51 111
52	da2040	圆方钢　金结 10～18＃	t	0.103	3650	376
53	da2190	螺纹钢　Ⅲ级 ϕ10 以内	t	116.082	3850	446 916
54	da2200	螺纹钢　Ⅲ级 ϕ10 以上	t	227.3	3800	863 740
55	hb1462	SBS 改性沥青卷材　3mm	m^2	1725.797	30	51 774
56	hb1462	SBS 改性沥青卷材　4mm	m^2	1910.14	33	63 035
57	ja0331	汽油	kg	1415.733	10.23	14 483
58	pq0020	商品混凝土　C20		1.904	280	533
59	pq1010	商品混凝土　C10	m^3	58.883	250	14 721
60	pq1011	商品混凝土　C15	m^3	85.455	255	21 791
61	pq1020	商品混凝土　C20	m^3	25.371	280	7104
62	pq1030	商品混凝土　C25	m^3	200.606	295	59 179
63	pq1031	商品混凝土　C35	m^3	557.459	330	183 961
64	pq1040	商品混凝土　C30	m^3	1839.358	310	570 201
65	av0021	电	kW·h	77636.315	0.68	53 103
66	ja0361	柴油	kg	6684.444	5.95	39 772
67	jx0020	机上人工	工日	821.492	81.12	66 639
68	jx0030	机上人工（装）	工日	505.073	87.88	44 386
		合　　计				6 810 546

建设单位：

编制单位：

参 考 文 献

［1］中华人民共和国住房和城乡建设部．GB 50500—2013 建设工程工程量清单计价规范［S］．北京：中国计划出版社，2013.

［2］中华人民共和国住房和城乡建设部．GB 50854—2013 房屋建筑与装饰工程工程量计算规范［S］．北京：中国计划出版社，2013.

［3］严敏．《建设工程工程量清单计价规范》释义与解读［M］．北京：中国建材工业出版社，2013.

［4］赵军．《建设工程工程量清单计价规范》操作实务［M］．北京：中国建材工业出版社，2013.

［5］内蒙古自治区建筑工程预算定额．内蒙古自治区新闻出版局，2009.

［6］内蒙古自治区装饰装修工程预算定额．内蒙古自治区新闻出版局，2009.